政府绩效管理
——理论与实践

姜秀敏　张禹林◎编著

Government Performance Management:
Theory and Practice

清华大学出版社
北京

内 容 简 介

本书系统地介绍了政府绩效管理的基本理论、核心原理和典型案例。其中重点阐述了政府绩效管理的主体问题、评估指标体系构建问题、政府绩效管理的模式和方法问题等，吸收了学术界关于第三方评估、公民参与等最新的学术前沿动态，同时关注中央和地方政府绩效管理的改革实践，介绍了当前地方政府绩效管理实践中形成的八个典型模式，最后分析了政府绩效管理最新的前沿热点问题及未来的发展趋势。

本书可作为我国普通高等院校行政管理、公共事业管理、政治学、社会学、经济学、管理学、法学、人力资源管理、市场营销等专业本科生、研究生的教材或参考书，还可作为广大公务员、MPA学员、各类非政府公共组织工作人员及其他各类组织管理者和一般读者了解政府绩效管理理论与实践的读物。

本书封面贴有清华大学出版社防伪标签，无标签者不得销售。
版权所有，侵权必究。举报：010-62782989，beiqinquan@tup.tsinghua.edu.cn。

图书在版编目（CIP）数据

政府绩效管理：理论与实践 / 姜秀敏，张禹林编著. —北京：清华大学出版社，2023.2（2025.6重印）
ISBN 978-7-302-62294-9

Ⅰ.①政… Ⅱ.①姜… ②张… Ⅲ.①地方政府—行政管理—中国—教材 Ⅳ.①D625

中国国家版本馆 CIP 数据核字（2023）第 005282 号

责任编辑：杜春杰
封面设计：刘　超
版式设计：文森时代
责任校对：马军令
责任印制：刘　菲

出版发行：清华大学出版社
网　　址：https://www.tup.com.cn，https://www.wqxuetang.com
地　　址：北京清华大学学研大厦A座　　邮　编：100084
社 总 机：010-83470000　　邮　购：010-62786544
投稿与读者服务：010-62776969，c-service@tup.tsinghua.edu.cn
质量反馈：010-62772015，zhiliang@tup.tsinghua.edu.cn
印 装 者：三河市人民印务有限公司
经　　销：全国新华书店
开　　本：185mm×260mm　　印　张：14.5　　字　数：344千字
版　　次：2023年2月第1版　　印　次：2025年6月第3次印刷
定　　价：59.80元

产品编号：086990-01

前　言

　　政府绩效管理是一个相对来说比较新的研究领域。自 20 世纪 80 年代初我国行政管理学科恢复重建以来，行政效率和效能问题一直是其研究的重要议题。如何提升行政效能、如何控制行政成本是当时重点关注的问题，在行政效率提升实践中，各级政府部门纷纷采用目标管理、绩效考评等方法。但现代意义上的政府绩效管理研究始于 20 世纪 90 年代中期，迄今为止大致经历了三个阶段，由提高行政效率、行政效能到实施全面的政府绩效管理，不仅仅是概念本身发生了变化，更体现了政府绩效管理理念的发展演变，体现了中国政府与时俱进，不断探索有中国特色的政府绩效管理的理论构建。政府绩效管理不再只是涉及"考核什么、如何考核"等技术层面的管理，而是关系着党和国家发展的大局，尤其是党的二十大明确提出党的中心任务就是团结带领全国人民全面建成社会主义现代化强国、实现第二个百年奋斗目标，以中国式现代化全面推进中华民族伟大复兴。在这一全新的时代背景下，绩效管理更需要结合当下政府治理与改革的实践，需要与实现国家治理体系和治理能力现代化，推动简政放权和政府职能转变、建设人民满意的服务型政府联系起来。

　　我国关于政府绩效管理的研究呈现两个鲜明的特色。第一，学术研究与政府决策的积极互动。一方面表现是，学术界引进绩效管理，相关研究引起政府高层关注，并在中央决策中逐步得到反映。2003 年 1 月 27 日，时任国务委员、国务院秘书长的王忠禹同志对中国行政管理学会的效率标准报告做出批示："政府实施绩效管理是一件非常有意义的工作……请人事部关注此事。"这是政府高层领导第一次使用"绩效管理"概念。2004 年国务院颁布的《全面推进依法行政实施纲要》指出："要积极探索行政执法绩效评估和奖惩办法。"绩效评估概念第一次出现在中央政府文件中，但范围限于行政执法。2005 年，国务院在《国务院 2005 年工作要点》中指出，"探索建立科学的政府绩效评估体系和经济社会发展综合评价体系"，绩效评估从行政执法扩展到各级政府的全面工作。在随后的几年中，国务院开始推进政府绩效评估工作。2008 年 3 月，温家宝总理在十一届全国人大一次会议上做的政府工作报告中提出要推行"政府绩效管理制度"，绩效评估由此成为绩效管理的一个组成部分。学术研究与政府决策积极互动的另一方面表现是，相关学术研究紧紧围绕中央的施政理念和发展战略，把绩效管理作为构建服务型政府、责任政府、法治政府的有效工具，推进其普遍实施和科学化，从而发挥学术研究的服务功能。

　　第二，外部环境与政府治理实践的积极推动。伴随着全球化、信息化与市场经济的飞速发展，社会治理方式发生了巨大变革，对政府治理和政府职能也提出新的要求，如何评价政府的各项工作也成为一项亟须解决的重大课题。2015 年 5 月，国务院召开会议首次提出"放管服"改革，近几年来大数据在政府管理中的运用等，如何评价这些工作的开展情况和取得的效果，也是政府绩效管理主要的理论问题和实践问题。党的十八届三中全会提出将推进国家治理体系和治理能力现代化作为全面深化改革的总目标，对行政管理学科提出了新的要求和新的战略任务。党的十九大又提出"建立全面规范透明、标准科学、约束有力的预算制度，全面实施绩效管理"。因此，本书在编写的过程中，力求结合我国当前的政府改革实践，关注学术界最新研究动态，引导学生关注中国政府绩效管理的最新前沿问题，培养学生的公共管理专业视角与专业思维。

本书系统地介绍了政府绩效管理的基本理论、核心原理和典型案例。在体系安排上既选取了政府绩效管理的基本概念和理论，又重点关注目前政府绩效管理理论和实践面临的主要问题，如政府绩效管理的主体、评价指标体系构建、政府绩效管理的模式和方法等，也充实了第三方评估、公民参与等最新的学术前沿问题，同时关注中央和地方政府绩效管理的改革实践，介绍了当前地方政府绩效管理实践中形成的八个典型模式，最后分析了政府绩效管理最新的前沿热点问题及未来的发展趋势。本书可读性强，每章开篇设计了"学习目标"和"引入资料"，章后设计了"本章小结""关键术语""复习与思考""案例分析"，能够帮助学生更加系统地掌握行政管理的相关基础知识。这些细节内容的编排突破了目前现有的政府绩效管理教材的模式，以学生为主体，更易于学生理解和接受政府绩效管理的专业理论和知识。同时，本书每章后面都附有最新的政府绩效管理实践案例，以引导学生关注学术前沿热点问题。

本书既可作为我国普通高等院校行政管理、公共事业管理、政治学、社会学、经济学、管理学、法学、人力资源管理、市场营销等专业本科生、研究生的教材或参考书，也可作为广大公务员、MPA学员、各类非政府公共组织工作人员及其他各类组织管理者和一般读者了解政府绩效管理理论与实践的读物。

本书基本素材来源于编者所讲授的"公共部门绩效管理"课程，是编者的长期教学积累和心得体会的成果。相比于其他教材，本教材在内容上增加了大量前沿的数据和资料，介绍了学术界关注的热点问题；每章章前增加了引入资料，章后设计了案例分析，更新了一些知识点，如关于政府绩效管理的第三方评估、公民参与等热点问题，以便于学生更好地理解政府绩效管理理论，关注政府绩效管理实践。中国海洋大学国际事务与公共管理学院研究生李月、马仁轩、王堃琪等同学参与了书稿的修订和校改。全书由姜秀敏、张禹林老师统稿。

本书广泛汲取国内外政府绩效管理学教材和论著的精华，书中既有作者多年讲授"公共部门绩效管理"课程的经验总结，又有关于政府绩效管理与改革实践的个人思考，也有对他人成果的借鉴，恕不一一列举，谨对各位专家学者致以真诚的谢意。由于编者水平有限，书中难免存在不当和疏漏之处，敬请广大读者批评指正。

编　者

目　录

第一章　导论 ··· 1
 本章学习目标 ·· 1
 引入资料 ·· 1
 第一节　政府绩效管理核心概念 ·· 1
  一、绩效与政府绩效 ··· 2
  二、政府绩效管理 ·· 5
 第二节　政府绩效管理基本理论 ·· 8
  一、政府绩效管理的理论基础 ··· 8
  二、政府绩效管理的核心内容 ··· 12
 第三节　政府绩效管理的发展历程 ·· 14
  一、西方国家政府绩效管理的发展 ·· 15
  二、西方国家政府绩效管理的趋势 ·· 15
  三、各国政府绩效管理的实践 ··· 16
  四、政府绩效管理在我国的发展探索 ··· 20
 本章小结 ·· 25
 关键词 ··· 25
 复习思考题 ··· 25
 案例分析 ·· 25

第二章　国外政府绩效管理实践 ·· 28
 本章学习目标 ·· 28
 引入资料 ·· 28
 第一节　美国的政府绩效管理 ··· 29
  一、美国政府绩效管理运动的兴起与发展 ··································· 29
  二、美国政府绩效管理的特点 ··· 34
  三、美国政府绩效管理的评价 ··· 36
 第二节　英国的政府绩效管理 ··· 38
  一、英国政府绩效管理改革历程 ·· 38
  二、英国政府预算绩效管理模式 ·· 40
  三、英国央地政府绩效管理模式 ·· 41
  四、英国政府绩效管理的新发展 ·· 44
 第三节　日本的政府绩效管理 ··· 46

一、日本政府绩效管理的发展历程 …………………………………… 46
　　二、日本政府绩效管理的相关理论 …………………………………… 47
　　三、日本中央政府绩效管理模式 ……………………………………… 48
　　四、日本地方政府绩效管理实践 ……………………………………… 50
第四节　澳大利亚的政府绩效管理 ……………………………………… 51
　　一、澳大利亚政府绩效管理主体 ……………………………………… 51
　　二、澳大利亚政府绩效管理指标 ……………………………………… 52
　　三、澳大利亚政府绩效管理方法 ……………………………………… 53
　　四、澳大利亚政府绩效管理体系 ……………………………………… 54
第五节　韩国的政府绩效管理 …………………………………………… 55
　　一、韩国政府绩效管理的背景 ………………………………………… 55
　　二、韩国政府绩效管理的历史进程 …………………………………… 56
　　三、韩国政府绩效管理的机构设置 …………………………………… 58
　　四、韩国政府绩效管理理念 …………………………………………… 59
　　五、韩国中央政府绩效管理 …………………………………………… 60
　　六、韩国地方政府绩效管理实践 ……………………………………… 61
第六节　印度的政府绩效管理 …………………………………………… 61
　　一、印度政府绩效管理的发展脉络 …………………………………… 62
　　二、印度政府绩效管理的评估主体 …………………………………… 63
　　三、印度政府绩效管理的理念与方法 ………………………………… 64
　　四、对印度政府绩效管理的评价 ……………………………………… 65
第七节　新加坡的政府绩效管理 ………………………………………… 66
　　一、新加坡政府绩效审计 ……………………………………………… 66
　　二、新加坡政府公务员绩效管理 ……………………………………… 68
　　三、对新加坡政府绩效管理的评价 …………………………………… 69
本章小结 …………………………………………………………………… 71
关键词 ……………………………………………………………………… 71
复习思考题 ………………………………………………………………… 71
案例分析 …………………………………………………………………… 71

第三章　政府绩效管理体系及制度安排 ………………………………… 74
　本章学习目标 …………………………………………………………… 74
　引入资料 ………………………………………………………………… 74
　第一节　政府绩效管理体系的核心要素 ……………………………… 74
　　一、政府绩效管理的目标 ……………………………………………… 75
　　二、政府绩效管理的基本要求和原则 ………………………………… 77
　第二节　政府绩效管理的制度安排 …………………………………… 81

一、政府绩效管理中各部门的地位和角色安排⋯⋯⋯⋯⋯⋯⋯⋯⋯⋯⋯⋯⋯⋯⋯⋯ 81
　　二、政府绩效评估的制度化建设⋯⋯⋯⋯⋯⋯⋯⋯⋯⋯⋯⋯⋯⋯⋯⋯⋯⋯⋯⋯⋯ 84
第三节　政府绩效管理的信息系统与体系设计⋯⋯⋯⋯⋯⋯⋯⋯⋯⋯⋯⋯⋯⋯⋯⋯⋯ 86
　　一、政府绩效评估的信息系统⋯⋯⋯⋯⋯⋯⋯⋯⋯⋯⋯⋯⋯⋯⋯⋯⋯⋯⋯⋯⋯ 86
　　二、政府绩效评估的体系设计⋯⋯⋯⋯⋯⋯⋯⋯⋯⋯⋯⋯⋯⋯⋯⋯⋯⋯⋯⋯⋯ 88
　　三、大数据在政府绩效管理中的运用⋯⋯⋯⋯⋯⋯⋯⋯⋯⋯⋯⋯⋯⋯⋯⋯⋯⋯ 89
本章小结⋯⋯⋯⋯⋯⋯⋯⋯⋯⋯⋯⋯⋯⋯⋯⋯⋯⋯⋯⋯⋯⋯⋯⋯⋯⋯⋯⋯⋯⋯⋯⋯⋯ 94
关键词⋯⋯⋯⋯⋯⋯⋯⋯⋯⋯⋯⋯⋯⋯⋯⋯⋯⋯⋯⋯⋯⋯⋯⋯⋯⋯⋯⋯⋯⋯⋯⋯⋯⋯ 94
复习思考题⋯⋯⋯⋯⋯⋯⋯⋯⋯⋯⋯⋯⋯⋯⋯⋯⋯⋯⋯⋯⋯⋯⋯⋯⋯⋯⋯⋯⋯⋯⋯⋯ 94
案例分析⋯⋯⋯⋯⋯⋯⋯⋯⋯⋯⋯⋯⋯⋯⋯⋯⋯⋯⋯⋯⋯⋯⋯⋯⋯⋯⋯⋯⋯⋯⋯⋯⋯ 94

第四章　政府绩效管理主体 97

本章学习目标⋯⋯⋯⋯⋯⋯⋯⋯⋯⋯⋯⋯⋯⋯⋯⋯⋯⋯⋯⋯⋯⋯⋯⋯⋯⋯⋯⋯⋯⋯⋯ 97
引入资料⋯⋯⋯⋯⋯⋯⋯⋯⋯⋯⋯⋯⋯⋯⋯⋯⋯⋯⋯⋯⋯⋯⋯⋯⋯⋯⋯⋯⋯⋯⋯⋯⋯ 97
第一节　政府绩效管理主体的概念界定⋯⋯⋯⋯⋯⋯⋯⋯⋯⋯⋯⋯⋯⋯⋯⋯⋯⋯⋯⋯ 98
　　一、绩效评估主体概念及其结构要素⋯⋯⋯⋯⋯⋯⋯⋯⋯⋯⋯⋯⋯⋯⋯⋯⋯⋯ 98
　　二、政府绩效评估主体应具备的资格条件⋯⋯⋯⋯⋯⋯⋯⋯⋯⋯⋯⋯⋯⋯⋯⋯ 99
　　三、政府绩效评估主体多元化的意义⋯⋯⋯⋯⋯⋯⋯⋯⋯⋯⋯⋯⋯⋯⋯⋯⋯⋯ 101
第二节　我国政府绩效评估主体现状⋯⋯⋯⋯⋯⋯⋯⋯⋯⋯⋯⋯⋯⋯⋯⋯⋯⋯⋯⋯⋯ 105
　　一、政府绩效评估主体的单一性⋯⋯⋯⋯⋯⋯⋯⋯⋯⋯⋯⋯⋯⋯⋯⋯⋯⋯⋯⋯ 106
　　二、政府绩效评估主体的被动性⋯⋯⋯⋯⋯⋯⋯⋯⋯⋯⋯⋯⋯⋯⋯⋯⋯⋯⋯⋯ 106
　　三、政府绩效评估主体信息的不对称性⋯⋯⋯⋯⋯⋯⋯⋯⋯⋯⋯⋯⋯⋯⋯⋯⋯ 106
　　四、政府绩效评估主体结构的不健全性⋯⋯⋯⋯⋯⋯⋯⋯⋯⋯⋯⋯⋯⋯⋯⋯⋯ 106
第三节　我国政府绩效评估主体结构⋯⋯⋯⋯⋯⋯⋯⋯⋯⋯⋯⋯⋯⋯⋯⋯⋯⋯⋯⋯⋯ 107
　　一、内部评估主体⋯⋯⋯⋯⋯⋯⋯⋯⋯⋯⋯⋯⋯⋯⋯⋯⋯⋯⋯⋯⋯⋯⋯⋯⋯⋯ 107
　　二、外部评估主体⋯⋯⋯⋯⋯⋯⋯⋯⋯⋯⋯⋯⋯⋯⋯⋯⋯⋯⋯⋯⋯⋯⋯⋯⋯⋯ 108
　　三、各评估主体间的良性互动⋯⋯⋯⋯⋯⋯⋯⋯⋯⋯⋯⋯⋯⋯⋯⋯⋯⋯⋯⋯⋯ 110
本章小结⋯⋯⋯⋯⋯⋯⋯⋯⋯⋯⋯⋯⋯⋯⋯⋯⋯⋯⋯⋯⋯⋯⋯⋯⋯⋯⋯⋯⋯⋯⋯⋯⋯ 111
关键词⋯⋯⋯⋯⋯⋯⋯⋯⋯⋯⋯⋯⋯⋯⋯⋯⋯⋯⋯⋯⋯⋯⋯⋯⋯⋯⋯⋯⋯⋯⋯⋯⋯⋯ 111
复习思考题⋯⋯⋯⋯⋯⋯⋯⋯⋯⋯⋯⋯⋯⋯⋯⋯⋯⋯⋯⋯⋯⋯⋯⋯⋯⋯⋯⋯⋯⋯⋯⋯ 111
资料分析⋯⋯⋯⋯⋯⋯⋯⋯⋯⋯⋯⋯⋯⋯⋯⋯⋯⋯⋯⋯⋯⋯⋯⋯⋯⋯⋯⋯⋯⋯⋯⋯⋯ 111

第五章　政府绩效管理指标体系 114

本章学习目标⋯⋯⋯⋯⋯⋯⋯⋯⋯⋯⋯⋯⋯⋯⋯⋯⋯⋯⋯⋯⋯⋯⋯⋯⋯⋯⋯⋯⋯⋯⋯ 114
引入资料⋯⋯⋯⋯⋯⋯⋯⋯⋯⋯⋯⋯⋯⋯⋯⋯⋯⋯⋯⋯⋯⋯⋯⋯⋯⋯⋯⋯⋯⋯⋯⋯⋯ 114
第一节　政府绩效管理指标体系核心概念⋯⋯⋯⋯⋯⋯⋯⋯⋯⋯⋯⋯⋯⋯⋯⋯⋯⋯⋯ 114
　　一、政府绩效评估指标体系⋯⋯⋯⋯⋯⋯⋯⋯⋯⋯⋯⋯⋯⋯⋯⋯⋯⋯⋯⋯⋯⋯ 115
　　二、指标体系设计的方法与技术⋯⋯⋯⋯⋯⋯⋯⋯⋯⋯⋯⋯⋯⋯⋯⋯⋯⋯⋯⋯ 115

第二节　政府绩效管理指标体系构建 ·· 117
　　　　一、政府部门绩效评估指标体系构建的基本原则 ····························· 118
　　　　二、政府部门绩效评估指标体系构建的程序 ··································· 119
　　第三节　我国政府绩效管理指标体系 ·· 121
　　　　一、我国地方政府绩效评估指标体系的具体设计 ····························· 121
　　　　二、我国地方政府绩效评估指标体系的现状 ··································· 123
　　　　三、我国政府绩效评估指标体系的完善 ··· 126
　本章小结 ·· 127
　关键词 ··· 128
　复习思考题 ·· 128
　案例分析 ·· 128

第六章　政府绩效管理模式与方法 ··· 129
　本章学习目标 ··· 129
　引入资料 ·· 129
　　第一节　基于战略的绩效评估模式——平衡计分卡 ··························· 130
　　　　一、平衡计分卡的主要内容 ··· 130
　　　　二、平衡计分卡在政府绩效管理中的应用 ··································· 132
　　第二节　基于"最佳实践"的绩效评估工具——标杆管理法 ··············· 133
　　　　一、标杆管理法的基本内容 ··· 133
　　　　二、标杆管理法的操作步骤 ··· 134
　　　　三、标杆管理法在政府绩效评估中的应用 ··································· 135
　　　　四、应用标杆管理法进行政府绩效评估应注意的问题 ··············· 135
　　　　五、标杆管理法在政府绩效管理中的成功应用案例 ··················· 136
　　第三节　基于使命的绩效评估工具——目标管理法 ··························· 137
　　　　一、目标管理的基本内容 ··· 137
　　　　二、目标管理的基本操作 ··· 138
　　　　三、目标管理对政府的适用性 ··· 139
　　第四节　关键绩效指标法 ·· 139
　　　　一、关键绩效指标法的基本内容 ·· 139
　　　　二、关键绩效指标法的操作步骤 ·· 140
　　　　三、关键绩效指标法在政府绩效管理中的应用 ························· 141
　　第五节　360度反馈评估法 ··· 141
　　　　一、360度反馈评估法概述 ··· 141
　　　　二、360度反馈评估法的具体操作 ··· 143
　　第六节　目标与关键成果法 ··· 145
　　　　一、目标与关键成果法的理论来源 ··· 145

二、目标与关键成果法的基本特点 ······ 146
　　三、目标与关键成果法实施的基本步骤 ······ 147
第七节　基于公共服务标准化的 ISO 9000 政府质量管理 ······ 148
　　一、ISO 9000 质量管理体系的基本内容 ······ 148
　　二、ISO 9000 质量管理体系的基本原则 ······ 149
　　三、ISO 9000 质量管理体系在中国政府绩效评估中的应用 ······ 149
　　四、应用 ISO 9000 质量管理体系进行政府绩效评估应注意的问题 ······ 150
第八节　几种绩效评估模式的比较 ······ 151
　　一、平衡计分卡 ······ 151
　　二、标杆管理法 ······ 152
　　三、目标管理法 ······ 152
　　四、关键绩效指标法 ······ 153
　　五、360 度反馈评估法 ······ 154
　　六、目标与关键成果法 ······ 155
　　七、基于公共服务标准化的 ISO 9000 政府质量管理 ······ 156
本章小结 ······ 156
关键词 ······ 157
复习思考题 ······ 157
案例分析 ······ 157

第七章　中国地方政府绩效管理典型案例 ······ 160
本章学习目标 ······ 160
第一节　甘肃省第三方政府绩效管理模式 ······ 160
　　一、甘肃模式的发展背景 ······ 160
　　二、甘肃模式的评估主体与评估对象 ······ 161
　　三、甘肃模式的评估指标体系 ······ 161
　　四、甘肃模式的评估方式与评估程序 ······ 162
　　五、对甘肃模式的评价 ······ 163
第二节　陕西省"三位一体"政府绩效管理模式 ······ 165
　　一、陕西省"三位一体"模式概述 ······ 165
　　二、陕西省"三位一体"模式评估主体 ······ 165
　　三、陕西省"三位一体"模式考核指标 ······ 166
　　四、陕西省"三位一体"模式考核方式 ······ 167
　　五、陕西省"三位一体"模式考核结果运用 ······ 167
　　六、对陕西省"三位一体"模式的评价 ······ 167
第三节　哈尔滨市"4+1"政府绩效管理模式 ······ 169
　　一、哈尔滨市"4+1"政府绩效管理模式概述 ······ 169

二、哈尔滨模式的评估主体与评估对象 ………………………………… 169
　　三、哈尔滨模式的评估指标体系 ………………………………………… 170
　　四、哈尔滨模式的评估过程 ……………………………………………… 171
　　五、对哈尔滨模式的评价 ………………………………………………… 172
第四节　青岛市"三民"活动政府绩效管理模式 ………………………………… 174
　　一、青岛市"三民"活动概述 …………………………………………… 174
　　二、"三民"活动的评估主体 …………………………………………… 174
　　三、"三民"活动的评估内容与评估指标 ……………………………… 175
　　四、"三民"活动的实施程序 …………………………………………… 175
　　五、青岛模式的绩效结果反馈与应用 …………………………………… 177
　　六、对青岛市"三民"活动模式的评价 ………………………………… 177
第五节　厦门市思明区政府绩效管理模式 ……………………………………… 178
　　一、思明模式的发展背景 ………………………………………………… 178
　　二、思明模式的评估对象 ………………………………………………… 179
　　三、思明模式的评估手段 ………………………………………………… 179
　　四、思明模式的评估指标 ………………………………………………… 180
　　五、对思明模式的评价 …………………………………………………… 180
第六节　杭州市公民评议政府绩效管理模式 …………………………………… 181
　　一、杭州市政府绩效管理模式的背景 …………………………………… 181
　　二、杭州模式的评估主体 ………………………………………………… 182
　　三、杭州模式的评估指标体系 …………………………………………… 182
　　四、杭州模式的评估过程 ………………………………………………… 183
　　五、对杭州模式的评价 …………………………………………………… 184
第七节　珠海市"万人评议政府"绩效管理模式 ……………………………… 185
　　一、实施背景 ……………………………………………………………… 185
　　二、发展阶段 ……………………………………………………………… 186
　　三、珠海模式的特点 ……………………………………………………… 189
第八节　中山市"督考合一"政府绩效管理模式 ……………………………… 190
　　一、"督考合一"模式中的评估主体 …………………………………… 190
　　二、"督考合一"模式中评估指标体系的构建 ………………………… 191
　　三、"督考合一"模式评估过程的特点 ………………………………… 192
　　四、"督考合一"模式评估结果运用情况 ……………………………… 192
　　五、对中山市"督考合一"模式的评价 ………………………………… 193
本章小结 ……………………………………………………………………………… 194
关键词 ………………………………………………………………………………… 194
复习思考题 …………………………………………………………………………… 194
案例分析 ……………………………………………………………………………… 195

第八章　中国政府绩效管理未来展望 ························ 196
  本章学习目标 ························ 196
  引入资料 ························ 196
  第一节　中国政府绩效管理的历史发展 ························ 197
    一、起步探索阶段 ························ 197
    二、创新实践阶段 ························ 198
    三、纵深发展阶段 ························ 199
  第二节　中国政府绩效管理的核心问题 ························ 200
    一、制度化问题 ························ 200
    二、专业性问题 ························ 201
    三、参与度问题 ························ 203
    四、方法本土化问题 ························ 204
    五、可持续发展问题 ························ 205
  第三节　中国政府绩效管理的前景展望 ························ 206
    一、绩效管理过程标准化 ························ 206
    二、绩效管理制度法制化 ························ 207
    三、绩效评估主体多元化 ························ 207
    四、绩效管理手段科学化 ························ 208
    五、绩效管理活动常态化 ························ 209
    六、绩效管理理念动态化 ························ 209
    七、绩效评估指标全面化 ························ 210
  第四节　大数据时代的政府绩效管理 ························ 210
    一、传统的政府绩效管理模式 ························ 210
    二、大数据背景下的政府绩效管理模式 ························ 211
    三、大数据背景下的政府绩效管理发展展望 ························ 212
  本章小结 ························ 212
  关键词 ························ 213
  复习思考题 ························ 213
  案例分析 ························ 213

参考文献 ························ 215

第一章 导　　论

**本章学习目标**

> 掌握政府绩效管理核心概念
> 熟悉政府绩效管理的基本理论
> 了解政府绩效管理的时代背景
> 了解政府绩效管理的核心内容

引入资料

2018年9月，中共中央、国务院印发《中共中央 国务院关于全面实施预算绩效管理的意见》，提出力争用3年至5年时间基本建成全方位、全过程、全覆盖的预算绩效管理体系。同年11月，财政部发布通知，明确中央部门和省级层面到2020年年底，市县层面到2022年年底要基本建成全方位、全过程、全覆盖的预算绩效管理体系的任务目标。

之后，各地结合自身实际，陆续出台了实施意见，明确了时间表和路线图，加速新一轮预算绩效管理改革的探索，其中不乏创新之举。比如，浙江省建立新增重大政策和项目事前绩效评估负面清单，进一步细化评估标准，避免或减少发生因决策随意性造成的财政资金重大损失、浪费现象。

广州市突出财政信息公开透明的特点，从绩效目标公开、评价结果公开、接受人大监督等三方面加大公开力度，通过绩效信息公开促进预算绩效管理提质增效。

从2019年起，福建省重点关注政策到期项目并开展重点评价，关注对下转移支付的财政政策绩效，探索开展财政专项债券使用绩效评价与政府和社会资本合作（public-private partnership，PPP）项目绩效管理。同时，福建省按年度发布全面实施预算绩效管理进展报告白皮书，对全省预算绩效管理工作进展进行全面总结，提高预算绩效信息透明度。

安徽省则打造民生工程预算绩效管理亮点：委托第三方机构，赴全省16个市和2个省直管县，每市抽样一个县区，对就业扶持工程、公共文化场馆开放、电商振兴乡村提升工程3个项目开展绩效评价。

资料来源：董碧娟. 大多数省份已发布全面推行预算绩效管理的实施意见——"花钱必问效"加速落地[N]. 经济日报，2019-05-27（6）.

思考：政府为什么要开展绩效管理？

第一节　政府绩效管理核心概念

政府绩效管理在政府管理过程中起着举足轻重的作用，既影响着政府管理目标的实现，也影响着政府治理效能。政府绩效管理理论兴起于20世纪80年代，最初活跃于西方的工商管理领域。从20世纪90年代起，西方国家绩效管理的关注重心发生重要转变，从繁文缛节、内部控制逐渐向外部满意发展，结果导向和外部责任原则成为当代政府绩效管理的主要特征。随着我国改革开放的不断深化，我国也逐渐开始探索中国特色的政府绩效管理模式和方法。政府绩效管理不仅成为当前学术界研究的热点问题，也是地方政府大胆探索政府绩效管理的实践模式。

一、绩效与政府绩效

政府绩效管理的概念界定是学术界关注的重点问题，在我国经历了一个从行政效率提升到全面政府绩效管理的认知过程。其中涉及对绩效、绩效管理、政府绩效、政府绩效管理等几个核心概念的界定和认知。本节将从绩效的概念出发，具体阐述绩效、政府绩效，进而引出政府绩效管理的概念及内涵，并分析政府绩效管理的本质属性及其目标。

（一）绩效

绩效（performance），是指组织在一定时期内的投入与产出情况。其中，投入主要指组织行为所消耗的相关物质资源，如人力、物力、财力等；产出主要是指组织所完成的工作任务在质量和数量方面以及效率方面的具体情况。如果只是简单地从语言学的角度来看，绩效的含义包括成绩和效益。当被运用于经济管理活动时，绩效具体是指社会经济管理活动所形成的最终结果与成效；当被应用于人力资源管理时，绩效具体是指主体行为的投入与其最终产出之比；当被用于公共部门时，绩效的具体作用便是衡量政府行为活动所产生的成效。因此可见，绩效的概念具有多元性。

绩效在类型上可以划分为组织绩效与个人绩效。组织绩效是指组织的整体绩效，即组织目标在数量、质量以及效率等方面的完成情况。而个人绩效的概念在学术界有着不同的观点。一种观点认为，绩效是成效与结果，即个人在特定时间内完成的任务与工作的效果。另一种观点则认为，绩效是一种行为，是个人为达到最终目标，在实现目标过程中所采取的一系列行为活动。然而，无论是从行为还是从结果的角度理解绩效都过于片面，因此出现了第三种观点，认为绩效并不单单是一种结果或者行为，二者不应该被割裂开来。绩效应该是一个综合的概念，是行为与结果的有机统一，其中包含三个因素：行为、产出与结果。

（二）政府绩效

1. 政府绩效的概念

政府绩效也被称为"政府业绩""政府作为""公共组织绩效""国家生产力"等，是指政府在社会经济管理中的业绩、效果、效能和工作效率，体现了政府行使其职能、实现其意志的管理能力，可分为微观、宏观两个层面。从微观层面看，政府绩效由个人绩效和组织绩效构成。个人绩效包括个人的工作态度、表现、成绩以及个人的专业知识、工作熟练程度等。组织绩效是指组织在某一时期内完成组织任务的质量、数量、效率以及盈利情况，是以特定的政府部门、政府机构为对象，具体表现为政治的稳定、社会经济的健康发展、人民生活水平与质量的提高等。宏观层面的政府绩效取决于政府管理活动的各个方面，具体包括政府职能、政府能力、政府素质、政府行为方式等。政府绩效的内涵较为丰富，涉及社会各个领域，并没有一个统一的概念。目前，学术界对于政府绩效的内涵理解存在着几种具有代表性的观点。

（1）从结果产出的角度来理解政府绩效，即认为政府绩效是在政府管理社会的过程中产出的结果或者成绩。持这类观点的学者主要有美国学者理查德·C.科尔尼（Richard C.Kearney）。他认为，政府绩效是为实现预期结果而管理公共项目所取得的成绩，由效益、效率和公正等多个同等重要的标准引导和评估的；我国学者臧乃康认为，政府绩效是政府成本扣除后的透支或盈余状况的集中反映；而学者卓越则认为，政府绩效的最终目的是公共产出的最大化。

（2）从政府管理能力的角度来理解政府绩效的概念及内涵，可以把它看作是政府在管理活动中能力的具体体现。其中，美国学者帕特里夏·英格拉姆（Patricia Ingram）认为，绩效是政府把现有的资源或者投入转化为产出或者结果的一种能力；我国学者陈振明认为，政府绩效是指政府在社会经济管理活动中的结果、效能、效益，是政府在行使其职能，实现其意志过程中体现出来的管理能力。

（3）从实现公共价值的角度来理解政府绩效。我国学者包国宪认为，公共价值是对政府绩效合法性的本质规定，失去了公共价值基础的政府绩效犹如无源之水、无本之木，不但不能达到政府创造公共价值的终极目的，反而会在一定程度上造成公共资源的浪费和对政府原有运行机制的不合理干扰。

（4）从综合性的角度理解政府绩效，从行为、过程、结果、产出能力等多个方面来对政府绩效的概念内涵做出理解。美国学者吉尔特（Geert）和克里斯托弗（Christopher A.Bartlett）认为，政府绩效是指政府活动或者项目的运行结果，是政治制度与行政制度的整体能力；我国行政管理学会也指出，无论是西方国家还是我国，政府绩效的内涵都十分丰富，既包括政府提供公共服务和进行社会管理的具体表现，又包括政府在行使其职能过程中的绩效表现。

2．政府绩效的分类

政府绩效可以根据实际情况分出不同的类别。

（1）根据政府的职能设定情况，可以将政府绩效划分为政治绩效、经济绩效、社会绩效与文化绩效。政治绩效是政府如何在行政活动中进行政治意识传达的具体体现，国家的政治理念是行政活动的重要指导，因此政府在政治绩效中扮演着十分重要的角色。政治绩效的主要内容包括制度安排与制度创新两个大的方面；制度安排指派生于宪法的一系列稳定的、一般适用的、明确的、开放性的法律的综合，制度安排是否能有效维护国家性质及政权稳定是衡量其政治绩效的主要依据；制度创新是政治绩效的核心，是促进政治发展的关键因素，政治制度科学合理的程度是政治发展程度的主要标志，政治发展的成就必定要在政治制度上体现出来。政府制定政策是否考虑政治因素，是否在合理的政治框架下进行行政活动，是否能有效保障政权的稳定，是否能真正维护人民群众的利益，是衡量政治绩效高低的重要标准。政治文明的发展是不同层级的政府在工作中的重要任务。实现良好的政治绩效需要各级政府遵循国家的政治要求，坚持国家的政治准则，努力实现国家的政治目标。

经济绩效是从经济发展的角度对政府绩效的一种理解，也是各个国家、政府甚至是企业等其他组织在衡量组织绩效时的首要衡量指标。在政府绩效层面上，经济绩效是指政府是否能够进行有效的资源配置与宏观调控，使国家经济保持繁荣和可持续发展。经济绩效通常表现为经济的高速发展、可持续发展的强劲动力和活力，以及人民生活水平的明显提高与生活质量的显著改善。从衡量手段来看，经济绩效的衡量方式主要以数据为主，例如通过国内生产总值（gross domestic product，GDP）的增长率、通货膨胀率与物价水平、就业失业率、利率和汇率、基尼系数等数据指标来衡量政府经济绩效。

社会绩效是指政府的资源配置行为是否为整个社会带来了正向的发展，是否保障了社会可持续性发展。社会绩效与经济绩效不同，不仅考量经济的发展情况，而且衡量社会的发展程度、人民的幸福感与获得感等。提高人民的幸福感与获得感，要从经济、医疗卫生、基础公共服务提供、文化体育事业发展等社会各个方面来考量，因此社会绩效相较于政治绩效和经济绩效而言，目标的明确性可能不足，却是政府绩效中十分重要且复杂、较难把握的一种。

文化绩效是指公共文化组织机构或公共部门为社会提供的公共文化产品与公共文化服务的效率、质量等因素的现实表现。事实上，文化是一个国家、一个民族软实力的具体体现，近些年，随着对于公共文化的重视程度的提升，政府文化绩效的管理与评估逐渐被提上议程。文化绩效管理与评估实际上是对政府及其文化行政部门为社会公众提供的公共文化产品与公共文化服务绩效的评价。一方面，我们可以通过政府的文化产品与服务的实际情况来判断文化绩效，如相应的文化设施、配套的文化服务是否完善等；另一方面，还可以通过社会整体的文化氛围来窥探文化绩效的现实状况，通过是否实现文化自信的目标来评估政府或公共部门的文化绩效。事实上，文化绩效与经济绩效、社会绩效、政治绩效相比，还是一个比较新颖的政府绩效分类，这与我国发展过程中对文化的需求密切相关。

（2）根据政府行政活动中涉及的主体不同，政府绩效还可以分为政府内部绩效与政府外部绩效。在政府活动中，政府内部的工作过程所涉及的工作绩效，可以看作是一种政府内部的绩效。政府内部绩效主要体现在完成上级政府布置的工作任务、任务执行过程中进行有效的沟通与协调、有针对性地为下级政府做出明确要求与具体指示等方面。总的来说，政府内部绩效涉及的主体来自于各级政府组织，它们之间的沟通、交流与合作程度是政府内部绩效的重要组成部分。大多数情况下，政府的各类行政活动是对外的。这种在政府外部进行的行政活动所表现出来的政府绩效，我们称之为政府外部绩效。政府外部行政活动所涉及的主体众多，大致可以分为非政府公共组织、私人企业与公民个人等。因此，政府外部绩效的具体内容范围较广，包括政府在与各个主体之间的协调与交流，政府在对外行政活动中的效率等。从内部和外部的角度来衡量政府组织的绩效情况，能够明确政府的服务对象，提高政府的服务意识，有利于构建服务型的政府。

（3）从宏观组织与微观个人的角度来看，政府绩效可以分为组织绩效与公务员绩效。组织绩效是指政府组织在一段时间内完成任务的质量与数量情况，具体内容可以参考政治绩效、经济绩效与社会绩效。因为每个组织都是由人构成的，所以每个组织都存在个人绩效，而政府组织中的个人即为公务员，因此我们称之为公务员绩效。公务员绩效主要包括：公务员是否遵循政府公务员准则与标准来进行行政活动，业务工作素质与能力如何，对工作是否熟练，是否认同政府内部的价值准则，以及是否具有服务意识，等等。区分组织绩效与公务员绩效可以对公务员起到一定的激励作用。公务员个人绩效的衡量与考察结果，可以作为公务员考核与晋升的重要参考标准。

二、政府绩效管理

政府绩效管理是指政府及其工作人员在使命、核心价值观的指引下，为达成其愿景和战略目标而进行的绩效计划制定、实施、绩效评价以及绩效反馈的循环过程。其目的是确保政府部门工作人员的工作行为和工作结果与期望的目标保持一致，并通过持续提升个人、部门以及组织的绩效水平，最终实现政府的战略目标。

（一）政府绩效管理的概念及内涵

政府绩效管理与绩效管理的概念密不可分。绩效管理是指各级管理者和工作人员为了达到组织目标，共同参与绩效计划制定、绩效辅导沟通、绩效考核评价、绩效结果应用、绩效目标提升的持续循环过程。绩效管理的目的是持续提升个人、部门和组织的绩效，其概念涉及组织整体与组织中的个人。绩效管理究竟是管理组织绩效的一种活动还是管理个人绩效的一种活动？理论界对此有着不同的思考与观点。其中一种观点认为，绩效管理是管理组织绩效的系统，绩效管理的目的是通过对组织内部的结构、流程、工作方法与程序的管理与改善，最终达到组织目标，实现组织利益的最大化。这种对绩效管理的理解较为中观，即从组织的角度来理解绩效管理。而另一种观点则与之恰恰相反，它是从微观个人的角度来理解绩效管理的，认为组织是由不同个体构成的，因此应当重点关注组织中个人的绩效。由于组织目标是已经确立的，为实现组织目标，个人努力对组织的贡献十分重要，因此这种观点认为，绩效管理是管理员工的系统。从概念理解的角度来看，这两种观点都具有一定的合理性，但是又较为片面，因为组织绩效与个人绩效是密不可分的，不能突兀地将其割裂开来。因此，在这两种观点的基础上，形成了本书较认同的第三种观点，即绩效管理是将组织绩效与员工绩效统一整合的最终结果。政府绩效管理来源于企业绩效管理的理念与方法，但由于政府部门特有的公共性与非营利性，使得政府绩效管理成为一种独特的新型绩效管理模式，是企业管理方法与政府公共管理实践相结合的一个创新产物。

根据绩效管理的概念及内涵，本书将政府绩效管理的概念定义为政府部门中的各级管理者和公务员，为达到政府的工作目标，共同进行绩效计划制定、绩效评估、绩效反馈、绩效结果应用的一个过程，目的是提升政府部门的组织绩效与公务员的个人绩效。

（二）政府绩效管理的目标

任何组织、任何形式的管理活动都有其需要实现的管理目标，政府绩效管理也不例外。政府绩效管理的目标是政府行政活动目标的一个缩影或政府终极目标的集中体现。政府绩效管理的目标主要包括战略目标、管理目标与创新目标。

政府绩效管理的战略目标，是指政府绩效管理需要与政府的战略发展相契合，为政府战略的部署与实现提供有效的绩效保障。政府绩效管理活动在为政府战略目标提供保障的过程中，需要保证政府绩效管理系统的高效性。首先，需要保证组织绩效管理系统的高效，将组织绩效管理与政府战略管理紧密联系在一起，由此保证政府战略目标的有效实现；其次，不能忽略个人绩效系统的重要性，利用科学的手段将组织绩效管理与个人绩效管理紧密相连，使其共同为政府的战略目标服务。

政府绩效管理的管理目标更多地体现在政府的管理过程中。与战略目标不同，管理目标看重过程而非目的性。从组织绩效管理的角度来看，管理目标强调组织内部流程与方法的高效性；从员工绩效管理的角度来看，政府绩效管理的管理目标则强调员工在政府的各类行政活动中保持一种积极、高效的工作方式。综合两方面来看，政府绩效管理的管理目标是注重过程，在过程中要求组织与个人保持高效的一种目标形式。

政府绩效管理的创新目标是通过政府内部的学习与成长的角度考量的。与战略目标和管理目标不同，创新目标更多地着眼于政府部门的未来发展或者政府部门的可持续发展情况。从组织绩效的层面来看，创新目标是为了发现组织内部运作流程中存在的问题，进而有针对性地对组织绩效的改善起到积极作用，从而实现组织的可持续发展。从员工绩效的角度来看，政府绩效管理的创新目标是发展和开发个人能力，发现个人的问题以利于上级的指导，发掘个人的创新意识，使其在组织运行中承担一些创新任务，因此政府绩效管理的创新目标是一种着眼于未来的长远性目标。

（三）政府绩效管理与政府绩效评估

绩效管理一般被理解为通过一系列绩效评估手段来进行绩效信息收集、改进管理实效的过程。政府绩效管理与政府绩效评估两个概念极为相似，常常令人产生疑惑并混淆，因此这里对这组概念进行阐释与对比。

首先，从范围划分的角度来看，政府绩效评估是政府绩效管理的一部分，评估的范围较政府绩效管理的小。政府绩效管理是一个完整的管理过程，而政府绩效评估仅仅是绩效管理过程中的一个环节。

其次，从侧重点的角度来看，政府绩效管理注重信息的沟通与绩效目标的达成，而政府绩效评估则注重绩效的考核和评价。

最后，从时间维度来看，政府绩效管理是贯穿整个计划执行周期的行为，而政府绩效评估只涉及项目生命周期某一时间点的具体实施与深入研究，并不具有连续性。

但是，政府绩效管理与政府绩效评估是相辅相成、互为补充的关系。一方面，政府绩效评估为政府绩效管理提供了指标设置框架；另一方面，政府绩效管理数据为政府绩效评估提供了基础。

（四）政府绩效管理的本质

政府绩效管理是现代国家进行公共管理与国家治理的一种有效工具和重要手段。开展政府绩效管理活动，可以在政治、行政、社会等多个领域满足国家治理现代化的需求。

首先，在政治领域，开展政府绩效管理有助于在官员与政治系统内部形成正确的政绩观。行政学的开端被认为是伍德罗·威尔逊（Thomas Woodrow Wilson）的政治与行政二分法，然而实际上政治与行政是不可能完全割裂开的。政治与行政的关系十分密切，因此开展政府绩效管理活动，实际上不仅仅是对行政系统内部的一种要求与管理。由于行政系统与政治领域的密切关联性，政府绩效管理还可以在政治系统内部形成科学、民主、发展的政绩观念。从价值实现的角度来看，这样的政府绩效管理行为可以加深并增强政府管理的公共价值与国家治理的民主价值。

在行政领域，开展政府绩效管理活动可以进一步深化我国行政系统内部的体制改革。

政府绩效管理是对政府行为和政府体制的一种监督与约束，实施政府绩效管理活动可以对执行力方面有所助益。建设服务型政府，提高国家治理能力的现代化程度，已经成为我国政府发展的一个重要目标。但随着政府治理的领域扩展和层次叠加，其治理态势呈现出不同于其他时代的典型特征。"层层加码"问题严重、基层工作愈加繁重、懒政怠政行为层出不穷。行政行为的不均衡发展成为我国行政系统内部需要重点解决的问题。实行政府绩效管理可以在一定程度上提高政府内部公务人员的行政效率，还可以给政府体制改革提供新的思考角度。因此，开展政府绩效管理对于行政系统来说显得尤为重要。

在社会领域，政府绩效管理也是必不可少的。一方面，随着科技的发展与进步，社会与政府之间呈现出多元的互动关系。社会公民参与政治生活或者政策制定等成本由于科技的发展而逐渐降低。在更低成本的驱动下，社会公众逐渐产生了与政府进行互动、实时表达内心意见的需求。政府与社会的关系不是简单的管理与服从关系，而是呈现出一种多元互动的管理。对于公共问题的治理，政府与社会表现出同样高的关注度。政府在这样的环境下需要重新定义自己的角色，明确自己的权力与职能。因此，开展政府绩效管理活动对于政府适应社会新型环境是有帮助的。另一方面，从社会公众来看，公众需要有一种与政府进行沟通的机制或者渠道。从委托代理关系来看，公民作为委托人而政府作为代理人，公民需要对代理人的绩效进行监督。实际上这样的需求一直都存在，只是科技的发展使得这种需求变得更加明显。因此，开展政府绩效管理活动对于社会公众来讲是履行其委托人角色的重要途径。

（五）政府绩效管理与企业绩效管理的关系

1. 政府绩效管理与企业绩效管理的相同之处

首先，政府绩效管理与企业绩效管理的理论来源相同。企业绩效管理的出现早于政府绩效管理。新公共管理理念中蕴含的企业管理理念也充分表明，企业绩效管理为政府绩效管理提供了大量的理论基础，政府绩效管理是在企业绩效管理的基础上不断发展起来的。虽然政府绩效管理存在着独有的公共性与非营利性，但是从来源上看，企业绩效管理为政府绩效管理奠定了基础，二者具有相似甚至相同的理论基础。

其次，政府绩效管理与企业绩效管理有着相同的目标导向。从企业绩效管理的角度来看，企业绩效管理希望通过对组织的绩效进行考核，发现企业的生产经营活动是否以顾客为导向。只有以顾客为导向，企业才能在市场竞争中有一席之地，从而实现企业利益的最大化；从政府绩效管理的角度来看，政府绩效管理是通过对组织绩效的考核，实现行政效率的提高，从而提高服务公众的效率，最终达到资源的有效配置。因此，无论是企业绩效管理还是政府绩效管理，由于其组织目标的要求都存在着相同的目标导向。

政府绩效管理与企业绩效管理还拥有同样的技术方法。上文已经提到，企业绩效管理为政府绩效管理提供了一定的理论基础，而这些理论基础就包含了一定的技术与方法。从现实层面来看，无论是国外还是国内，关于政府绩效管理的技术保障与方法设计都是较为薄弱的。多数政府绩效管理的方法都源于企业的绩效管理方法，将企业的绩效管理方法进行改装，使其适用于政府的公共特征，便成了政府绩效管理的方法。因此，可以看出政府绩效管理与企业绩效管理的方法和技术存在高度的相似性。

2. 政府绩效管理与企业绩效管理的不同之处

政府绩效管理与企业绩效管理还存在着一些由于组织特征不同而产生的不同之处，其主要表现在绩效目标与绩效价值层面上。

首先，政府绩效管理的目标与企业绩效管理的目标不同。企业的组织绩效目标是紧紧围绕企业的经济利益来设计的。因此企业绩效管理从经济效益出发，其直接目标是通过企业绩效管理，使组织具有活力，解决组织中出现的问题；而其根本目标则是通过各种管理手段，使企业的经济利润与收益达到最大化。而政府绩效管理则不同，其直接目标是通过政府绩效管理手段，实现行政效率的提高，服务意识的提高等；其根本目标则是通过政府绩效管理，有效地为公众提供社会服务，合理优化资源配置。

其次，政府绩效管理与企业绩效管理的价值取向不同。这是由政府组织具有的独特的公共性所决定的。政府相较于企业而言，最特殊的是其承担着社会资源配置、提供公共服务等职责，而企业仅仅需要实现自己企业内部的资源配置优化与提供令顾客满意的服务即可。这种公共性，使得政府与企业成为社会中截然不同的两种组织，这两种组织的价值取向也是截然不同的。政府部门进行政府绩效管理的价值取向是实现公众利益、国家利益的最大化，而企业进行绩效管理的价值取向则是实现私人组织的利益最大化。归根结底，是"公"与"私"两种不同的价值取向。

第二节 政府绩效管理基本理论

政府绩效管理的很多理论都来源于企业管理的理论，由于其独特的公共性常常还会运用一些其他社会科学领域的相关理论。因此，政府绩效管理的理论既包含着企业管理理论，也包含着其他社会科学领域的理论，这意味着政府绩效管理的理论研究还需要进一步的深化。本节主要介绍政府绩效管理的相关理论，例如系统论、控制论、行为科学理论等。

一、政府绩效管理的理论基础

从理论与实践的关系可知，实践须有理论的支撑，理论最终是用来指导实践的。政府部门绩效评估作为实践活动应有相应的理论支撑，其基础理论主要借鉴了企业绩效评价的相关理论，这些理论同样对政府部门绩效评估具有非常重要的意义。企业绩效管理理论主要有以下几种。

（一）系统论

系统论原本是通过一定的数学方法，对系统的结构特点、行为特征、动态变化以及各个系统之间的沟通联系进行研究的一门学科。它的基本思想就是把研究对象看作一个有机的系统整体，而不是一种割裂的部分关系，这样系统论演化成具有哲学价值的一般方法论。系统论的思想内涵主要有如下几点。

首先，系统是一个有机的整体，不是各个构成要件的简单堆砌。系统的各个要素之间是存在紧密联系的关系。这给政府绩效管理与政府绩效评估活动过程带来很大的启示。首先，我们应该认识到政府绩效管理是一个完整的系统，绩效设计、绩效评估、绩效反馈等各个环节都是紧密联系的。在政府绩效管理的过程中，应该致力于去协调这些要素之间的关系，将其有机整合，实现政府绩效管理的优化。

其次，系统与系统之间也是互相影响的。因此在考虑一个系统的运作与改进时，应该注意其他系统对它造成的影响或者是它对其他系统造成的影响。在政府绩效管理中，这种考虑十分必要。无论对政府绩效管理做出何种行为，都要首先考虑是否会影响其他政府行政活动的运作；政府在进行行政活动时，也要考虑此活动是否会对政府绩效管理造成影响。

从政府绩效评估的角度看，系统论主要是从整体的角度分析和研究整个绩效评估系统。在设计绩效评估指标体系时，应考虑指标体系是否合理、完整；在收集相关信息时，应考虑信息是否全面；等等。把政府的绩效管理与绩效评估行为看作一个系统化的活动，有利于政府绩效管理活动的有效进行。

（二）控制论

控制论是研究生命体、机器和组织的内部或彼此之间的控制和通信的科学，从控制系统的主要特征出发来考察管理系统，可以得出这样的结论：管理系统是一种典型的控制系统。管理系统中的控制过程在本质上与工程的、生物的系统是一样的，都是通过信息反馈来揭示成效与标准之间的差距，并采取纠正措施，使系统稳定在预定的目标状态上。因此，从理论上说：适合于工程的、生物的控制论的理论与方法，也适合于分析和说明管理控制问题。

诺伯特·维纳（Norbert Wiener）在阐述创立控制论的目的时说："控制论的目的在于创造一种语言和技术，使我们有效地研究一般的控制和通信问题，同时也寻找一套恰当的思想和技术，以便通信和控制问题的各种特殊表现都能借助一定的概念以分类。"控制论的建立是20世纪伟大科学成就之一，为其他领域的科学研究提供了一套思想和技术，在诺伯特·维纳的《控制论》一书出版后的几十年中，各种冠以控制论名称的边缘学科如雨后春笋般生长出来。例如，工程控制论、生物控制论、神经控制论、经济控制论以及社会控制论等。而管理更是控制论应用的一个重要领域。甚至可以认为，人们对控制论原理最早的认识和最初的运用是在管理层面。用控制论的概念和方法分析管理控制过程，更便于揭示和描述其内在机理。

在绩效评估过程中运用控制论，可以充分认识到整个绩效评估过程中每个操作环节的重要性，通过设置实施控制的关键点达到绩效评估的目的。如绩效评估指标的设定及其相应权重的确定等。

（三）行为科学理论

行为科学理论是在20世纪30年代开始形成的一门研究人类行为的新学科，后来发展成管理研究的主要学派之一，是管理学的一个重要分支。它通过对人的心理活动的研究，掌握人们行为的规律，从中寻找对待员工的新方法和提高劳动效率的途径。

行为科学理论的基本思想对绩效评估体系的构建和运行有重大影响，具体包括三点。首先，政府部门绩效评估体系不仅应与政府部门的职能、目标相适应，而且应与国民经济、社会发展规划相适应。其次，绩效评估设定的指标和标准具有激励性和可控制性。激励性是指设定的评估标准能使评估对象感受到压力，利于激发组织部门的积极性和创新性。可控制性能促使组织积极努力完成评估目标，争取更好的结果。再次，设定具体评估标准时，应广泛征求评估对象的意见，扩大参与范围。行为科学理论还可以从个人绩效的角度来考察员工绩效，从而实现组织绩效与个人绩效的协调统一发展。

（四）信息论

随着全球化、信息化的不断加强，信息在整个社会中的重要性越来越突出，信息对于政府部门绩效评估来说也必然越来越重要。企业绩效评价中的信息论原理同样对政府部门绩效评估具有重要的指导意义。它会影响许多方面，包括政府绩效评估指标的设定、评估体系的形成与运行等。政府绩效管理过程与政府绩效评估过程，可以看作是信息的传播、整合、分析、利用过程。

（五）权变管理理论

权变管理理论是政府部门绩效评估中非常重要的理论之一。该理论的主要观点是：在管理过程中，环境因素是自变量，管理者的观点和能力因素是因变量，自变量与因变量之间存在着的函数关系就是权变关系。权变理论被看作是一个动态的过程。由于特质理论不能准确地预测领导者的行为，甚至难以解释不同情境下领导者行为的多样性，而行为理论在解释某些领导行为时又显得过于简单，有时甚至难以自圆其说，如对同一种领导行为为什么在不同的群体中会产生不同的效果等问题不能给出圆满解释；因此，研究者把注意力转移到了领导情境方面。影响领导有效性的大量情境因素逐渐被识别出来，并将这些情境因素整合起来。因此，对于政府部门绩效评估而言，不同规模、地域的政府组织在设计绩效评估体系时，应根据政府内外环境来分析，并适时进行调整。

（六）信息经济学理论

信息经济学是信息科学的一个分支学科，是一门研究信息的经济现象及其运动变化特征的科学，其主要研究内容如下。

（1）信息的经济作用。主要研究信息的经济属性及其在经济发展中的作用；信息产业在国民经济中的地位和功能；信息技术的发展完善对社会经济的影响；信息与社会生产的规模、结构形式、组织管理的关系；信息经济模式在经济结构中的应用过程和作用等。

（2）信息的成本和价值。主要研究信息价值的定性和定量描述；信息的价值和成本的关系；信息价值的表现形式；信息价值的计量标准和计算方法等。

（3）信息的经济效果。主要研究信息的使用价值量与劳动消耗量的比例；信息的经济效益计算和考核；信息工作在社会生产中的最佳投资和投资效果；影响信息经济效果的自然因素和社会因素；提高信息经济效果的途径和方法等。

（4）信息产业结构。主要研究信息产业结构及其发展规律和趋势；信息产业与部门经济结构、服务性行业结构、教育机构的关系；信息产业结构对就业结构的影响；国民经济结构变化的信息因素和非信息因素的分析等。

（5）信息系统。包括如何建立和发展完善的信息系统；信息系统的聚集与分散对信息系统价值的影响；从经济角度考察信息系统评价的标准和方法；信息系统的经济效益和社会效益及其相互关系；信息系统经济的管理；最优化信息系统的选择等。

(6)信息技术。包括用技术经济原理研究信息技术对提高信息经济效益的作用;比较各种信息技术的应用,提出采取新信息技术的最佳方案;了解信息技术发展的特点和规律等。

(7)信息经济理论。包括对信息经济学的对象、内容、性质、方法、作用、历史等基本问题的研究。

从某方面来说,绩效评估体系其实就是一个信息系统,它所体现出的信息具有多功能性。在构建和运行整个绩效评估体系时,应注重考虑其经济效用性,注意理论与实践相结合,不应将理论上的科学性强加于绩效评估实践,不然会产生评估体系过于复杂、运行成本过高的情况。因此,在绩效评估指标设定时应注意繁简适中,具有实用性,易于操作。

(七)委托代理理论

20 世纪 30 年代,美国经济学家伯利(Berle)和米恩斯(Means)因为洞悉企业所有者兼具经营者的做法存在着极大的弊端,提出委托代理理论(principal-agent theory),倡导所有权和经营权分离,企业所有者保留剩余索取权,而将经营权利让渡。委托代理理论早已成为现代公司治理的逻辑起点。委托代理理论是建立在非对称信息博弈论的基础上的。非对称信息(asymmetric information)指的是某些参与人拥有但另一些参与人不拥有的信息。信息的非对称性可从以下两个角度进行划分:一是非对称发生的时间,二是非对称信息的内容。从非对称发生的时间看,非对称性可能发生在当事人签约之前(ex-ante),也可能发生在签约之后(ex-post),分别称为事前非对称和事后非对称。研究事前非对称信息博弈的模型称为逆向选择模型(adverse selection),研究事后非对称信息的模型称为道德风险模型(moral hazard)。从非对称信息的内容看,非对称信息可能是指某些参与人的行为,研究此类问题的模型被称为隐藏行为模型;也可能是指某些参与人隐藏的信息,研究此类问题的模型被称为隐藏信息模型。从某个角度上看,政府与群众的关系其实就是一种代理的关系,群众授权于政府,政府代表群众行使权力。但是有时政府在行使权力时,可能会更多地考虑自身利益,规避风险,不按群众的意图行事,甚至可能会利用权力谋取私利,损害群众利益,从而会出现一些道德和逆向选择方面的问题。要想解决这些问题,最好的方式就是建立监督与激励机制。

(八)SMART 原则

运用于目标管理(MBO)中的 SMART 原则由管理学大师彼得·德鲁克(Peter F. Drucker)提出,首先出现于他所著的《管理的实践》(*The Practice of Management*)一书中,该书于 1954 年出版。根据德鲁克的说法,管理人员一定要避免"活动陷阱"(activity trap),不能只顾低头拉车,而不抬头看路,最终忘了自己的主要目标。MBO 的一个重要概念是:企业战略规划不能仅由几个高管来执行,所有管理人员都应该参与进来,这更有利于战略的执行。另一个相关概念是:企业要设计一个完整的绩效系统来实现高效运作。由此,可以将目标管理视为价值管理(value based management)的前身。制定目标看似是一件简单的事情,每个人都有过制定目标的经历,但是如果上升到技术层面,管理者在绩效评估指标设计过程中应普遍坚持 SMART 基本原则。在 SMART 原则中,"S"代表 specific,绩效评估指标应是"特定的、具体的、确切的";"M"代表 measurable,绩效评估指标最终应是"可测量的、可评估的";"A"代表 achievable,绩效评估指标应是"能够实现的";

"R"代表 realistic,绩效评估指标应是"现实的";"T"代表 time bound,绩效指标应具有"时限性"。

二、政府绩效管理的核心内容

政府绩效管理的核心内容具体包括评估主体、评估内容、评估客体、评估时间、评估方法、评估反馈、元评估等。

(一)评估主体

政府绩效管理的主体指的是政府绩效管理活动的主要实施方,评估主体是政府绩效管理的重要内容。政府绩效管理的评估主体是在不断变化的。随着公共管理与公共服务理念的深入与渗透,政府绩效管理的评估主体逐渐展现出多元化的趋势。不同的利益相关者构成了不同的政府绩效管理评估主体。总的来说,一般有政府部门、社会组织、科研院校、公众、大众媒体以及各类企业等。对政府绩效管理主体的总结,可以分为正式绩效管理者与非正式绩效管理者两类。正式绩效管理者是指通过政府官方的渠道对政府绩效进行评估和管理的利益相关者。但在不同的政府部门的领导和统筹下,正式的绩效管理者可能会不同。例如,有些政府注重绩效管理的科学性,会聘请科研组织进行绩效管理与绩效评估,这时,科研院校等组织就会成为正式的绩效管理者。有些政府注重公众的参与,把公众评价作为绩效评估的重要考核方式,这时公众就会成为正式的绩效管理者。而非正式的绩效管理者,则不是通过官方的渠道进行政府绩效管理的。例如,一些媒体通过自身的渠道对政府做出评价和监督的行为与公众在自媒体或者媒体平台上对于政府的绩效进行评价与评估的个人行为。政府绩效管理的评估主体的选择,应该按照不同政府的不同要求来具体确定。政府绩效管理的评估主体,在政府绩效管理与政府绩效评估活动中具有主导性的作用。评估主体的不断变化,同样可以显示出一个政府对于其政府服务对象的关注度与关注热点,具有一定的导向作用。

(二)评估内容

政府绩效管理的评估内容主要指政府绩效管理所涉及的关乎政府发展方向与战略目标的各项指标。评估内容是政府绩效管理活动的实施落脚点,其选择与设定在政府绩效管理活动中具有举足轻重的作用。评估内容的选择和设定与要评估的对象密不可分。总的来说,评估内容可以根据被绩效评估的目标来设定。在政府绩效管理过程中,作为评估对象的政府部门必定会有自己的绩效目标,这种目标或宏观或微观,但是都反映了政府机构在这一段时间内想要达到的效果。因此,根据政府绩效目标来选择与设定政府部门的评估内容是较为可行的一个方法。首先,明确被评价政府的战略目标;然后,在战略目标的指导下,选择政府绩效的具体目标,将各个具体目标层层细化,并加以分级,形成更为具体的和可以操作的二级目标、三级目标等;最后,将这些可操作化的具体细化目标根据重视程度以及对组织战略目标的贡献程度来赋予权重。总的来说,政府绩效管理过程的评估内容可以看作是绩效管理过程的评价指标,而评价指标则来源于对政府部门的绩效目标的细化与分类。在这个过程中,只要保持政府绩效目标的真实性与准确性,那么评估内容就会相对准确无误。评估指标的设计是需要科学方法的,因此在设计评估指标时,也不能仅仅依靠政府的绩效目标来进行设计，要根据更为科学的绩效指标设计方法来对其进行选择与确定。

（三）评估客体

政府绩效管理活动存在评估主体，就必然会存在评估客体。从政府绩效管理的名称中，对评估客体已经可见一斑，即政府绩效管理活动中的评估客体为被评估政府，但是在政府绩效管理活动中，这样的理解，或许不够细致，显得较为宏观。政府绩效管理活动中的评估客体，从宏观上来讲是指被评估政府，但是涉及具体部门，就会存在一些问题。例如，中国典型的条块管理模式，使得同一部门存在不只一种的上级领导主体。这样便存在当不同的领导主体对同一部门进行绩效管理评价时，如何处理绩效评估的目标、指标等的差异问题。再比如，一些政府部门直属事业单位，虽然严格意义上来讲，并不属于真正政府部门，但是其承担着一部分政府职责。对于这样的事业单位，不同的地方政府有着不同的看法。因此，这些细致的政府绩效管理的评估客体问题是复杂的，且值得研究。评估客体的明晰与确定，是政府绩效管理活动中的重要部分，评估什么成为一个重要且复杂的问题。本书认为，从公共服务的角度来看，提供公共服务的政府部门与其相关主体都应该作为政府绩效管理的评估客体。但是也要注意区分界限，不可把过多的政府部门的职责强加在直属事业单位上面，造成推诿扯皮现象。

（四）评估时间

政府绩效管理的评估时间是指在政府绩效管理过程中所涉及的时间点、周期等有关时间的总和。首先，评估时间点是重要的一环。评估时间点的选择一般是在月末或者季度末或者年末，这取决于评估的目标是月度目标、季度目标，还是年度目标，也取决于对绩效结果要求的紧迫程度。有些政府部门将政府绩效管理与考核的结果作为人事任免、奖惩激励的衡量标准，因此评估时间一定要早于奖惩激励与人事任免时间，还要留出评估过程所花费的时间。其次，需要注意绩效评估的时间周期，即多久进行一次绩效评估活动。上文已经阐述了绩效管理与绩效评估的区别，绩效管理是一个持续性的长期行为，而绩效评估则是一个阶段性的评估活动，因此，政府绩效管理存在评估周期，评估周期的确立是政府绩效管理在评估时间方面的重要体现。评估周期的选择应该适当，评估周期过短会导致评价过程过于仓促，使政府绩效管理的过程失去意义；而评估周期过长则会过多占用政府处理日常事务的时间，同时也会对政府绩效评估本身的效果造成影响，使评估过程难以控制，难以具体精准把握政府绩效。

（五）评估方法

政府绩效管理活动中的评估方法就是判断政府组织、部门和公务员个人工作绩效时所使用的具体方法。正确地选择政府绩效评估方法对于得到公正、客观的绩效评价结果有着重要的意义。各种评估方法都是管理实践积累的宝贵财富。通常，评估方法可以划分为两大类：相对比较和绝对比较。每类又细分为若干具体的评估方法，其中相对比较包括排序法、配对比较法等；绝对比较包括等级鉴定法、行为锚定量表法和混合标准量表法等。每种方法各具特点，并无绝对优劣之分，各级政府组织和部门应根据具体情况进行选择。总的原则是根据所要评价的指标特点选择合适的评估方法。例如，评价公务员的"工作主动性"指标,就可以采用行为锚定量表法。当然,具体采用何种评估方法,还需要考虑设计和实施成本问题。有的评估方法设计成本虽高,但在避免评价误差方面非常有效;有的评估方法设计成本虽低,但在实际操作中却容易出现评价误差。因此,应权衡各种评估方法的优缺点,加以综合使用,以适应不同发展阶段对政府绩效评估的不同需要。

(六)评估反馈

政府绩效管理中的评估反馈,是指在政府绩效管理活动中对绩效评估结果进行的有效反馈与应用。政府绩效评估结果能否被有效利用,关系到整个政府绩效管理系统的成败。在政府管理实践中,政府绩效评估结果主要用于两个方面:一是通过分析绩效评估结果,诊断下属公务员存在的绩效差距,找出产生绩效差距的原因,制订相应的绩效改进计划,以提高公务员的工作绩效;二是将绩效评估结果作为人力资源管理各项决策的依据,如培训开发、职位晋升和薪酬福利等。绩效评估结果具体应用于哪些方面是与评价指标的性质相联系的,如态度类指标的评估结果可应用于职位晋升、培训开发和薪酬福利等决策,而工作业绩类指标则可直接应用于薪酬福利等决策。如果政府绩效评估结果没有得到应用,那么政府绩效管理活动就失去了其原本意义。

(七)元评估

元评估可简单表述为"评估的评估",即一种特殊的评估。斯克瑞文(Michael Scriven)最早界定了"元评估",并指出元评估是二级评估(second-order evaluation),其理论层面主要是针对评估角色的方法论评估,实践层面则涉及对某一评估活动具体表现的评估。[①]元评估作为一种在不断检验中依旧保持稳定的项目评估标准,具有一定的科学性和有效性,主要包含以下 4 个维度。

(1)实用性。评估项目对利益相关者的满足程度,即是否满足了利益相关者的需求。

(2)可行性。影响项目得以持续运行的因素,即项目实施程序的可行性以及是否适应项目实施的政治经济大背景。

(3)适当性。在项目评估中是怎样体现合理性、合法性、公平性、正确性和正义性的,主要关注对利益相关者的合法权益的尊重。

(4)准确性。评估结论的推断和应用能够发挥信息的可靠性和有效性。

第三节 政府绩效管理的发展历程

20 世纪 80 年代,随着新公共管理思想浪潮的不断发展与演进,使政府绩效管理活动作为政府部门的重要管理活动得以实施。西方国家的政府绩效管理有其独特的发展背景,在公共管理思潮以及政府绩效管理思想的影响下,一些发展中国家也开始寻求自身政府绩效管理的本土化办法。本节主要介绍国外政府绩效管理的发展背景,以及我国政府绩效管理的发展脉络,并试图从各个国家政府绩效管理发展背景的角度来论证政府绩效管理的必要性。

---

① SCRIVEN M.An introduction to meta-evaluation[C]//TAYLOR P A, COWLEY D M,et al.Readings in Curriculum Evaluation[M]. Chicago: University of Chicago, 1972: 84-86.

一、西方国家政府绩效管理的发展

受 20 世纪 80 年代新公共管理思想浪潮的影响,西方国家的政府普遍引进企业绩效管理模式,并取得了一定的成效。1993 年,美国国会通过了《政府绩效与结果法案》(Government Performance and Results Act,GPRA)。总体看来,美国联邦政府的绩效管理具有以下特点:以顾客及目标管理为导向来进行制度设计;强化机关的战略规划,评析外在环境变迁和内部执行力,根据组织的核心价值来确立组织理念和愿景,制定中期发展目标和战略,从而引导施政和资源分配;绩效计划由试点向一般推广,紧密结合政府年度施政计划,引导各级员工参与,并进行公开咨询及外部评估运作,保持绩效计划的动态更新和不断修订,有效结合组织决策、绩效衡量和事后评估等。英国政府自 20 世纪 80 年代以来,持续性地贯彻"新公共管理"改革模式。其绩效评估大体上有 4 个相互重叠的阶段,即雷纳评审、持续性改革、下一步改革和公民宪章,整体上呈现出由机关内部评审转向由社会进行评估,评估内容由效率转向顾客服务和质量,评估主体引入外部市场和公众,突出公民和服务导向,评估结果公开化并直接向公民和服务对象负责的趋势。除英国、美国外,政府绩效管理在其他国家也得到了广泛应用。例如,荷兰新市政管理法要求对地方当局的工作绩效进行评估,以提高效率和服务质量。据经济合作与发展组织统计,公共组织绩效管理在丹麦、芬兰、挪威、新西兰、加拿大等国家都得到了广泛应用。

二、西方国家政府绩效管理的趋势

自 20 世纪 70 年代到现在,公共行政领域出现了许多新的理念。虽然,新时期的行政理论和实践是否形成了一定的典范,还存在着巨大的争议,但各种理念的变化有着一些共同的趋势,如注重回应性、顾客导向以及政府行为的透明性和可控性等。这些理念体现在绩效管理上,主要有三个趋势。

(一)由效率转向效能

由财政控制转向行为控制,在技术上体现为 ABS(activity based system,基于行为的成本核算系统)的使用和完善。ABS 的发展提高了行政决策的可靠性和政府行为的可控性,其建立的假设前提是"资源(包括劳动力和物质资源)都是在执行行动的过程中消耗的"。在这种体制下,成本按照行为以及成本目标(项目、顾客、渠道等)进行分类,评估者不仅能测量出整个服务成本,而且能精确地计算出在提供该服务的过程中每一个个体行为的成本,并以此为基础进行预算和分配。对政府行为的测量有很多纬度,包括项目、服务、顾客等。这种绩效管理体系能使我们更好地理解每一纬度指标如何影响其他纬度指标,并计算出其对组织整体绩效的影响。这种由财政控制转为行为控制的手段,使政府绩效管理形成了由效率转向效能的趋势。

(二)由控制转向合作

由控制转向合作,主要是指政府绩效管理从一种控制行为,转变成一种多方合作、共同治理的过程。由独立评估转向客户参与,在技术上体现为 TOPS(total organizational performance system)的应用。TOPS 以 TQM(total quality management,全面质量管理)为基础,即重视客户要求、强调过程控制和增加团队工作,并在此基础上进行了改进:重视参与、沟通，重视来自员工和客户的反馈，完善现有的效率测量技术，为实现不同的测量比较提供数据分析机制。允许不同的主体加入，使得评估主体趋向于多元化，这种多元化的趋势使西方政府绩效评估模式由控制逐渐向合作转变。多元化的主体评估模式的出现，意味着传统的公共行政模式中绩效评估的改变，即逐渐重视"顾客"的体验，也意味着西方政府绩效管理从控制逐步走向合作。

（三）由松散转向整体

自20世纪80年代新公共管理运动开始，西方各国政府绩效管理改革经历了不同的发展路径和发展阶段。进入21世纪以来，西方各国普遍开始探索绩效管理体系和框架的整合。英国首先制定了《公共服务协议》（Public Service Agreement，PSA）；2004年起，加拿大构建起管理问责制框架（Management Accountability Framework，MAF）；2008年，澳大利亚昆士兰州政府通过了以新的绩效管理框架替代原有框架的决定，并于2009年公布了《昆士兰政府绩效管理框架指南》，同年，维多利亚州基本服务委员会公布了《地方政府绩效控制框架》；2008年，新西兰国家服务委员会和财政部联合发布了《绩效评估：关于如何建立有效框架的建议和实例指南》。由此可见，随着绩效管理理论和实践的拓展，绩效管理逐渐从松散管理走向整体性治理。这些进一步拓展了绩效管理的发展空间，也是西方政府绩效管理发展新阶段的明显标志。

三、各国政府绩效管理的实践

以政府为对象的绩效评估始于20世纪50年代美国的绩效预算制度，兴起于七八十年代。从此，多个国家掀起了政府重塑运动，强调顾客取向和以结果为导向的政府管理，将绩效评估放在首要位置。美国尼克松政府和英国撒切尔政府的行政改革，都体现出对绩效评估的极大热情，其他国家纷纷效仿，以至出现"评估国"的高潮。法国、芬兰、瑞典、澳大利亚、韩国等国家都实施了政府绩效评估，并将其视为提高政府的工作绩效、改善政府公众形象的有效途径之一。

（一）英国的政府绩效管理

政府绩效评估贯穿英国行政改革过程的始终，根据侧重点的不同可以分为两个阶段：第一阶段为20世纪80年代，绩效评估的主体内容是以经济、效率为中心，以解决财政危机为主要目标；第二阶段为90年代以来，主体内容调整为以质量和公共服务为中心的绩效评估行政改革。下面对此过程和实践加以简单的梳理。

1. 效率优位阶段

20世纪70年代末，在"效率战略"的指导下，撒切尔政府推行了雷纳评审、部长管理信息系统、财务管理新方案等改革措施。其中，雷纳评审的重点是经济和效率，其目的是通过评审来终止和避免那些不理想的东西（包括过时的、不合时宜的工作任务，低效的工作程序和方法等），从而降低政府部门的开支和运营成本。继雷纳评审之后，1980年，环境大臣赫塞尔廷在环境部内建立的部长管理信息系统是为整合目标管理、绩效评估等现代管理方法而设计的信息收集和处理系统，其将绩效评估、目标管理、管理信息系统相结合，使公共部门绩效评估更具有战略性、持续性。而财务管理新方案则是部长管理信息系统的扩张、延伸和系统化。在这一时期，公共部门绩效评估已获得初步的发展，但是其评估的重点是经济、效率。

2. 质量优位阶段

20 世纪 80 年代后期，撒切尔政府推行的"下一步行动方案"、"公民宪章"运动、"竞争求质量"运动扭转了 80 年代以来的"效率战略"改革方向，开创了质量和顾客满意的新方向。1988 年，撒切尔政府实施的"下一步行动方案"明确提出在部门内部设立"执行机构"，赋予执行机构在机构编制、人员录用、工资待遇、组织结构、财务管理等方面更大的灵活性和自主性；同时，为了弥补执行机构责任机制上的漏洞，"下一步行动方案"还提出对执行机构的绩效状况进行定期评审并将结果公布于众。"下一步行动方案"使政府管理模式开始发生一些根本性变化：（1）从"规则为本"到"结果为本"的转变；（2）从隶属关系到契约关系的转变；（3）从过程控制到结果控制的转变；（4）分权制度化趋势。

继撒切尔政府之后，梅杰政府推行了公民宪章运动和竞争求质量运动，这些改革措施又进一步强化了质量和服务顾客的改革思想。1997 年，布莱尔的工党政府上台，基本上保持了保守党政府的改革方针和基本思路，继续推进行政改革，所不同的是，布莱尔政府提出了以"合作政府"模式取代过去的"竞争政府"模式。1999 年布莱尔政府出台了《现代化政府白皮书》，推出一个实施"整体政府"改革的十年规划，为英国提供了一个以"协同政府"为主题的现代化政府革新框架，该报告主要包括以下几方面内容。

（1）在政策制定方面，强调结果导向和公众的广泛参与。

（2）在公共服务输出方面，注重高质量和高回应性。把绩效评估作为监控质量的主要途径，改进评估和审查的原则，成立公民评估质量组织，加强政府与公民的互动。

（3）在公务员制度改革方面，完善结果导向的个人绩效评估体系，把目标的完成与薪酬紧密结合，同时赋予管理者更多的权限以促成目标的实现。

（4）建设电子化政府，增强政府的回应性。从英国政府开展绩效评估的全过程来看，追求经济（economy）、效率（efficiency）、效益（effectiveness）原则（简称"3E"原则）是其评估的主要内容和出发点，即以三者为主线来评估政府提供的公共服务，加强管理、降低行政成本、提高行政效率和效益。可以说，英国行政改革的过程就是政府绩效评估的实践过程。

在政府预算评估领域，2015 年英国大选后，为了增强政治回应性与政府执行力，整合各类预算绩效管理形式，内阁办公厅执行小组（Cabinet Office's Implementation Unit）与英国财政部在以往绩效管理经验的基础上，开始建立新的绩效管理体系。自此，英国的预算绩效管理先后经历了公共服务协议（2008—2010）、业务计划（2010—2015）、单部门计划（2015—）的演变。作为英国新绩效管理框架的核心，单部门计划（Single Departmental Plans，SDP）开始发挥作用，从而为英国新一届政府施政目标的实施和议会问责提供了有效的工具。

（二）美国的政府绩效管理

1. 发展进程与成效

美国在 20 世纪 70 年代初期也曾尝试推行绩效管理，但由于缺乏有力的技术支持和足够的政治支持，进展不大，成效不佳。美国绩效管理的根本性突破发轫于 1993 年。1993 年年初，克林顿总统成立了由副总统戈尔主持的"国家绩效评审委员会"（National

Performance Review，NPR）。该委员会于1993年9月提交的第一份报告《从繁文缛节到以结果为本——创造一个工作更好并且花费更少的政府》中，提出了384项建议，1250个具体的步骤，成为克林顿政府行政改革的行动指南，该报告也被称为《戈尔报告》。在《戈尔报告》出台前的两个月，即1993年7月，美国国会通过了《政府绩效与结果法案》，从而将政府绩效评估制度化、法制化，标志着议会对行政部门的监督开始转到绩效和结果上来。

2．评估的指标体系及步骤

在《政府绩效与结果法案》的指导下，戈尔和国家绩效评审委员会建立了一系列衡量部门和个人工作成绩的机制。其中美国政府责任委员会提出了一个指标体系，该体系不同程度地反映了质量、经济、效率、效果等标准。

第一，投入指标。衡量某一项目或服务消耗的资源。

第二，能量指标。度量一个机构提供服务的能力。

第三，产出指标。衡量为服务人口提供的产品数量或服务单位。

第四，结果指标。衡量项目和服务的结果，具有定量和定性的特征。

第五，效率和成本效益指标。这些指标集中于一个项目是如何实现的。

第六，生产力指标。按照戴维德·N.阿曼斯（Ammons）的理解，生产力指标是一个融效率和效益为一体的指标。

这些只是基本的指标体系，在实际操作过程中，各州、各机构会根据自己的特点设置具体的评估标准，各地的绩效评估都各有特色，使用了多达150种到1500种不等的指标。

公共部门绩效评估活动是一个过程，是一种有计划、有步骤的活动。美国公共生产力研究中心1997年发布了《地方政府绩效评估简要指南》，提出了实施绩效评估的七个步骤。

（1）鉴别要评估的项目。

（2）陈述目的并界定所期望的结果。

（3）选择衡量的标准或指标。

（4）设置业绩和结果（完成目标）的标准。

（5）监督结果。

（6）业绩报告。

（7）使用结果和业绩信息。

3．评估主体

在美国，对公共部门进行绩效评估的主体主要有公共部门自身、政府部门以及民间机构。公共部门自身均会对本部门的工作绩效进行自我评估。同时，政府的上级部门也会对公共部门进行定期的评估。另外，美国审计总署（Government Accountability Office，GAO）是对公共部门进行绩效评估的重要的政府专门机构之一。它主要在公共部门中进行"3E"审计：经济审计、效率审计、效果审计。同时，民间机构也是对公共部门进行绩效评估的重要力量，如政府会计标准委员会、坎贝尔研究所、各高校等。

4．评估结果的反馈及运用

最后，公共部门绩效评估的结果会形成一个绩效评估报告。《政府绩效与结果法案》规定每个机构在做出评估后都应形成绩效报告。1998年，美国联邦政府要求所有机构都要做绩效报告。报告要提交上级部门及国会，并向利益相关者公开。国会将依据政府各部门的绩效表现决定对该部门的财政拨款,而政府的上级部门则根据绩效情况决定是否继续对该部门放松规制、下放权力等。美国审计总署在完成审计工作后,编制审计报告。民间机构进行评估后的结果大多是向社会及公众公布,让公众对公共部门的工作绩效有更清楚的了解。小布什任总统后,美国政府的改革持续进行,并着手实施了如下改革策略。

(1)改革公务员制度,建立和完善结果导向的绩效评估体系,奖励有卓越表现的人员,以吸引更多优秀的人才来从事公共服务。

(2)推行竞争性采购,以节约政府成本,提高绩效。

(3)加强绩效审计,强化政府责任。

(4)发展电子政府,增强政府的回应性。

(5)强调绩效与预算紧密挂钩,从资源配置方面推动部门绩效的提高。

(三)澳大利亚的政府绩效管理

澳大利亚的公共组织绩效评估是政府行政改革的一个重要组成部分,并且与具体的改革计划和措施融为一体,如财务管理改进计划、项目管理和预算改革、国有企业和私有化改革等。在澳大利亚,国家的所有公共产品和公共服务都必须公开接受社会公众的监督和评价,政府的投入与产出效益必须接受选民的公开考评,公共机构的支出及其绩效必须接受公开监督,政府的可信度是建立在健全而透明的公共支出绩效评估基础之上的。设立绩效指标和制定绩效评估方案成为每个政府机构工作计划的一个部分,这些将正式列入各部门的年度预算文件并公开发布,绩效评估的结果将对各部门与财政部预算谈判中的地位产生重要影响。澳大利亚绩效考评制度中有两类监督主体:一是政府内部的评估主体,二是外部评估机构。前者包括三类,即内阁支出委员会、财政部和国库部、公共服务委员会;后者也包括三类,即国会参众两院的"财政委员会"、公共账目和审计联合委员会、联邦审计署。在前述监督主体中,对每一评估责任主体应该负有的义务、承担的评估对象、评估方式、具体评估的内容、评估结果的不同法律效力等方面的内容,都规定得很详尽。澳大利亚国会的参众两院是相互监督、相互制约的关系,对选民负责;对于公共财政的监督有明确具体的主体、程序、规则。作为一种监督制度的绩效考评必须遵循一定的程序规则运行。澳大利亚实施绩效考评制度有四道程序:一是评估的准备阶段,即首先进行项目的逻辑性分析,继而加强评估工作的管理和控制;二是起草评估报告;三是对绩效考评的回顾;四是对"评估发现"的使用。绩效考评制度的目的是为决策服务,改进现有项目的管理,增强项目管理者的责任感。

(四)韩国的政府绩效管理

20世纪90年代,韩国政府启动了以创建廉价、高效和服务型政府为目标的行政改革。为推动行政改革和提高政府绩效,达到行政改革的最终目标,韩国政府完善和强化了政府绩效评估和管理机制,主要措施如下。

1. 成立经营诊断委员会

韩国金大中政府借鉴了英国撒切尔政府时期行政改革的成功经验,成立了一个由总统直接过问的经营诊断委员会,统一负责对各个政府部门绩效测评指标的开发,并对各部门及其工作进行评估,就政府机构的职能、机制、制度创新和机构设置提出相关建议,使它的工作贯穿韩国行政改革的整个过程。经营诊断委员会是政府推进改革的咨询和智囊机构,成员由研究机构和大学的政治学、行政学、法学、经济学的专家构成。为了推进成果管理体系的法制化,经营诊断委员会拟订了《政府成果管理法》。

2．加强政府绩效审计

加强政府绩效审计是韩国政府绩效管理的重要举措。为了增进公共部门的效率和竞争力,提高公共部门的运营效率,韩国监查院近年来每年都要安排七八十项问题多、影响大的公共项目或领域(如公共建设工程项目和公共金融机构) 开展绩效审计。绩效审计的主要目标是建立一个抑制腐败的良好政府环境,增进公共部门的效率和竞争力。

3．推行制度评估

通过引进制度评估来提高政府的绩效和责任,评估的不仅是政策和项目的成果,还有对这些政策和项目管理的能力,并且进一步检测政府基础设施按预期设想支持政府运作的能力,既在政府和代理机构内引入竞争机制,又促使政府把重点放在提高政府绩效上。

4．引入以目标管理为基础的公务员绩效评估制度

利用科学方法对公务员进行个人绩效的考察,是韩国政府绩效评估的重要特点之一。在政府各部门的公务员中实施目标管理,引入绩效工资制,建立起以目标管理为基础的新的绩效评估制度。所有的部门都要求提交工作目标计划表,而且要为每个目标制定完成的具体方案、完成的时间等。

5．颁布实施《政府绩效评估框架法案》

在政府绩效评估的实践经验基础上,为促进政府绩效评估的制度化和规范化,韩国政府政策协调办公室于 2000 年颁布实施了《政府绩效评估框架法案》,对政府绩效评估的定义、目的、原则、程序、评估机构以及评估结果的运用等做了明确的规定。韩国政府绩效评估对我国政府绩效评估制度建设有重要的借鉴意义:要把政府绩效评估与行政改革结合起来;提高公民对绩效评估的参与度;要重视对公务员个人的绩效评估;绩效评估要与管理模式相适应;绩效评估要制度化和规范化;等等。

四、政府绩效管理在我国的发展探索

新中国成立后,特别是党的十一届三中全会以来,我国进行了几次大规模的政府机构改革,在当时的历史条件下发挥了积极的作用。我国的政府机构改革经历了"精简—膨胀—再精简—再膨胀"的过程,有些地方政府的管理也存在一些不足,如机构臃肿、绩效不彰、缺乏激励、政府职责不清等问题,越位、缺位、错位等现象,公众对政府机构改革的期望日益高涨。由计划经济向市场经济转轨时期,政府努力探索职能转变,建立适应社会主义市场经济体制的管理模式,尤其在当前百年未有之大变局的时代背景下,政府机构改革面临着新的问题和新的挑战,持续优化营商环境,推进"放管服"改革,努力建设数字政府,利用大数据、区块链等新技术改进政府流程,打造新的治理模式,是新时代对政府机构改革提出的任务和要求。

在改革开放的历史进程中,我国如何借鉴西方政府机构改革的经验,发挥"后发优势",探索建立适合我国国情的政府绩效管理和绩效评估的理论框架、评估体系和操作规程,使之法律化、系统化、制度化、规范化,从而建立一个"廉洁、勤政、高效、务实"的服务型政府成为改革的当务之急和迫切要求。

随着行政体制改革的不断深入，我国一些政府部门和地区已开始尝试进行绩效管理和评估的实践，如原卫生部为医院设立的绩效评估体系、教育部为各级学校设立的绩效评估体系，以及原财政部、国家经贸委、劳动和社会保障部联合推出的企业绩效评估系统等。

20世纪90年代，我国政府绩效管理主要是以服务质量为核心。围绕着政府服务质量，各级地方政府开启了政府绩效管理新征程。1994年6月，烟台市针对广大市民反映强烈的社会服务质量差的问题，率先在烟台市建委试行"社会服务承诺制"。至1996年，烟台市建委实行承诺内容达到81项、服务标准118条，基本上覆盖了从城市建设、管理维护到居民服务等各个方面。1995年2月，河北省开展了"干部实绩考核制度"活动，以两个文明建设和党的建设为目标，以领导责任制考核为基本途径，以工作成绩和贡献大小为评价优劣、实施奖惩的基本依据。1996年，深圳市针对当时政府个别部门服务意识不强、办事效率低下等情况，在全国率先开展了企业评估政府活动，由全市企业给政府各部门的服务意识、办事效率和廉政建设情况打分，评出"企业最满意的部门"。除此之外，全国一些地方也开展了"万人评议政府活动"。作为建设服务型政府的突破口，1999年珠海市开始让企业和市民对政府部门的工作做出测评，考核结果与年底奖惩相结合。南京市在2001—2004年开展了四次万人规模的群众评议机关作风活动，有效地促进了政府转变工作作风，推动了政府由权力管理向依法行政和公共服务转变。与此同时，温州市开展了"效能革命"；天津市及廊坊市开展了企业评议政府活动；漳州市进行了政府绩效考评工作；厦门市思明区政府建立了一套公共部门绩效评估的系统软件，为政府利用电子技术改善行政管理提供了典型范例。

进入21世纪，政府绩效管理进入以科学方法为管理模式的绩效管理实践。在绩效管理的实践中，甘肃省开展的非公有制企业评议政府活动最为典型。2004年甘肃省在全省范围内开展了大规模的非公有制企业评价政府部门活动，此次活动由甘肃省政府委托兰州大学中国地方政府绩效评价中心全面组织实施，是我国由第三方学术性中介机构开展政府绩效评价的典范，保障了评价过程和结果的科学、客观和公正。此次评价选取了非公有制企业、政府部门和专家学者三方作为评价主体，并设置了一套科学的评价体系，界定了活动实施目的、评价标准、指标体系、实施规程、结果处理等一系列问题，力求改进政府工作中的不足，为全省非公有制企业发展营造一个宽松、和谐的发展环境，从而推动法治政府、责任政府、效能政府、服务政府的创建。随后，我国各个地方政府都开始积极探索政府绩效改革的创新模式。

根据党和国家在不同时期的工作重点的变化，我国政府绩效管理呈现出相应的行动趋向，具体表现为宏观评估指标体系的设立与政策法规等指导性文件的出台，以历届党的全国代表大会召开为时间节点对我国政府绩效管理的实践探索进行梳理，在一定程度上能够洞见其发展的整体趋势。

（一）党的十六大期间的中国政府绩效管理

党的十六大以来，政府向服务型政府转型的目标路径越来越清晰。党的十六届三中全会提出"建立预算绩效评价体系"，随后，2004年，人事部（现为人力资源和社会保障部）中国政府绩效评估研究课题组在总结国内外相关指标体系设计思想和方法技术的基础上，经过深入调查，并组织有关专家论证分析，提出了一套适用于我国地方政府的绩效评估指标体系（见表1-1）。该体系共分三层，由影响指标、职能指标和潜力指标3个一级指标、11个二级指标以及33个三级指标构成，适用于全面系统地评估地方各级政府，特别是市县级政府的绩效与业绩状况。为加强中央政府投资项目预算管理，提高投资效益，强化投资项目资金全过程监管，商务部出台了《财政部关于开展中央政府投资项目预算绩效评价工作的指导意见》，设立中央政府投资项目预算绩效评价参考指标。党的十六届四中全会对深化行政体制改革、强化政府公共服务职能、建设服务型政府提出了新的要求，公共服务型政府在公共产品提供中的政府绩效管理成为衡量政府能力的基本指标。

表1-1 政府绩效评估三级指标体系

一级指标	二级指标	三级指标
影响指标	经济	人均GDP
		劳动生产率
		外来投资占GDP比重
	社会	人均预期寿命
		恩格尔系数
		平均受教育程度
	人口与环境	环境与生态
		非农业人口比重
		人口自然增长率
职能指标	经济调节	GDP增长率
		城镇登记失业率
		财政收支状况
	市场监管	法规的完善程度
		执法状况
		企业满意度
	社会管理	贫困人口占总人口比例
		刑事案件发案率
		生产和交通事故死亡率
	公共服务	基础设施建设
		信息公开程度
		公民满意度
	国有资产管理	国有企业资产保值率
		其他国有资产占GDP的比重
		国有企业实现利润增长率
潜力指标	人力资源状况	行政人员本科以上学历比例
		领导班子团队建设
		人力资源开发战略规划

续表

一级指标	二级指标	三级指标
潜力指标	廉洁状况	腐败案件涉案人数比率
		机关工作作风
		公民评议状况
	行政效率	行政经费占财政支出的比重
		行政人员占总人口的比重
		信息管理水平

（二）党的十七大期间的中国政府绩效管理

党的十七大对深入贯彻落实科学发展观提出了明确要求。科学发展观第一要义是发展，核心是以人为本，基本要求是全面协调可持续，根本方法是统筹兼顾。2008年2月在中共中央印发的《关于深化行政管理体制改革的意见》中，正式提出要推行政府绩效管理和行政问责制度，由绩效评估、考评逐渐向绩效管理转变，这一时期的工作重点是增强政府财政支出与预算管理的科学性、民主性，推进对政府绩效管理的良好起步（见表1-2）。

表1-2 党的十七大期间中央绩效管理相关政策文件一览表

时间	时代精神	政策法规
2008年	党的十七大对深入贯彻落实科学发展观提出了明确要求。科学发展观的第一要义是发展，核心是以人为本，基本要求是全面协调可持续，根本方法是统筹兼顾。2008年2月在中共中央印发的《关于深化行政管理体制改革的意见》中，正式提出要推行政府绩效管理和行政问责制度，由绩效评估、考评逐渐向绩效管理转变	《中央部门预算支出绩效考评管理办法（试行）》
2011年		《关于开展政府绩效管理试点工作的意见》
2011年		《财政支出绩效评价管理暂行办法》
2011年		《关于推进预算绩效管理的指导意见》
2012年		《预算绩效管理工作规划（2012—2015年）》

资料来源：整理自相关政府文件。

（三）党的十八大期间的中国政府绩效管理

党的十八大明确提出要"创新行政管理方式，提高政府公信力和执行力，推进政府绩效管理"。2013年6月，习近平总书记在全国组织工作会议上明确指出，要改进考核方法手段，将民生改善、社会进步、生态效益等指标和实绩作为重要的考核内容。2013年11月，党的十八届三中全会通过了《中共中央关于全面深化改革若干重大问题的决定》，明确要求"完善发展成果考核评价体系，纠正单纯以经济增长速度评定政绩的偏向"。因此，在这一时期从政府绩效管理的源头抓起，将政府预算管理的相关规定上升到法律高度，通过财政投入的合理安排为政府绩效管理的创新发展奠定基础（见表1-3）。

表 1-3　党的十八大期间中央绩效管理相关政策文件一览表

时　间	时　代　精　神	政　策　法　规
2013 年	党的十八大明确提出要"创新行政管理方式，提高政府公信力和执行力，推进政府绩效管理"；2013 年 6 月，习近平总书记在全国组织工作会议上明确指出，要改进考核方法手段，将民生改善、社会进步、生态效益等指标和实绩作为重要的考核内容；2013 年 11 月，党的十八届三中全会通过了《中共中央关于全面深化改革若干重大问题的决定》，明确要求"完善发展成果考核评价体系，纠正单纯以经济增长速度评定政绩的偏向"	《预算绩效评价共性指标体系框架》
2014 年		《中华人民共和国预算法（2014 年修正）》
2014 年		《地方财政管理绩效综合评价方案》
2015 年		《财政部关于推进中央部门中期财政规划管理的意见》
2015 年		《中央部门预算绩效目标管理办法》
2017 年		《政府绩效评估蓝皮书：中国地方政府绩效评估报告》

资料来源：整理自相关政府文件。

（四）党的十九大以来的中国政府绩效管理

党的十九大首次明确回答了建设什么样的服务型政府的问题，即服务型政府必须坚持人民的主体地位，服务型政府必须以人民满意为基本坐标，将服务的方向定位到人民这个中心上来，政府的全部行为都必须表现为全心全意为人民服务的具体行动；科学回答了服务型政府推动经济社会发展的根本目的的问题，从而实现了对治国理政规律认识的新发展，开辟了党治国理政的新境界。党的十九大报告明确提出："建立全面规范透明、标准科学、约束有力的预算制度，全面实施绩效管理。"这就将绩效管理提升到一个前所未有的高度，阐明了绩效管理的基本要求，为新时代深化财税体制改革指明了方向和途径。建立和完善政府预算绩效管理制度，成为新时代财政体制改革的方向。党的十九届五中全会公报与《中共中央关于制定国民经济和社会发展第十四个五年规划和二〇三五年远景目标的建议》更是指出要深化预算管理制度改革，强化对预算编制的宏观指导，强化预算约束和绩效管理（见表 1-4）。

表 1-4　党的十九大以来中央绩效管理相关政策文件一览表

时　间	时　代　精　神	政　策　法　规
2018 年	党的十九大首次明确回答了建设什么样的服务型政府的问题，即服务型政府必须坚持人民的主体地位，服务型政府必须以人民满意为基本坐标，将服务的方位定位到人民这个中心上来，政府的全部行为都必须表现为全心全意为人民服务的具体行动；科学回答了服务型政府推动经济社会发展的根本目的的问题，从而实现了对治国理政规律认识的新发展，开辟了党治国理政的新境界	《中华人民共和国预算法》（2018 年修正）
2018 年		《中共中央国务院关于全面实施预算绩效管理的意见》
2018 年		《扶贫项目资金绩效管理办法》
2019 年		《党政领导干部考核工作条例》
2019 年		《2019 年预算绩效管理重点工作任务》
2019 年		《国务院办公厅关于加强三级公立医院绩效考核工作的意见》
2020 年		《项目支出绩效评价管理办法》
2020 年		《政府性融资担保、再担保机构绩效评价指引》
2020 年		《预算管理一体化规范（试行）》

资料来源：整理自相关文件及法规。

就地方而言，2008年中央决定推行绩效管理之后，2009年地方政府绩效管理实践"遍地开花"。"哈尔滨模式""杭州模式"等本土化实践开始出现。回顾中国政府绩效管理的实践探索，其价值体系从单一、稳定转向多元、动态，其管理理念由"控制取向"向"治理取向"转变①，致力于丰富多维度的政府绩效内涵，既包括传统的行政效率，也包括民生、文化、社会综合发展，其发展模式呈现出地方经验反哺中央部署、顶层设计与发挥地方政府积极性相辅相成的特点。

本章小结

绩效是指组织在一定时期内的投入与产出情况。政府绩效是指政府在社会经济管理中的业绩、效果、效能和工作效率。政府绩效管理是政府部门中的各级管理者和公务员为达到政府的工作目标，共同进行绩效计划制订、绩效评估、绩效反馈、绩效结果应用的一个过程，目的是提升政府部门的组织绩效与公务员的个人绩效。政府绩效评估的基础理论包括系统论、控制论、行为科学理论、信息论、权变管理理论、信息经济学理论、委托代理学说和SMART原则。政府绩效管理的核心内容具体包括评估主体、评估内容、评估客体、评估时间、评估方法、评估反馈、元评估等。

受20世纪80年代新公共管理思想浪潮的影响，西方各国政府普遍引进企业绩效管理模式，并取得了一定的成效。西方国家政府绩效管理呈现出由效率转向效能、由控制转向合作、由松散转向整体的趋势。本章梳理了英国、美国、澳大利亚、韩国和中国的绩效管理实践。改革开放后，根据党和国家在不同时期的工作重点的变化，我国政府绩效管理也呈现出与时代背景相辅相成的特征，由单一的GDP评估指标到宏观整体的评估指标体系的构建，政府绩效管理理念深入人心，政策法规等指导性文件不断出台，并在实践中逐渐形成一些典型的政府绩效评估模式，体现出与时俱进的时代精神和勇于探索创新的勇气。

关键词

政府绩效　绩效评估理论　绩效评估方法　各国绩效评估实践

复习思考题

1. 简述政府绩效管理与企业绩效管理的异同。
2. 简述我国政府绩效管理的发展现状。
3. 为什么要开展政府绩效管理？

案例分析

中共中央政治局审议通过推进领导干部能上能下若干规定

新华网北京2015年6月26日电　中共中央政治局6月26日召开会议，审议通过《中

---

① 孙斐. 改革开放40年中国政府绩效管理的演化路径与动力分析：基于PV-GPG模型的诠释[J]. 行政论坛，2018，25（2）：63-72.

国共产党巡视工作条例（修订稿）》《关于推进领导干部能上能下的若干规定（试行）》，会议由中共中央总书记、国家主席、中央军委主席习近平同志主持。

会议指出，党的十八大以来，以习近平为总书记的党中央高度重视巡视工作，对加强和改进巡视工作做出系列重大决策部署，形成了中央巡视工作方针。巡视工作聚焦党风廉政建设和反腐败斗争，围绕"四个着力"，发现问题、形成震慑，做到全覆盖、全国一盘棋。巡视工作的力度、强度、效果大幅提升，成为党风廉政建设和反腐败斗争的重要平台，是党内监督和群众监督相结合的重要方式，是上级党组织对下级党组织监督的重要抓手，为全面从严治党提供了有力支撑。

会议指出，全面从严治党任务艰巨繁重，党要管党、从严治党，必须有坚强的制度做保证，首先是把党的纪律和规矩立起来、严起来，执行到位。党的性质和宗旨都决定了纪严于法、纪在法前，要把执纪和执法贯通起来，把党的纪律和规矩挺在前面，用纪律和规矩管住大多数，做到有规在先、抓早抓小，使全体党员、干部严格执行党规党纪，模范遵守国家法律法规。

会议认为，《中国共产党巡视工作条例》（以下简称《条例》）修订坚决贯彻党的十八大和十八届三中、四中全会精神，贯彻习近平总书记系列重要讲话精神，充分吸收巡视工作实践创新成果，注重解决巡视工作面临的新情况、新问题，进一步明确巡视工作定位，围绕党的政治纪律、组织纪律、廉洁纪律、群众纪律、工作纪律和生活纪律，深化巡视监督内容，对机构设置、工作职责、方式权限、纪律要求等做出明确规范，对于推动依法依规开展巡视，更好发挥巡视利剑作用具有重大意义。会议同意公开发布《条例》全文。

会议强调，各级党委要从全面从严治党的战略高度，充分认识加强和改进巡视工作的重要性和必要性，加强对《条例》实施的组织领导，认真学习好、宣传好、贯彻好《条例》。广大党员、干部特别是领导干部，要深刻理解《条例》精神实质，提高党章党规党纪意识，增强监督和接受监督的自觉性和坚定性。要着力抓好督促落实，以学习贯彻《条例》为契机，加强和改进党内监督，提高依法治国、依规治党水平。

会议指出，全面从严治党，关键是从严管好用好领导干部。推进干部能上能下，重点是解决能下问题。在干部工作中，既要把党和人民需要的好干部选准用好，又要把那些存在问题或者相形见绌的干部调整下来。制定和实施《推进领导干部能上能下若干规定（试行）》（以下简称《规定》），是全面从严治党、从严管理干部的重要举措，对于促使干部自觉践行"三严三实"要求，解决为官不正、为官不为、为官乱为等问题，建设高素质干部队伍，完善从严管理干部制度体系，具有重要意义。

会议强调，推进干部能上能下，最根本的是健全完善制度机制。要坚持推进制度改革，通过激励、奖惩、问责等一整套制度安排，保证能者上、庸者下、劣者汰，形成良好的用人导向和制度环境。既要严格执行干部退休制度、领导干部职务任期制度，加大领导干部问责力度，又要健全调整不适宜担任现职干部制度。要坚持德才兼备、以德为先，认真落实好干部标准，对政治上不守规矩、廉洁上不干净、工作上不作为不担当或能力不够、作风上不实在的领导干部，要坚决进行组织调整；同时，及时把那些忠诚、干净、敢于担当的干部，想干事、能干事、干成事的干部用起来，切实增强干部队伍活力。

会议要求，要建立健全工作责任制，把推进领导干部能上能下作为全面从严治党、从严管理干部的重要内容。推进领导干部能上能下，党委（党组）承担主体责任，党委（党组）书记是第一责任人，组织（人事）部门承担具体工作责任。要坚持原则、敢于担当，形成一套督促检查的办法，做到真管真严、敢管敢严、长管长严。各地区各部门要结合实际，抓好《规定》的贯彻执行，把各项制度规定落到实处。

资料来源：中共中央政治局《推进领导干部能上能下的若干规定（试行）》[J]. 实践（党的教育版），2015（08）：7.

思考题：
1. 案例中的会议主要专注于哪种绩效？
2. 请思考并简述组织绩效与个人绩效的区别与联系。

第二章 国外政府绩效管理实践

本章学习目标

> - 了解美国、英国、日本、澳大利亚、韩国、印度、新西兰等国家政府绩效改革实践
> - 掌握政府绩效管理改革的发展趋势
> - 掌握国外政府绩效管理改革的主要特征

引入资料

预算绩效管理中成本收益分析的英国经验

政府预算绩效管理中的成本收益分析（cost-benefit analysis，CBA）指的是通过对政府活动（政策、规制、项目等）的成本和收益进行货币化度量，以支持预算决策的评估方法。2018年，北京市财政局印发《关于推进绩效成本预算管理工作的通知》，开始了基于成本收益分析的全成本预算绩效管理探索。十三届人大三次会议通过的预算报告提出"研究开展成本效益分析，为优化预算编制提供依据"。成本收益分析成为深化预算绩效管理改革的重大举措和"循证决策"的重要支撑。纵观国际，英国政府预算绩效管理中的成本收益分析方法具有历史悠久、应用广泛、数据支撑完备等特点，很多地方值得借鉴。

英国政府预算绩效管理中的CBA按照应用范围的扩展，大体分为三个阶段：第一阶段从20世纪50年代至60年代，主要应用于工程项目决策，在交通运输领域最为突出，典型案例有伦敦和伯明翰之间的高速公路项目、伦敦维多利亚线地下铁路的投资计划等；第二阶段从70年代至80年代，CBA被更加广泛地应用于运输、电网建设、医疗保健、教育等公共政策决策领域；第三阶段从90年代至今，CBA从项目拓展到规制和所有预算决策领域，嵌入"公共项目、方案的审查，财政审批流程（treasury approval processes）和规制影响评估流程（regulatory impact assessment）"，并贯穿政策和项目的整个生命周期，形成了事前、事中和事后CBA的闭环体系。

英国的实践经验，对于我国完善预算绩效管理成本收益分析体系有一定的借鉴意义。应通过建章立制，完善成本收益分析的规章制度和组织体系。各级政府和财政部门出台相关的规章制度，明确相关部门的权责，形成高效合作、相互制约、权责分明的组织体系。牢固树立部门成本效益意识，夯实各预算部门在成本收益分析中的主体地位。强化财政部门指导和组织协调能力。强化人大和审计部门对预算成本收益的审查和监督。我国在项目支出标准和绩效标准体系方面的范围和深度仍有较大的提升空间。在此可以借鉴英国经验，研究和编制《中国成本效益分析指南》，明确共性模型和技术路径。结合行政事业单位成本核算和会计制度改革，建立我国的预算部门成本数据库。引入第三方机构参与，同时增加与公民的互动，形成多元参与的有效模式。英国CBA的应用具有长期视角、分配协同和

权变应用的特点。我国在成本收益分析实践中也应基于合理的评估时间段,避免年度成本收益评价的"虚化""僵化"和"短视"倾向。英国还十分重视拥有完善的"伙伴关系"。目前,我国对跨部门成本分配的考虑还不够突出,可借鉴英国的经验,考虑公共项目、服务的成本和收益在关键参与机构之间的分配,以便更好地明确不同参与主体的权责,推动协同治理。

资料来源:曹堂哲,陈铭媛. 预算绩效管理中成本收益分析的英国经验[N]. 中国财经报,2020-06-20(7).

思考:英国的绩效管理经验有哪些?

第一节 美国的政府绩效管理

美国丰富的企业管理经验为政府绩效管理提供了理论基础,美国率先开展了政府绩效管理改革。1993年,克林顿政府颁布了《政府绩效与结果法案》(GPRA)。美国政府绩效管理走出了一条独特的法制化道路,形成了较为完善的政府绩效管理体系。

一、美国政府绩效管理运动的兴起与发展

美国的政府绩效管理运动兴起于20世纪70年代,并不断延伸到教育、健康卫生、环境、福利、对外政策及国家安全等各个公共领域。从尼克松政府的《联邦生产率测定方案》(Federal Productive Capacity Measurement Program,FPCMP)到《日落法》(Sunset Law,SL),再到克林顿政府时期最终由议会通过的《政府绩效与结果法案》(GPRA),政府绩效管理的实践成果最终通过立法的形式得以确立,体现了美国政府绩效管理运动兴起与发展的过程。

(一)美国政府绩效管理运动的背景

1. 理论背景

首先,进入20世纪70年代,随着西方国家政治、经济环境的变化,西方社会科学乃至整个科学技术领域,出现了跨学科、交叉性、整体化发展不断加强的趋势。

其次,新的管理理念为政府绩效评估的兴起提供了理论支持。二战后,经济的复苏为企业的发展提供了条件,企业界随之产生大量的管理理论和思想,并在实践中产生了较好的效果,由于当时公共管理思潮的滞后性,公共管理实践也大大落后于企业管理,企业管理的成功经验不断地被引入公共管理领域,形成了新公共管理主义。新公共管理主义强调私营管理部门的管理理念和方法与公共管理部门的管理方法极其相似,可以广泛应用于公共部门。企业再造(benchmarking)、顾客关系管理(customer relationship management,CRM),以及以信息学为特征的新技术革命为政府绩效评估提供了可能。

2. 社会背景

首先,公众对扩大政府职能的大政府模式提出了质疑。美国政府职能的扩大始于20世纪30年代的大萧条时期,凯恩斯主义、公共物品和外部效用理论盛行,刺激经济增长的现实需要促使美国政府公共财政开支的膨胀。公众期待政府承担更多的职能,获得更多的社会福利与公共服务。但70年代末出现的经济停滞改变了人们的价值观。长期积聚的财政赤

字与巨额国债，促使美国政府实施改革，以缓解与解决财政压力等一系列问题。同时，美国公众却对民主提出了更高的要求，公民要求控制政治家和官僚；要求直接参与公共服务的供给过程；要求解决特殊利益集团对政府决策控制的问题；要求设法解决美国民主机制运作过程中的深层次矛盾。

其次，以马克斯·韦伯（Max Weber）的官僚制思想为基础的行政体制，日益受到人们的质疑。韦伯提出的官僚制适合工业时代的需要，但随着信息时代的到来，官僚制日益显现出它的僵化。一是适应性差，不能满足公众需要，庞大的官僚机构以不变应万变的公共服务供给方式难以满足众多的偏好。二是对公务员的非政治化提出了怀疑。事实上，公务员不仅执行政策，而且还扮演着政策制定者的角色。三是对以层级制以及将规章作为主要管理手段的管理理念开始动摇。人们要求压平层级，放松规制，民主参与，实行绩效管理。四是认为政务官对事务官进行严格控制的理念和做法已经过时。事务官在严密的控制之下不能充分发挥自己的创造性、能动性，不能灵活地满足公民不断变化的需求。

最后，市场化的价值在全球得到肯定，这是 20 世纪 80 年代以来美国行政改革占主导地位的思想条件。80 年代以来，英国首相撒切尔夫人大力推行国有企业的私有化；法国国有企业的私有化紧随其后；80 年代中期，新西兰大力推行国营事业的商业化和民营化，而且在改革行政机关预算制度、管理制度及会计制度的同时，还把市场交换制度引入行政组织之内，各部的副部长还与行政首脑签订了"绩效合同"。新西兰彻底市场化的行政改革引发了若干西方国家以市场化为导向的行政改革，这些都为美国的行政改革创造了良好的国际环境。

3．技术环境

信息技术与生产力的发展使公共事务极度复杂化，旧的官僚制度随着社会信息化程度的提高而显得日益笨拙。政府面临着公民巨大的参政压力，面临着由政府向半政府组织（中介机构）、社区，向下一级政府单位下放权力的压力。现在由新的科学知识和技术武装起来的公民与政府的谈判地位有了较大提高。信息技术在政府中的渗透与运用，要求政府改变对公务员的管理办法。现在的公务员不再只是办事员，还是运用知识与技术创造性地工作的行为主体；不再只是被政治家控制的对象，还应是被赋予较大自由裁量权的企业家。

总之，新的技术环境既向美国政府提出了改革其政府管理模式的要求，又为政府改革管理模式提供了物质条件，技术革命是美国行政改革的深层次动力支持系统。

4．政治制度环境

在国家结构形式上，美国是联邦制。这种联邦制分权原则，一方面，使美国关于行政改革的决策从中央到地方得到有力的贯彻和执行；另一方面，各州政府与诸多地方政府是行政改革的实验场。尽管美国联邦政府理性设计的改革体现出政府的决心，但收效不大。州和地方政府在财政压力之下的自发演进，却容易形成比较明显的改革成果。在政党制度上，美国的政党组织很松散，联邦政府的党员很少控制州和地方政府党员的活动。国会中的党员不一定要支持本党总统提出的议案。这样，州和地方政府的创新性改革不会受到来自联邦政府的阻力。在政治架构上，美国实行的是三权分立制度。总统从全局利益、长远利益、根本利益考虑，一般是行政改革的推动力量，国会则一般对行政改革持谨慎和怀疑的态度。这种权力格局在减缓了行政改革进程的同时，也保证了改革中重新释放出能量的行政权力，不会轻易侵害公民权利。而美国的司法审查制度则强化了对政府官僚组织的控制：一方面，约束了行政权力的运用，保护了公众利益；另一方面，确实又加重了对行政部门的规制程度。公务员因被约束，害怕吃官司，行为谨慎。20 世纪 80 年代以来的美国行政改革提倡行政部门的政府官员发扬企业家的创新精神，积极行政，因此，与美国法院的司法审查实践难免发生冲突。

（二）美国政府绩效管理运动的发展历程

美国政府绩效管理发展的历史轨迹，最早可以追溯到 1887 年美国学者伍德罗·威尔逊（Woodrow Wilson）发表《行政学之研究》（The Study of Administration）和 1906 年纽约市政研究院的绩效评估实践，至今已有百余年的历史。为了研究的方便，可以把美国政府绩效评估制度发展划分为三个阶段：初步发展阶段（或效率阶段）、预算和管理阶段、政府再造阶段。这三个历史阶段是与当时特定的政治、经济和社会文化环境直接相关的，其侧重点从注重部门效率、行政投入、行政产出，到关注绩效预算、实行成本控制，最后发展到对整体效率、结果、有效性和绩效目标的实现，注重政府整体的再造。

1. 初步发展阶段（效率阶段）

1887 年，美国学者威尔逊在《行政学之研究》中提出政府的行动功能主要是通过提高效率来执行政策，认为政府应该以最低的成本实现最高的效率。至此以后，政治学的行政效率就成为理论界研究的热点。美国著名的政治学理论家卢瑟·古利克（Luther Halsey Gulick）认为，"更好的政府"最基本的内容就是"效率"，"效率至上"应该是公共行政的基本定律。

1907 年，纽约市政研究院首次把以效率为核心的绩效评估技术应用到纽约市政府，运用社会调查、市政统计和成本核算等方法和技术，建立了三种类型的绩效评估：其一，评估政府活动的成本/投入（inputs）；其二，评估政府活动的产出（outputs）；其三，评估社会条件，有时对社会需求进行评估，有时对政府活动的结果（outcome）进行评估。纽约市政府的政府绩效评估的实践，开启了美国政府绩效评估的先河，也给理论界提供了现实的素材，使美国政府绩效评估得到更多专家学者和政府的关注。

1911 年，"科学管理之父"泰勒（Frederick W.Taylor）通过对工业企业生产的过程和生产率的研究，出版了《科学管理原理》（Principle of Scientific Management），提出了以"效率"为核心的工业企业的科学管理原理。这种评估的核心思想直接把管理、效率、评估结合起来，对后来的政府绩效评估和绩效管理产生了极大影响。与经济上的管理思想的变化相联系，在当时的美国，亚历山大·汉密尔顿（Alexander Hamilton）的行政强权思想日益引起了人们的关注。在美国的政治生活中，美国的行政权急剧扩张，政府规模迅速扩大，财政支出的比例和数目加大，这就引起了整个社会对行政财政的关注和对行政行为的重视。

也正是在科学管理运动和美国政府不断扩张的社会背景之下，政府绩效评估思想和相应的实践日益被重视。美国民众更加认识到，通过预算、成本核算、审查和报告制度，可以使行政部门对立法机关和公众负责。1914 年，美国联邦政府颁布了《联邦贸易委员会法》（Federal Trade Commission Act），规定了单位工作时间、工作条件和保护消费者免受不公平待遇的条款，并规定了相应的评估标准。当时的组织机构包括纽约市政研究院、1912 年

政府绩效管理——理论与实践

建立的经济和效率委员会（The Committee on Economy and Efficiency），1916年成立的布鲁金斯研究院（Brookings Institution）。1929—1930年，沃科尔（M.Walker）对人口在3万以上的160个城市的政府绩效进行评估，其评估的重点也是政府公共服务的经济和效率。1937年，罗斯福政府成立了总统管理委员会（又称布朗诺委员会），对政府管理予以高度重视，提出行政效率不只意味着文件资料、工作时间和单位成本。这些是行政效率的要素，但只占很小的比重。真正的效率远远不止这些。真正的效率必须内化为政府组织结构的组成要素并体现为优质、高效的公共服务。

总之，在这个阶段，美国政府绩效评估的核心是部门的经济和效率问题。同时，政府效率主要关注的对象有了一定的改变，从部门内部的经济和效率问题逐步向外部各方面转变。更为重要的是，不仅美国政府效率问题引起了人们的普遍关注，政府绩效评估的理念和技术开始出现。现在来看，那时的政府绩效评估的重点是行政投入、行政过程、行政产出和部门效率问题，而不是结果和绩效目标的实现等问题；并认为效率越高，结果的实现程度和公民的满意度就越高，行为结果成了效率的附属品。虽然也有学者，如克莱伦斯·雷德（Clarence Leder）和赫伯特·西蒙（Harbert Simen）等，注意到了政府活动的结果和有效性问题，但由于受科学管理运动的影响，并没有成为政府绩效评估的核心价值和目标。

2. 预算和管理阶段

20世纪40年代，雷德和西蒙在《市政工作衡量：行政管理评估标准的调查》中，提出了评估的五个方面：需要、结果、成本、努力、业绩。1950年，美国国会通过了《预算与会计程序法》（Budget and Accounting Procedures Act，BAPA），从而使联邦政府的所有部门都建立了绩效预算。1947年，针对当时美国面临的任务和情况，第一届胡佛委员会提出了改革政府的方案，其中重要的内容是加强政府绩效预算和标准的改革方案。美国政府改革的目的是促进政府部门的效率、效益和公共服务的改善。1965年，约翰逊总统颁布总统令，实行计划—项目—预算制度（planning-programming-budgeting system，PPBS），其目的是加强总统对联邦政府各部门的行政活动和预算控制，增强总统的权力。

20世纪70年代是美国进行衡量、评价以及提高生产力的重要10年，公共部门绩效评估重新得到了重视。1973年，尼克松政府颁布了"联邦政府生产力测定方案"，制定出的绩效指标数超过3000，企图促使政府绩效评估向正规化、系统化、规范化方向发展。同时，为强化联邦政府部门的行政控制，增强各部门对实现联邦政府整体目标的责任，尼克松总统决定实施目标管理。1978年，卡特总统签署了《公务员改革法案》（Civil Service Reform Bill，CSRB），主要是进行文官制度改革。同时，为了控制财政支出、降低行政成本、提高政府的效率和效益，卡特总统要求所有的联邦政府部门从1979财政年度开始执行零基预算制度。这种制度主要是上级管理者向下级管理者下达政策目标和计划，下层管理者可以采取灵活的方式实现这些目标。这是一个自下而上和自上而下的双向互动过程，下层管理者比过去拥有更大的权力。

20世纪70年代，美国的经济陷入滞胀困境中，经济的低速增长与结构性经济危机相交织，结束了经济高速发展时期和黄金时代。公民权运动、越南战争、水门事件、能源危机等带来的社会政治问题，使公众对政治丧失了信心。同时，科技的发展、社会的进步也对人类社会的发展造成了许多不良影响。在这样的历史背景下，新公共行政学高举"社会公平"的旗帜应运而生,"公平"因素日益成为人们关注的焦点。在此价值导向指导下,政府绩效评估和绩效管理不仅关注投入—产出等效率因素,而且更加关注效益、结果、回应性和公民满意度等因素,公平和效率一起成为政府绩效评估的价值基础。

3. 政府再造阶段

20 世纪 80 年代,西方国家普遍遇到的主要问题是经济停滞、财政危机和公民对政府满意程度下降乃至出现了政府信任危机。面对种种难以破解的棘手问题,各国政府不得不寻求治本良策。绩效管理,这个在现代企业管理中业已成熟的管理理念,被引入政府管理理论之中。由此,政府从过去单纯追求行政效率和管理秩序,转而侧重服务质量、成本效用、顾客至上,尝试运用尽可能少的资金和人力消耗获得更好的效果,提高政府管理效率和效益。90 年代前后,美国不仅面临着巨大的财政赤字,而且还面临着更加严重的管理赤字、信用赤字和绩效赤字。同时,70 年代后期起源于英国、新西兰的新公共管理运动对美国的公共行政理论产生了深刻的影响。1992 年,美国学者戴维·奥斯本和特德·盖布勒在《改革政府——企业家精神如何改革着公共部门》一书中提出了政府再造的十大原则,其核心精神是如何使政府工作得更好、更富有效率和效益。也正是在这样的环境和背景下,政府绩效评估显示了新的特点:政府绩效评估的逐步制度化和法制化,绩效评估的科学化和规范化,绩效评估中的公民导向化和外向化。绩效管理评估的理念、方法和技术开始向世界各主要发达国家扩展,形成了一种世界性的潮流。

在这些思想和理论的影响下,克林顿提出了"缩小政府规模,建立一个工作更好、成本更小的政府"的总统竞选诺言。为了实现这一诺言,1993 年克林顿总统上台伊始,就掀起了声势浩大的政府再造运动,主要有以下三个方面的工作。首先,于 1993 年颁布了《政府绩效与结果法案》(GPRA);其次,建立国家绩效审查委员会,由副总统戈尔负责主持工作,并于 9 月发布了第一份报告(《戈尔报告》),成为克林顿政府绩效改革运动的具体行动指南。再次,争取国会和联邦政府相关部门的协助和支持,如管理和预算局、联邦会计总署和人事管理局等。

与过去的绩效改革措施相比较,克林顿政府的政府绩效改革有四个显著的特点。其一,20 世纪 80 年代之前的绩效预算周期是一个财政年度;而 GPRA 则界定了一个多年的、连续的绩效预算方案并得以贯彻执行。其二,GPRA 通过持续的预算制度来限制联邦政府的成本和开支。其三,克林顿政府的绩效改革大大提高了公民对政府的信任度。其四,GPRA 授予联邦政府各部门在制订年度绩效计划过程中更大的权力和灵活性,并要求部门管理者授予一线雇员更大的行政裁量权。

小布什 2001 初入主白宫后,于同年 8 月提出了新的联邦政府改革方案——"总统管理议题"。它包括 5 个涉及整个联邦政府的基本议题和 9 个与特定部门相关的议题。5 个涉及所有部门的基本议题是:① 人力资本战略管理;② 运用竞争资源;③ 改进财政绩效;④ 推广电子政府;⑤ 预算和绩效整合。9 个与特定部门相关的议题是:① 建设以信任为基础的社区;② 军事用房私有化;③ 研究和开发更好的投资标准;④ 消除学生补助项目中的欺诈和差错;⑤ 住房和城市发展的管理及绩效;⑥ 改革和扩大健康保险范围;⑦ 精简驻海外机构及雇员;⑧ 食品补助项目改革;⑨ 改进退伍军人事务和国防项目及其制度。

小布什政府强调公共管理的成本—收益法则,认为管理好公共事务不只是投入钱的问题，政府投入更多的成本开支并不等于就能够获得更多的收益回报。但假如政府如同私营部门那样不断改进业务管理，就能够以更少的投入获得更多的收益。可以通过提高管理绩效，以同样的开支或在有些情况下以更少的开支，获得更多人们所期望的收益。布什政府同时强调，改革政府的使命有三项指导原则。政府应该是以公民为中心、以成果为导向、以市场为基础。这些原则相互联系地体现在 5 个涉及所有部门的基本议题之中。为了引导、督促联邦政府各机构注重管理议题改革的绩效和成果，联邦政府的管理和预算办公室为 5 项总统管理议题制定了"成效标准"和"管理计分卡"（management scorecard）。在 2001 年年底刚开始实行该管理计分卡时，在 5 个基本议题所涉及的管理人、项目、资金和信息业投资方面，几乎没有一个机构的状况令人满意，实施管理议题的 26 个机构的 130 个计分项目中有 110 项红灯，只有 2 项绿灯。到了 2004 年 12 月底，130 个计分项目中有 39 项绿灯，红灯减少至 40 项。这说明总统管理议题的改革取得了初步成效。

总体来看，美国政府绩效评估的动机趋向更为广泛的目标，即从单纯的"追求效率"和"控制成本"逐步转变为"效率与效益"的有机结合，最终深化为"减少政府开支""提高公共责任、效率、效益以及回应性"等多目标的综合体系。

二、美国政府绩效管理的特点

（一）政府绩效评估的价值取向决定了评估绩效的标准

从美国政府绩效管理的发展历程来看，政府绩效所强调的重点也发生着变化。总的来说，从"追求效率"和"控制成本"逐步转变为"效率与效益"的结合，强调公平和民主，进而以顾客导向和结果为本，发展为具有提高公共责任、效率、效益以及回应性等多目标的综合体系。只有寻求政府绩效评估合理的价值取向，才能建立科学的绩效评估标准。当代政府管理在社会公平的基础上对公共责任和民主参与的强调，使效率、秩序、社会公平和民主成为政府绩效评估的基本价值取向。效率的价值取向反映了社会对政府管理绩效量的要求；秩序、社会公平和民主的价值取向是一种解决各种社会关系和利益冲突的互动行为模式，反映了社会对政府管理质量的要求。这些价值取向在绩效评估过程中，具体通过管理效率、管理能力、公共责任、公众的满意程度等价值判断来体现。

（二）注重民间机构的参与

在美国，是民间机构率先对政府绩效进行考评，进而促使政府主动开始绩效考评活动的。独立的民间机构的权威并不是来自于政府的授权，而是长期不断的自身形象、信用与公正的积累。公民的参与和民间机构的介入，体现了西方国家政府绩效评估的"外部化"趋势。民间机构是对公共部门进行绩效评估的一支重要力量，如政府会计标准委员会，它是一个非政府机构，但却是美国注册会计师协会承认的拥有制定州与地方政府的一般可接受会计准则权力的唯一实体。该委员会甚至会发布针对州与地方政府绩效报告的分析结果。坎贝尔研究所是美国对政府进行绩效评估的民间机构，其绩效测评工作主要侧重于政府组织，而不是公务员个人。1998 年至 2000 年，坎贝尔研究所两次对全美国的 50 个州政府展开了大规模的绩效测评活动，引起了较大的社会反响。1999 年，又对全美 35 个财政收入较好的城市政府开展了绩效测评。因为所有的测评、评估，以往都是为企业进档排名服务的,现在却应用于政府组织,所以引起了轰动效应,美国各州、市政府和民众对坎贝尔研究所的绩效评估结果的认可率高达92%。美国某些大学以及科研机构也参与了政府绩效评估的实践,提出了政府绩效评估的理论、方法、指标体系等,并以这些理论为指导开展测评活动,有力地推动了政府绩效评估活动的开展。

(三)高层领导人的重视和推进

政府生产力和绩效的改进历来受到美国总统的关注。几乎每位总统在任职期内都出台了相应的措施以提高政府的绩效,不但成立了绩效评估的机构而且制定了大量的法律以保证政府绩效评估的制度化和延续性。从尼克松政府时期的国家生产力委员会,到卡特政府时期的文官制度改革,再到里根政府时期的借鉴私营部门绩效的努力,都非常强调改善政府管理、提高政府效益。而在克林顿政府时期,由于政府面临的各种挑战和压力,以及全球政府改革的浪潮,都促使政府高层领导人和政治家意识到对政府进行改革不仅是一句政治口号,而且更要落实到行动中。《政府绩效与结果法》正是在国会和总统的共同推动下顺利通过的,而国家绩效评审委员会更是成为副总统亲自领导的直接推动政府再造运动的总指挥部。通过美国绩效评估的实践我们可以看出,高层的重视和推动起了重要的作用。

(四)通过权威性的立法途径来实施

美国是世界上唯一以法律形式实施政府绩效管理制度的国家,绩效管理的权威性保证了绩效管理的连续性。1993年,克林顿政府颁布的《政府绩效与结果法案》(GPRA),在美国政府绩效管理发展史上具有里程碑的意义。作为推动政府再造的纲领性文件,它与以往通过总统指令推动的改革相比,更能够为改革的顺利实施提供稳固的基石。自1993年GPRA颁布以来,所有的联邦政府部门都制定了长期战略规划、年度绩效计划和年度绩效报告。在州政府,绩效评估和绩效管理也获得了较大的成功。除立法相关部门外,行政管理和预算局、绩效促进委员会、政府问责署等行政部门更是在美国政府绩效管理立法推进过程中发挥着举足轻重的作用。美国注重对预算绩效审计的监督,其监督体制分为内部监督和外部监督。内部监督机构设立在政府部门内部,一般设在政府部门内的财政机构中。行政管理和预算局有权对所有政府部门内部监督的结果提出质疑,也拥有检查政府部门财务报表的权力。审计署在美国最高立法机关国会的委托下对联邦政府各部门、各单位实行监督,其监督结果具有较大的威慑力,可以直接向国会反应政府部门内部监督的总体情况。美国会计标准协会和国家行政科学院在1996年联合进行了一次广泛的政府绩效状况调查。调查结果显示,通过立法或行政政策,50个州中的47个已经建立了绩效评估和绩效管理制度;83%的州政府部门和44%城市政府已经建立各种形式的绩效评估制度;65%的州政府部门和31%的城市政府已经建立了评估产出或结果的绩效指标。

(五)注重对信息技术的应用

绩效管理和绩效评估离不开准确完整的绩效信息系统,没有完善的信息交流与沟通机制就不可能完成政府的绩效评估,而信息技术革命为美国政府绩效管理运动的顺利开展提供了强有力的技术保证。1993年,克林顿政府宣布实施"美国国家信息基础机构"(NII计划,即信息高速公路计划),并加快了电子政府的建设步伐。信息高速公路计划为美国

政府绩效管理——理论与实践

电子政府的建设打下了良好的基础，美国政府的信息化管理水平也居于世界前列。此外，美国的政府绩效管理运动的进程呈现出渐进式的特点，管理者"倾向于依靠渐进的改良对美国体制的缺陷进行修补"，因而美国的改革不仅有新目标和旧体制的兼容，而且有互不配套的几种改革措施的兼容；绩效管理改革与其他方面的改革措施相结合，推动政府再造运动的不断发展。

三、美国政府绩效管理的评价

美国持续二十多年的政府绩效评估运动是在科学技术迅猛发展、经济全球化和国际竞争日趋激烈的条件下对政府管理的重大革新，是进行行政改革与政府再造的重要内容和根本性措施。它改变了美国政府的行政框架、组织和服务供给模式，并以其所特有的政治和管理功能获得了巨大发展，取得了不少的成就，在政府绩效评估的历史上具有十分重要的意义。

（一）促进了政府市场机制的形成

政府绩效评估作为一种有效的现代行政管理手段，其最直接的贡献就在于它提高了政府绩效水平。美国政府传统行政模式的基础是政府对公共服务的垄断，新公共管理模式的核心是市场机制和个人选择，市场机制主要是竞争机制，绩效评估对于政府部门竞争机制的建立和健全的作用主要表现为以下方面：在政府机关与公众的关系上，绩效评估通过提供各个政府机关的绩效信息，引导公众正确选择，迫使政府机关提高服务质量和效率；在政府机关内部，绩效评估在此基础上的横向、纵向比较有助于形成竞争氛围，促使政府机关提高服务和工作效率。经过8年的绩效评估与政府重塑运动，美国的政府规模、财政开支已经大大精简。从1993年1月到2000年9月，美国联邦政府共裁减了7.8万个管理岗位，2000多个地方派出机构和250个项目部门减少了管理的层级，一共裁减426 200人。内阁14个部中的13个部精简了规模，这使美国成为自20世纪50年代以来规模最小的政府。截至1997年，570个政府部门制定了4000多条顾客服务准则，增强了政府为人民服务的理念。2000年的调查显示，80%的政府服务项目获得了顾客的肯定，远远高于1992年36%的比例。30个政府部门的服务水平达到了第三方机构根据国际标准衡量的满意程度。

（二）促成了政府职能的转化

通过改革，美国联邦政府不仅裁撤了冗员，而且职能也发生了变化，主要特点是由管制转向服务。譬如人事总署，过去由于严格按照公务员管理手册的各种规章制度实施管理，束缚了用人部门特别是直接管理者的手脚，导致了人事制度的僵化。改革以后，一方面，人事总署自身进行大幅裁减，把私人企业的一些管理办法引入人事管理中来，如将培训、人事调查等事项承包给私人；另一方面，废除了1万页的人事管理手册，给用人单位以更多的自主权。改革后，人事总署的主要职能是维护人事管理工作的公正、公平，并积极为各用人单位提供咨询和服务。人事总署的改革，对其他人事管理机构也产生了影响，许多部门纷纷效仿，参与改革。有的部门甚至取消或者合并了专司人事管理的机构；有些是几个部门联合建立一个人事管理机构。美国一些专家认为，联邦政府的这些人事改革措施，不仅对人力资源管理提出了挑战，而且对人力资源管理的职能也产生了深刻的影响。

（三）改善了政府与公众的关系

美国政府绩效评估强调"服务"和"顾客至上"，要求重塑政府角色和重新定位政府职能，提高服务质量和以顾客需求为导向等措施，建立和发展了社会公众对政府公共部门的信任，增强了政府公共部门的号召力和社会公众的凝聚力。首先，政府绩效评估展示工作的绩效，使政府能够赢得社会公众的支持、理解和信任。绩效评估是向公众展示工作效果的机会，展示成果能赢得公众对政府的支持。实践表明，如果把绩效与政策紧密挂钩，某些不受欢迎的措施（如增税）也可以得到公众的理解。绩效评估并不只是展示成功，同时也暴露不足。暴露不足并不一定损害政府部门的信誉，相反，它有助于提高政府信誉，因为它让公众看到了政府为提高绩效而做出的不懈努力。其次，绩效评估展示政府绩效状况，能够推动社会公众对政府的监督。许多政府部门的服务处于垄断地位，无法同其他地方或部门比较，公民不能体验其他部门的服务，甚至不能直接体验本地区的服务（如消防、警察等提供的纯公共物品）。以"顾客为导向"的电子政府和"政府在线服务"的构筑，提高了政府收集、处理信息的能力和公众的回应力，为评估提供了有效的信息工具。因此，美国政府绩效评估的实质是一种活动，其特点是评估过程的透明和信息的公开，对政府绩效的评估和绩效状况的公布是公众"体验服务"的一种方式，有助于广大群众了解、监督政府部门的工作。

（四）建立了美国政府官员行为的制约机制

克林顿总统上台后，直接由他任命的高级政治行政官将近3000人。总统就是通过这些他认为信得过的人来控制、制约他统领下的政府机构。联邦调查局前局长威廉·史提尔·塞逊斯滥用权力、假公济私，用该局的飞机、汽车接送家庭成员，乘坐防弹礼宾车上下班，用1万美元公款给家里安装了一道不符合安全要求的栅栏等，因而受到指控。克林顿总统上台后，先礼后兵请新任司法部长雷诺劝说塞逊斯辞职，但塞逊斯想讨价还价，结果被克林顿总统开除，这其中虽然有政治因素的考量，但也体现了绩效评价对政府官员行为的制约。此外，美国政府还通过听证会、公众舆论、新闻媒介、压力集团和选民等对政府官员行为进行监督、实行制约。

（五）推进了"以结果为本"的管理

美国政府传统行政管理模式的特征之一是忽视结果：它关注的焦点是投入要素，预算与工作结果没有很好地联系起来；以组织活动的数量和规模作为判断工作绩效的标准，忽视这些活动所产生的实际效果；着重于过程取向的控制机制，这导致上级对下级的控制着眼于过程而不是结果，也导致了下级按命令行事的心态；强调以规则为本的服从意识，即评价工作人员的主要标准不是看他们的业绩对组织目标的贡献，而是看他们能否严格遵守规则。公共管理新理念之一是"以结果为本"的管理。"以结果为本"的管理要求"按效果而不是按投入拨款"，而按效果拨款的前提是对结果或绩效的科学测定。传统行为模式由于不注重衡量效果，也就很少取得效果。反过来，现代管理要求取得效果就必须对结果进行科学的衡量。

尽管美国政府绩效评估取得了相当成就，但应该看到，其政府管理绩效评估在实践中也存在着不少问题，面临诸多的难点。究其原因，既有政府绩效评估自身的不成熟，也有来自政治、经济、社会、文化等方面的困难和阻力，以及国家国体、政体、行政的差异带来的适应性问题。特别是现代政府行政管理过程中更多因素的权衡、更高的复杂性和更广的多样性，使得绩效评估要不断面临新的难点。例如：政府绩效评估本身的问题、政府机构及其人员的自身利益对评估造成的不利影响、政治因素带来的问题、有效预算实施的困难、联邦政府与地方政府的关系问题、管理灵活性改革等。

第二节　英国的政府绩效管理

英国是开展绩效管理改革较早的国家，其绩效管理体系较为完善。英国绩效管理体系的改革整体以问题为导向，引入先进的绩效管理观念，明确按照绩效管理目标有的放矢地进行绩效指标体系的修正、绩效管理流程的再造，并在英国政府绩效管理的各个方面取得了突出的进展，也为世界各国绩效管理体系的变革提供了实践和理论上的借鉴。

一、英国政府绩效管理改革历程

（一）历史沿革

20世纪60年代，英国政府对公共服务的供给达到了顶峰。80年代后期，由于传统行政模式的僵化和低效，政府部门大包大揽的公共服务提供模式受到了广泛的挑战和质疑。自1979年开始，英国政府着手开展政府市场化改革运动。撒切尔夫人上台后任命德里克·雷纳爵士为政府效率顾问，在内阁办公厅设立了一个"效率工作组"，主要负责行政改革的调研和推进工作，即著名的"雷纳评审"。80年代又相继推出部长管理信息系统、财务管理新方案、下一步行动方案等。进入90年代，提出公民宪章运动，由关注效率提升转到质量改进上来，1991年，梅杰政府基于以往经验，正式将强制性竞争招标制引入政府购买服务。1994年推出《持续与变革》政府白皮书，1995年又推出《进一步持续与变革》的政府白皮书。1997年，布莱尔政府围绕政府适应、合作形式、绩效追求、内容安排等标准，大规模改革公共服务，并将绩效评价引入改革方案，推行全面支出评审，建立了较为完善的政府购买服务绩效评价机制。总之，英国政府绩效管理体现了渐进式的改革理念，由效率到质量再到全面绩效管理，遵循从易到难，逐步实施的路径，体现了全过程绩效管理的理念。

（二）阶段改革措施

英国的政府购买服务全过程改革主要从准备阶段、购买阶段以及实施阶段展开，并在每一个阶段设定渐进的步骤，逐步推动绩效管理改革，将绩效管理理念贯穿政府绩效改革全过程之中。

在准备阶段，政府主要实施对市场集中度的测度和对重点供应商的检测。第一步研究不同行业的进入壁垒，计算赫芬达尔-赫希曼指数[①]，以及入围的前三位供应商占市场总份额的比例。重点供应商的检测包括绘制主要供应商市场份额的趋势图，计算厂商的中标

---

① 该指数是一种测量产业集中度的综合指数。它是一个行业中各市场竞争主体所占行业总收入或总资产百分比的平方和，用来计量市场份额的变化，即市场中厂商规模的离散度。

率与政府采购收入率[①]。第二步开始对自治或购买比较评估，评估过程严格按照发挥政府职能的同时注重提高经济效率的总体原则实行，政府规定决策应该建立在最佳服务和性价比上面。

在购买阶段，第一步是设计公开招标评价指标。设计合理的评价指标对潜在供应商项目进行评价，对社会公开项目绩效的内容。绩效内容考虑了低价抢标、全周期成本、社会受益、成本消耗等多维度问题。此外，还注重评标与授予和多目标管理的同时性，运用平衡计分法的方式设计评估标准，实现多维目标。第二步是完善政府购买服务的风险分配的机制。英国政府提出加大关于风险分配的审查制度，通过研究市场的性质风险事件记录和从相关项目获得的经验来识别风险，基于经验评估风险、量化风险，通过编制风险分配矩阵考虑供应商和政府应对风险的能力。

在实施阶段，绩效管理改革的重点在于强调合同执行中的激励手段，以保证合同执行过程的物有所值，并将公众满意度作为衡量项目效果的重要指标。布莱尔政府的公共服务改革特别强调绩效的评估和改进，要求中央和地方各政府部门每年都要发布"公共服务协议"（public service agreemeet，PSA），明确服务目的、对象、业绩目标及责任。2010年后，英国政府将PSA改为制定"业务计划"（business plan，BP），制定了更为具体和详细的绩效考核指标，并通过财政部进行公开。总体而言，绩效评估结果主要有两大应用：一是将服务项目绩效结果应用于下期决策，为提供相同或相似服务积累经验和数据；二是通过绩效评估结果考察政府行为是否规范有效，以增强政府部门责任感。

（三）阶段实施主体

英国政府购买服务绩效评价活动的实施主体主要分为两类，分别是国家审计署和民间非政府组织。国家审计署完全独立于政府之外，组成人员不是公务员身份，由议会专项拨付经费。国家审计署对绩效评价确定了三项标准：经济性、效率性、效益性。国家审计署每年向下议院公共账目委员会提交政府绩效报告，指出政府部门的问题，提出建议并且回答所有议员的咨询。

在英国政府提出"竞争求质量"，以竞争招标的方式选择服务对象的运动以后，评价机构纷纷参加政府绩效管理的实施，并从数量、质量方面确定公共服务评价标准。这类民间非政府组织以独立第三方机构的形式接受政府部门的委托，主要由绩效专家、公务人员、社工等构成。相较于国家审计署，这类第三方机构在政府购买服务实施之前要制定相应的服务质量规范和政策，通过规范性政策对相应的政府购买服务实施绩效评价，对承接政府购买服务的社会组织实行监督。

此外，英国的政府购买绩效管理还有强大的信息平台作为支撑。各实施政府购买服务的相关部门官方网站，基本都附有查询政府购买服务支出数据、购买服务数量以及对应的监督部门等信息的功能，并且开设了公众投诉通道，不仅提高了政府购买服务的购买方和实施方获取公众反馈意见的便利度，更为政府购买服务绩效评价活动的开展奠定了扎实的信息基础。

---

① 姜爱华，曹颖. 英国政府购买服务全过程绩效管理全景图（上）[N]. 中国政府采购报，2020-09-22（3）.

二、英国政府预算绩效管理模式

20世纪90年代以来,英国政府正式开始实施中期预算管理框架,以支出审查为核心的中期预算管理框架将支出计划、政策目标与绩效管理结合,形成预算与绩效管理一体化形态。后又在此框架下,英国政府预算绩效管理先后经历了公共服务协议、业务计划与单部门计划三个阶段。2015年开始实行的单部门计划更是将前述的雷纳评审的效率审查与公民宪章的服务质量、公共服务协议的交付条款等多方面事项融为一体,实现了战略目标、预算支出与绩效管理的有机统一。

(一)制度和管理框架

英国政府通过明确责任和提高透明度实施绩效管理。尽管政府所有的部门都要向财政部报告绩效完成情况,但是在法律和制度中并没有对此做出规定。英国财政部领导了以绩效为重点的公共服务协议绩效框架的设计和制定,并与首相执行机构、政府商业办公室进行合作。在保证该框架的成功实施方面,英国的财政大臣、首相及各部的部长们,都具有关键的领导责任。政府部门在配合财政部进行本部门支出审查的过程中,提出本部门的公共服务协议。内阁必须全体通过部门的公共服务协议,对大部分部门来说,是分管的国务秘书对其负责。除非特殊情况下,一般公共服务协议一经制定不会再修订,直到开始制订下一个支出审查计划为止。议会则发挥了重要的外部监督作用,政府承诺每两年向议会报告绩效信息。而政府内部监督包括部门监督、财政部和首相执行机构的绩效监督、内阁委员会等。

(二)绩效评估的实施

1. 机构和责任

政府部门的绩效评估工作主要由各部门自主进行,由部门长官监督执行。在组织形式上,有的是组织内部人员进行评估,有的是聘请专家进行咨询,也有部门聘请中介机构进行评估。政府其他部门或机构主要是进行指导和监督。如财政部代表政府与公共部门签署服务协议并提供相应的预算资源。内阁公共服务和公共支出委员会主要负责中央政府绩效评估工作的指导和监督,由首相助理和财政部长等内阁成员组成,代表内阁对各部门的公共服务协议进行检查和监督,并提出建议。

公共服务协议的一个关键要素,是要明确公共服务提供责任人。负责相关部门的国务秘书对公共服务协议的公共服务的提交和目标绩效的完成情况负责。财政大臣担任内阁的公共服务和支出分委员会的主席,各部门的部长要向该委员会报告其公共服务提供的改进情况及公共资金的使用情况。在产品和服务的支付方面,财政部和首相支付机构与部门密切合作。英国财政部自己的绩效目标之一,就是与部门合作,协助其改善公共服务,实现绩效目标。

近年来,部门提供公共服务的过程越来越受到重视,如医院急诊病房的周转率。英国首相执行机构和财政部一起,在改进绩效框架设计方面做了大量的工作,包括引入支付计划,促使部门考虑并策划如何达到改善效果的目标,对绩效的最后评估结果要获得部门和财政部的一致同意。

2. 绩效评估报告及其结果运用

通过绩效评估，应该达到以下目的：反映一个机构完成总目标和次目标的程度；能够识别哪些政策发挥了作用以及原因；提高机构的绩效；加强公共责任。

对政府部门的公共服务协议完成情况，即绩效目标完成情况的监督，主要是通过部门提交的《公共服务协议报告》来进行的。自 20 世纪 90 年代以来，每年春季政府部门都要发表公共服务协议部门报告。该报告披露部门的支出计划和绩效情况，包括一些表格。该报告对部门的资金和人员情况、提供公共服务和产品情况、近期的绩效目标完成情况等进行说明。自 2002 年以后，该报告改为每年两次，增加了秋季绩效报告。所有部门的绩效报告文件在网上可通过财政部设定的唯一窗口进入。部门要向议会说明其绩效信息的可信性，而其使用数据的有效性由国家审计署来监督。

部门以往的绩效信息情况与其获得的资金分配之间没有必然的、直接的联系。但是，部门的绩效信息仍是财政部和部门进行支出方面讨论的一项重要内容。财政部积极地参与到此项工作中，而且将技术解释作为支出审议文件的一部分内容。过去几年来，部门在开发有效的绩效信息系统方面的能力不断加大，并得到了财政部和一些机构的支持，包括审计委员会和英国的最高审计机构——国家审计署的支持。对没有完成绩效目标的部门及其部长，目前在法律和制度上并没有明文的惩罚措施。通过公共报告机制，部门部长向议会的公共服务和支出委员会负责。在审议支出计划安排资金时，对部门以前的绩效完成情况也会考虑。部门在管理其公共服务协议上也越来越多地采取更正式的程序和项目办法，包括专门任命负责绩效的高级官员，将高级官员的薪酬与部门绩效目标实现情况联系起来。

总而言之，尽管财政部在制订政府支出计划，提出下一阶段政府公共支出目标时，对部门的绩效情况要做考察，但是，在目标完成情况和支出安排上并没有硬性的规定。

三、英国央地政府绩效管理模式

英国是单一制国家，在地方实行分权制的同时，地方政府绩效管理也需要接受顶层设计的指导，总体呈现中央引领与地方创新并存的态势。

（一）央地政府绩效管理模式的沿革

英国的政府绩效管理在 20 世纪 80 年代保守党执政期间开始萌芽，以监管地方政府部门的公共开支、实现公共机构的经济、效率和效果为目标。1982 年，英国《地方政府财政法案》出台，审计委员会成立，主要负责审计和比较英格兰及威尔士各地的公共支出。审计委员会并不作为政府部门存在，而是作为公共法人通过向被审计单位征收审计费获取资金。

20 世纪 90 年代中期，新工党上台后强调在公共服务中要更加重视市场作用与绩效管理，赋予地方政府更大的自主性。同时，新工党开始进行权力下放改革。1997 年在威尔士和苏格兰进行全民公决，分别于 1998 年和 1999 年正式成立威尔士国民议会和苏格兰议会。

英格兰虽然是英国最大的地方政府，但是地方权力却很小，采取中央集权型的管理模式。权力下放改革过后，威尔士地方自治权逐步提高，威尔士国民议会享有健康、产业、农业等领域的下级立法权，主要的立法权由中央保留。苏格兰的地方自主性最高，当地的文化与民族身份保留程度最高，拥有独立的法律体系。权力下放改革过后，苏格兰地区政府形成，其权力也进一步增加，拥有基础法律制定权与提高税收的权力。

（二）地方政府的绩效管理模式

1. 中央主导的英格兰绩效管理模式

在中央集权型的英格兰，绩效管理制度主要由中央负责。在确定开展基于"最佳价值"制度框架的绩效管理后，中央直接邀请地方当局参加试点。在《地方政府法案》的基础上，为满足实际需要、更好地适应公共服务中伙伴关系的发展，中央政府与审计委员会相继制定了将机构绩效与服务绩效相结合的"全面绩效评价"（comprehensive performance assessment，CPA）和更强调地域整体的"全面地区评价"（comprehensive area assessment，CAA）。①英格兰绩效合作评估模式正式形成。但在 2010 年保守党上台后，审计委员会与 CAA 制度被废除，开始实行绩效评估与审计分离的制度。

2. 地方自治的威尔士绩效管理模式

在地方分权程度相对低的威尔士，绩效管理制度经历了从中央负责向地方自治的过渡。在中央政府实行"最佳价值"制度时，威尔士被要求自主选取三个地方当局进行试点。《地方政府法案》仅将威尔士包括其中，在绩效指标上赋予一定的自由。2002 年，威尔士制定了以地方自评为主的"威尔士提高计划"（Wales program for improvement，WPI），出台了《威尔士公共审计法案》，成立了自己的审计机构——威尔士审计长（Auditor General for Wales）和威尔士审计署（Wales Audit Office）。2009 年，《威尔士地方政府测量》法案将 WPI 以法律形式确立下来，地方当局由"最佳价值权力机构"更名为"提高机构"（Improvement Authority）。此后，《地方政府法案》根据威尔士绩效管理制度的不断调整，赋予威尔士绩效制度和机构法定地位。

3. 地方自主的苏格兰绩效管理模式

苏格兰地方分权程度相对较高，绩效管理一直由地方政府负责，受到"强地区—弱地方"的影响，地区政府在绩效管理中发挥更大作用。在中央政府提出"最佳价值"制度后，苏格兰自愿自主探索制定最佳价值审计（best value audit，BVA）制度，并根据公共服务改革不断修正。截至目前主要分为四个阶段：前期探索阶段和三轮最佳价值审计执行阶段。每轮时限为五年，第一轮从 2003/2004 年到 2009 年，第二轮从 2009/2010 年到 2016 年，第三轮从 2016 年至今。②最佳价值审计制度适用于苏格兰国民政府、地方当局和相关服务主体。为了更整体地评估政府绩效，苏格兰政府在 2007 年开发了国民绩效框架（national performance framework，NPF）。最佳价值审计制度对国民绩效框架起支持、推进、巩固的作用。

（三）英国地方政府绩效管理的主体

1. 英格兰

新工党执政期间，英格兰的绩效评估由中央政府负责。"最佳价值"制度初步执行阶段，绩效评估主体为审计委员会和地方当局。CPA 将机构评估和服务与资源使用评估相结合。评估主体增加了外部评估小组，负责机构外部评估，由审计官、高级议会长官、其他

---

① DCLG. Strong and Prosperous Communities: The Local Government White Paper[R].London Department for Communities and Local Government, 2006.
② 杨开峰，邢小宇. 央地关系与地方政府绩效管理制度设计：英国实践的分析[J]. 中国行政管理，2020（4）：134-144.

议会的议员组成；服务与资源使用评估由审计委员会在参考其他检查主体的绩效指标基础上等形成评估结果。CAA突破了服务领域界限，为了向居民综合展示本地服务情况，引入联合评估。服务绩效与机构绩效的评估主体由英国七个独立的监管主体构成，包括审计委员会、社会关怀检查委员会、健康护理委员会、警务监督局、监狱监督局、缓刑监督局、教育标准办公室。资源使用情况的评估主体仍为审计委员会。

保守党上台后，审计与绩效评估主体都得到调整。审计工作转移给公共部门审计有限公司、国家审计署、财政报告理事会和内阁办公厅。服务评估分散至各领域的监管部门或合作伙伴。"最佳价值"绩效指标检查从2014年4月起由社区和地方政府大臣负责。机构评估采用"同行译议"（corporate peer challenges，CPC）制度，由地方政府协会负责，评估主体为外部评议小组，由地方当局高级长官、议员、首席执行官等自愿报名参加，进驻地方当局、消防服务等组织开展访谈、讨论、参观等活动。CPC不是检查工具，它属于部门提高项目，强调自我监管和提高。CPC实际上从2007年就出现了，采取有偿服务的形式；在CAA被废除后，各地方政府可以每三年享受一次免费评议服务，有偿同行评议每年一次，均为自愿参与。

2. 威尔士

威尔士的绩效评估主体层级经历了从中央向地方的转移。权力下放当局后，WPI以地方当局自评为主。后来根据央地权力的过渡情况，WPI执行分为两个阶段。2002—2005年为第一阶段，绩效评估由中央审计委员会负责，各地方当局以自我报告的形式参与。评估包括五个类别，即整体机构分析、提高计划、风险评估、监管计划、公共总结。第二阶段主要是2005年至今的计划，绩效评估由威尔士地方负责，以提高地区政府的自评弹性。2004年以后，WPI开始做出调整，取消整体机构分析，地方可以根据实际需要制定自评方式、联合风险评估，阶段性检查不做强制要求，无时间规定，监管计划由威尔士审计署的关系经理负责。

3. 苏格兰

苏格兰绩效评估主要由地区审计机构负责。在最佳价值审计评估探索阶段，苏格兰采用地方当局自评方式。在此阶段，苏格兰调整了审计结构，在责任委员会基础上，增设苏格兰审计长和苏格兰审计署。在第一轮最佳价值审计中，评估主体为责任委员会和苏格兰审计署，负责制定年度审计报告和最佳价值审计报告。最佳价值审计报告发布后，责任委员会和议员、高级官员一起讨论，地方当局根据审计情况制订提高计划，再由苏格兰审计署根据提高计划开展年度审计。在第二轮、第三轮最佳价值审计中，苏格兰将绩效管理和审计、检查工作结合在一起，建立"地方政府检查合作战略小组"，由责任委员会、苏格兰审计署、社会工作检查局、苏格兰住房监管机构、教育督查、警察监察局、护理委员会和苏格兰医疗促进会八个机构组成。绩效审计与最佳价值及其实现由责任委员会负责，苏格兰审计署具体执行，包括针对各议会的年度财政审计、最佳价值年度审计，以及五年一周期的最佳价值检查；绩效提高服务项目由专业组织（COSLA和SOLACE Scotland）建立的伙伴关系负责，通过"地方政府对标框架"帮助各地方当局理解现有绩效水平，提供建议、咨询和项目支持。引入共享风险评估，八个机构选派代表针对各地方当局建立地方区域网络，共同识别各地方当局的主要风险，制订应对计划。

四、英国政府绩效管理的新发展

（一）预算绩效管理：单部门计划的出现

20世纪90年代以来，英国政府开始实行中期预算框架，实现了从投入预算、规划预算向绩效预算的转变。在此框架下，英国的预算绩效管理先后经历了公共服务协议（2008—2010）、业务计划（2010—2015）、单部门计划（2015—）的演变。在2015年英国大选后，为了增强政治回应性与政府执行力，整合各类预算绩效管理形式，内阁办公厅执行小组与英国财政部在以往绩效管理经验的基础上，开始建立新的绩效管理体系。自此，作为英国新绩效管理框架的核心，单部门计划（SDP）开始发挥作用，从而为英国新一届政府施政目标的实施和议会问责提供了有效的工具。但是，单部门计划在实施过程中同样面临诸多挑战。2016年审计署发布的《政府管理自身绩效：单部门计划的进展》，将单部门计划面临的挑战归结为目标和承诺、跨部门、投入和产出关联、问责透明等方面的问题。[①]而问题的产生也不断推动着英国的政府绩效管理改革。

一是跨部门协同难题。单部门计划以部门作为单位，将部门的核心业务区分为部门的运营目标与合作目标。合作目标的设定、行动方案与衡量指标的重置为跨部门合作提供了绩效管理标准与保障。但仍有学者指出，虽然SDP指出部门之间的合作，但是大部分合作部门都没有指出责任的权责归属。英国政府并没有公开诸如如何合作、合作组成、职责划分等相关问题。因此，英国预算绩效管理仍需要在跨部门合作的职责权属方面做出努力。

二是目标、承诺与问责问题。单部门计划的实施推动了英国绩效管理绩效目标的层级分解。单部门计划分为内部版本和公开版本。内部版本较为详细地指明了总体战略目标、实施目标与员工目标之间的关联，将业务目标与人事考核目标联系起来。而公开版本披露的绩效目标是有限的，大多只对重要领域进行了大致披露。并且，在对17个单部门计划草案进行质量评估后发现，并非所有的单部门计划都涵盖了所要求的信息，承诺与细节展现存在问题。

三是长期计划的缺失。单部门计划制订了五年期的业务计划。通过设定物有所值、效率节约的单部门计划，确保在部门层面上经济、效率和效益目标的实现。但不可否认的是，五年期的单部门计划仍旧限定了计划实行的时间范围，对于五年期以上的计划缺乏足够的关注。财政年度的设定也让各个部门仍旧将眼光局限在一定时期的范围之内，长期计划的细节制定存在问题。此外，单部门缺乏长期风险考量的特性可能使持续改进政府绩效存在一定程度的困难。

（二）循证决策体系下的英国科技评估

英国有着较强的评估传统以及评估文化，科技评估的实践最早可以追溯到20世纪70年代。经过几十年的探索与发展，英国的科技评估已经从最初的科技计划、项目评估和高校科研评估，向创新政策、技术与创新战略、科研机构与基地、科技成果评估等领域延伸和拓展。初步形成以科技计划、项目和科研机构评估为主体，其他评估领域加快发展的多

---

① NATIONAL AUDIT OFFICE. Cabinet Office and HM Treasury Government's management of its performance progress with single departmental plans[R]. London: NAO, 2016.

元化评估格局。[①]循证决策的思想产生于医学领域，1995 年，世界上首个循证医学中心在牛津大学成立。随着循证医学的不断发展，基于证据的理念和方法逐渐被社会科学领域吸纳，并渗透到公共政策领域。英国各领域与层次的科技评估活动尤其注重循证。在循证决策制度与政府绩效管理的推动下，发展循证评估、加强绩效评估和影响评估，已经成为英国科技评估的一大趋势。

自 2016 年英国新一轮科技管理改革以来，英国科技评估制度呈现出不同的特点。由国家层面出台了评估总体方针，自上而下地进行评估设计和评估机制安排，对中央和地方等部门提出总体评估和高质量评估的要求。与单部门计划实行方式相似，评估要求和任务安排层层细化，各级政府部门和管理机构将评估政策制度逐级分解实施。经过多年的发展，英国已经基本形成了一套从中央到地方、规范化的循证决策制度与机制。在该循证决策体系下，评估活动逐渐与监督管理融为一体。这也为英国继续推进科技决策咨询制度、规范科技评估制度、开发更多的评估方法和工具提供了基础。

（三）英国大学科研评估新发展：科研卓越框架

1986 年，第一轮科研选择性评估（research selective exercise，RSE）开始实行，以帮助大学拨款委员会更有选择地分配科研经费，但是并没有统一的标准衡量卓越水平。1992 年，政府正式启动科研水平评估（research assessment exercise，RAE），着重于质量保证，质量成为专家遴选的重要依据。但是在科研质量提高的同时，成本负担加重、公信力下降、科研取向扭曲等问题逐步暴露。2014 年，英国政府正式开启了新一轮名为"科研卓越框架"（research excellence framework，REF）的制度，以替代实行多年的 RAE 模式。

科研产出作为科研水平评估模式的主要指标，催生了科研成果的社会性不足、成果转化动力机制不足等多种问题。新实行的科研卓越框架调整了科研产出"一家独大"的标准，将科研影响力以 20%的占比取代了学科声誉指标，与科研产出（65%）和科研环境（15%）共同构成科研卓越框架中的评估指标。随着知识生产模式的转换，学科交叉的情况大量出现，跨学科研究越来越成为突破学术边界、优势互补的重要途径。因此，科研卓越框架根据学科的性质和特点对评估单元进行了归类合并调整，给予学科差异的特性，按照生命科学类、工程和物理科学类、社会科学类、艺术与人文类的标准形成了 A、B、C、D 四个学科分组。英国政府对研究成果的实用价值、成果转移的重视在 2020 年仍会体现在英国大学科研评估的框架之中。此外，从英国开始实行科研评估制度以来，同行评议一直被视为是科研评估中的黄金标准，是最为重要的质量控制方法。但是同行评议方法的低效、昂贵、不透明性使外界开始呼吁使用更加公正与客观的计量评估方法。[②]科研卓越框架正是对同行评议制度进行了调整，分别对科研成果与科研影响进行评估，使用"同行评议+文献计量"的方法替代同行评议的单一计量评估，以提高评估的公正性与透明性。

绩效管理在英国的产生与发展经历了一个漫长的历史时期，并逐渐朝着更为成熟稳定的方向发展。英国政府绩效管理在预算、高校科研、科技创新领域"遍地开花"，推动了绩效管理在过程整合、标准修正、鼓励创新等方面多维度的持续发展。

[①] 王再进，傅晓岚. 循证决策体系下英国科技评估的发展及经验借鉴[J]. 中国科技论坛，2020（9）：176-188.
[②] 熊佩萱，茹宁. 科研卓越框架（REF）：英国大学科研评估制度及启示[J]. 教育理论与实践，2020，40（15）：3-6.

第三节 日本的政府绩效管理

日本政府绩效管理起步于20世纪90年代初，先从少数的地方政府创新活动开始，逐渐扩散开来，形成全国范围内的绩效管理实践。日本政府绩效管理模式虽然起步较晚，但发展却十分迅速。

一、日本政府绩效管理的发展历程

（一）地方政府绩效实践探索阶段（1994—1996年）

日本的政府绩效管理是从地方政府的创新型实践开始的，地方政府绩效管理发展较早。从时间上来看，1994—1996年，日本地方政府绩效管理正处于实践探索阶段。与中国的甘肃模式、哈尔滨模式等地方政府绩效管理创新模式类似，日本地方政府中也涌现出了一些创新型的政府绩效管理模式。如日本的静冈县在1994年开始进行行政业务盘点活动。1995年，日本三重县开始推行政府行政改革，1996年，三重县政府开始将事务与事业评价作为自身行政改革的核心，在此基础上三重县引入了事务及事业评价系统。除此之外，1996年，北海道开始在行政评价方法上进行研究和创新，引入了适时评价方案。

在这一阶段，日本政府绩效管理的实践是一个对政府内部行政工作与事务的评价和改良过程，是以行政效率和行政改革为核心的政府绩效管理模式。

（二）中央政府绩效管理起步阶段（1997—1999年）

日本中央政府绩效管理是从1997年开始起步的，从时间角度上来看，晚于地方政府绩效管理。1997年年末，日本中央政府引进了再评价制度，要求各个省厅对全部的公共事业进行评价。1998年6月，日本中央省厅改革基本法形成。基本法强调，将建立政策评价制度作为中央省厅改革的基本方针。同年9月，日本中央省厅提出了设计中央省厅等改革的规划方针，其中，发挥政策评价的作用是规划方针之一。1999年1月，政策评价大纲出台，4月，政策评价基本框架确立。

1997—1999年，日本中央政府绩效管理快速发展。究其原因，是日本中央政府对政府绩效管理有着制度化的要求，日本中央政府绩效管理的逻辑是先制定制度规范，然后在制度的约束与指导下进行实践。在这一阶段，日本中央政府绩效管理发展较为迅速。

（三）央地两级政府积极发展阶段（2000—2001年）

在日本中央政府绩效管理起步并开始逐渐发展之后，日本的中央政府与地方政府开始积极探索。在中央政府层面上，政府绩效管理进入了方案法制化的阶段。1999年，日本《内阁府设置法》《总务省设置法》出台，2000年，政策评价方法研究会公布了《关于政策评价制度构建的最终报告》和《关于政策评价制度法制化的研究报告》。2001年年末，日本内阁会议通过了《关于政策评价的基本方针》，2002年《关于行政机关进行政策评价的法律》和《关于行政机关进行政策评价的法律实施令》正式施行。

在地方政府层面，各个地方政府在中央政府的法制化要求下，逐步开始展开了地方政府层面上的行政评价。2000年，福冈市正式开展了"DNA运动"（D意味着不找做不了的理由，N 意味着做能理解的工作，A 意味着不忘好奇心），滋贺县也设立了滋贺评价标准。除此之外，一些城市也加入政府绩效管理与政府绩效评估的浪潮中，如神户、横滨、广岛、大阪等。

总的来说，日本政府绩效评估制度的建立是从日本中央政府法制化开始的。其发展逻辑是在法律和制度的要求下，地方政府开始根据自身建设发展情况，制定适合自己的绩效管理制度，中央紧密跟进，总结地方政府绩效管理活动中的经验和不足，最后再要求地方政府进行进一步的改革。

（四）政府绩效管理浪潮化阶段（2002—2005 年）

2002—2005 年，日本各级政府的绩效管理不断开展，形成了全面铺开的局面。自从日本总务省行政评价局成立之后，日本各个地方政府开始出现一股政府绩效评估浪潮。2001 年，日本设置地方分权改革推进会议，总务省开始对社会现状进行调查，以便于行政评价。2002 年，日本中央政府开始实施关于行政机关进行政策评价的法律。在都道府县等地方政府层面上，2002 年三重县推动政策推进系统，2003 年宫城县引进了业务管理系统，神户市引入经营品质管理，广岛市首次发表了工作宣言等。此外，在这段时间内，日本的独立行政法人制度也得到长足的发展。日本的独立法人制度是为了解决社会组织方面的绩效管理问题，例如公立大学、国立大学等，这些组织的性质类似于中国的事业单位。

总体来看，在这一阶段，各级政府包括日本独有的独立行政法人，在绩效管理上得到了全面的发展。在日本政府绩效管理的历史中，这一阶段可以称为日本政府绩效管理中的一个浪潮化的阶段，为后来日本政府绩效管理的持续发展提供了丰富的实践基础。

（五）各级政府改进与完善阶段（2006 年至今）

2005 年之后，日本政府绩效管理制度与模式的大致轮廓已经形成。2005 年年末，日本中央政府对《关于行政机关进行政策评价的法律》进行了修订，同时，内阁会议也对《关于政策评价的基本方针》进行了修订。从法律层面上来看，日本政府的行政评价制度框架已经建立。在这以后，日本政府开始进行制度与模式上的完善，注重第三方评估，注重独立行政法人制度的改进，等等。

二、日本政府绩效管理的相关理论

日本政府绩效管理实践主要受到如下几个绩效管理理论的指导和影响。

（一）战略管理理论

通俗来讲，战略管理理论是关于计划和发展的理论。它旨在帮助管理者通过理解组织内外部环境，进而制订出适合组织未来发展、符合组织终极目标的长期计划。

日本政府在政府绩效管理过程中，对战略管理理论有着较为详尽的应用，从中央政府层级到地方政府层级，都制订了详尽的政府绩效管理计划。首先，从中央政府层面来看，中央政府制定出有关行政评价的综合评价，地方政府在中央政府的影响下，随即制定出有关行政评价的政策评价。为了实现评价目的，日本中央政府制定出一系列的绩效评价计划，以满足政府绩效管理综合评价的实现。在此基础上，日本地方政府会随即制订出计划评价办法。从这样一个关系中我们可以看出,日本的中央政府与地方政府都很好地运用了战略管理理论来对政府绩效管理与政府绩效评估活动制订计划。这对我国政府绩效管理有着重要的启示意义。我国政府绩效管理以地方政府的创新实践为主,而在中央和地方之间的关系层面上,则缺乏一个系统的、详尽的计划体系。

(二)目标管理理论

目标管理理论也是日本政府绩效评估中运用较多的理论,这与20世纪90年代在我国所兴起的目标管理浪潮较为相似。日本中央政府所开展的综合评价、绩效评价、事业评价,以及地方政府所开展的政策评价、计划评价和事务与事业评价,都广泛地运用了目标管理理论。以日本中央政府所开展的绩效评价为例,设定一个自己希望达到的绩效目标,在这项绩效目标完成之后,将绩效完成情况与所设定的绩效目标相匹配,以此来确定绩效完成情况,给出评价结果。

(三)3E原则

3E原则作为一个普遍的绩效标准,在日本政府绩效管理早期具有相当大的作用。3E原则最初来自英国的政府效率小组,英国的效率小组在财务管理方面采用了3E原则及经济、效率、效益三个指标,后来被世界各国的政府绩效管理活动所采纳,日本政府也不例外。其中,经济原则用来衡量资源投入的情况,要求以尽可能低的投入成本来提供或者维持相同数量的服务或产品;效率原则是从投入与产出之间的比例关系来衡量政府绩效,从效率的角度看,绩效的高低取决于投入与产出的比率;效益原则衡量的是产出与目标效果之间的关系,考察目标在多大程度上得到了实现。在不断的发展与改进过程中,3E原则的缺陷也逐渐显现,于是有关学者将公平性(equity)原则作为补充形成了4E原则。

(四)管理循环周期理论

管理循环周期理论是将管理过程看作一个可以循环的周期,这个周期包括多个环节,如计划环节、实施环节、评价环节与改进环节。日本政府将管理循环周期理论运用到政府绩效管理实践过程中。从日本政府发布的关于政策评价的标准指导意见中可以看出,日本政府的绩效管理从计划到实施再到评价,已经形成了初步的管理循环周期模型。其中计划、实施、评价为循环周期的重要元素,在这样几个元素所构成的管理循环周期系统中,日本政府的绩效计划管理形成了完备的制度体系。同时,日本政府将其执政理念和执政思想与管理循环周期中的各个要素相融合,形成了独特的政府绩效管理与评估流程。

综上所述,战略管理理论、目标管理理论、3E原则与管理循环周期理论在日本政府绩效管理的各个时期发挥了巨大的作用,指导着日本政府绩效管理实践逐渐走向成熟。

三、日本中央政府绩效管理模式

虽然日本中央政府绩效管理与绩效评估晚于地方政府的实践,但是却形成了独具日本特色的绩效管理体制。中央政府层面上的政府绩效管理体制,主要体现在两个方面:其一是中央政府层面上的绩效管理体制法制化;其二是中央政府层面上的绩效管理机构的设立。

下面将对这两个方面进行具体阐释。

（一）立法层面的管理模式

日本政府极其重视战略管理理论在政府绩效管理中的应用，凡是进行政府绩效管理活动与评估的实践，都要制订相应的计划与评价方案，这些计划与评价方案影响着日本中央政府层面绩效法制化的发展。日本中央政府层面的绩效管理法制化主要体现在《政策评价法》的出台上。《政策评价法》是日本在政府绩效管理的实践探索中所制定的、较为具体且详细的、具有权威性的一部法律。

首先，《政策评价法》对日本进行行政评价以及政策评价的含义和目的做出了解释。日本政府实行政策评价的目的，从宏观层面来讲，是希望达到以公民为本位的有效率、有效益的高质量服务的公共行政活动，并在这样的公共行政活动中向公民证明政府存在的合法性。从微观层面来讲，日本政府实行行政评价与政策评价的目的是，通过行政评价与政策评价来发现日本政府在其行政活动中所存在的微小问题，并加以改进和完善。

其次，《政策评价法》对政策评价的内容范围都做了一定的要求。该法律规定，政策评价主要是对研究开发公共事业和日本政府开发援助等特定的三个领域的政策实施。法律规定在政策评价的过程中，应当遵循公平、效率、有效、必要、优先的标准和原则。公平原则是指政策目标的制定，应该能够对社会资源进行公平的配置；效率原则与3E原则中的效率原则相对应，是指同样的资源，能够得到更大的产出结果或者用更少的资源得到同样的产出结果；有效原则指的是可行性的问题，是指制定出该政策之后能否在很大程度上取得预期效果；必要原则是指制定的政策是否符合国家发展与公民生活需要，避免出现制定无用政策的现象；优先原则是指该政策是否应当享受比其他政策优先实施和获得分配相关资源的权利。

《政策评价法》除对政策评价的目的和政策评价的范畴与标准做出规定，还对政策评价的方式做出了规定。《政策评价法》规定，政策评价的方式主要有三种：事业评价、绩效评价和综合评价。在这几种评价方式中，被日本各地方政府以及日本中央政府各部门广为使用的方式为事业评价，主要指的是对政府所做出的某些项目以及某些事业所做出的评价，在项目实施前，对项目进行分析，在项目实施过程中进行核查，在项目实施过程后进行绩效测量等工作。

（二）机构层面的管理模式

日本中央政府绩效评价的主要特点体现在设置了专门的评价机构上，即行政评价局，在行政评价局下设立各个政策评价，以及行政机构评价委员会。

日本中央政府层面的行政评价主要是由日本中央政府内部的各个机构进行内部评价，即各个不同的中央政府部门负责各个部门内部的政府绩效评价。除此之外，由日本中央政府总务省设立的行政评价局起到了重要作用。行政评价局对中央政府部门所做的评价，可以看作是一种准内部的政府评价行为。

行政评价局的组织机构包括局长、总务处、行政咨询处、行政评价官和行政监督官等，他们负责政策评价、独立法人评价、行政评价、行政监督以及行政咨询等工作。

除了日本中央政府设立的专门的行政评价局，还存在着一些外部机构对中央政府部门的绩效进行评价。例如公众评价、第三方组织、议会、非政府政策建议组织、公民团体等，主要负责对中央政府进行外部评价。

四、日本地方政府绩效管理实践

在政府绩效评估领域，相较于日本中央政府所做出的政府绩效管理实践，日本地方政府所做的创新性实践更为丰富且多元。下面将对日本地方政府绩效管理实践的主要做法进行简要介绍。

（一）三重县的政府绩效管理实践

三重县是第一个引入政府绩效评估机制的地方政府，其首创的行政改革事业迅速在全国范围内积极推广，并最终被中央政府所采纳。经过较长时期的实践与改进，三重县的事务项目评估机制已经形成了较为健全的政府绩效评估管理体系，是日本地方政府中较为具有代表性的政府绩效管理与评估模式。

三重县位于日本本州地区中部，面积为5776平方千米，人口约为186.9万。三重县的行政改革始于1995年，当时三重县开展了清爽（sawayaka，特指政府机构精简改革）运动，并将其引入政策评估机制当中。1996年，引入事务项目评估机制。1997年，制定了《新综合计划：三重县建设宣言》，并制订了新综合计划的第一次实施计划，制订了完善事务项目的评估机制。1998年，开始系统地进行行政改革。通过将新旧事物项目分开评价来完善事务项目的评估机制。1999年，引入了ISO认证体系的试点，同年开展了提高行政经营质量的活动，完善事务项目评估机制。21世纪初，开始研究新的评估机制，2001年，将事务项目评估机制与之前的《新综合计划：三重县建设宣言》相整合，并于2001年开始实行政策推进系统与三重政策评估机制。2002年，开始实施新综合计划的第二次实施计划，确立了政策推进系统，并进行了一系列的组织机构改革。

（二）东京都和北九州市的政府绩效管理实践

1999年，日本内阁将总务省的行政监察局改为行政评价局，由该局行使政策绩效评价职能。日本还在全国设立47个行政评价局的地方分支机构，负责评价地方政府及城市政府执行国家政策的情况。2001年，日本设立政策绩效评价和独立的行政机构评价委员会，对政策评价进行必要的协商。日本城市政府政策绩效评价实践较为典型的是日本东京都政策评价体系和北九州市复兴计划绩效评价体系。日本东京都政策评价通常是针对地方自治体，清晰地了解政府相关政策领域绩效的现状与目标，根据政策目标达成情况，对政策目标达成情况不佳及目标值落后的领域进行合理预算配置，并对政策资源配置进行优化和利用，促使市政当局从以预算获得为导向的管理模式转向以成果为导向的管理模式，针对不能实现的政策目标，要求各部门清楚地说明理由及应该承担的责任。北九州市制定了《北九州市复兴计划》，该计划以五年为一个周期单位对其进行绩效评估。

日本政府绩效管理的模式对于中国政府绩效管理模式的最大启示在于政府绩效管理过程中，应该制定相应的法律体系来保证政府绩效管理制度的实施，推动政府绩效管理制度化，并制订相应的实施方案和计划，从计划、制度、法律这三个层面来不断完善我国政府绩效管理。

第四节 澳大利亚的政府绩效管理

澳大利亚的政府绩效评估制度中有政府内部的评估主体和外部评估机构两类监督主体。政府内部的评估主体主要包括内阁支出委员会、财政部和国库部、公共服务委员会；外部评估机构主要包括国会参众两院的财政委员会、公共账目和审计联合委员会、联邦审计署。

澳大利亚政府绩效评估的考核程序主要有四个步骤：一是评估的准备阶段，对项目进行逻辑性分析，加强评估工作的管理和控制；二是起草评估报告；三是对绩效评价的回顾；四是对"评估发现"的使用，目的是为决策服务，改进现有项目的管理，增强项目管理者的责任感。

实行预算绩效管理是澳大利亚行政管理的核心内容之一。预算绩效管理以结果为导向，通过制定公共支出的绩效目标，把预算资金的分配、政府部门的战略目标和绩效紧密联系起来。

一、澳大利亚政府绩效管理主体

澳大利亚是绩效审计发展较为成熟的国家之一，政府绩效评估主要以澳大利亚国家审计署（Australian National Audit Office，ANAO）为中心和主导，通过征求公共会计与审计联合委员会、议会及其他专门委员会及政府部门意见，确定绩效审计的相关主题。其主题主要涉及政府治理与项目管理、边界与国家安全、社区服务与健康、环境、制造业科学研究与教育多方面。近些年，风险管理、多主体联合管理等主题也逐渐进入澳大利亚政府绩效审计的主题领域，表现出绩效审计走向成熟的初步特征。澳大利亚的审计过程通常包括事前审计和事后审计。在此过程当中，按照2008年《澳大利亚国家审计署绩效审计》的划分标准，绩效审计可以分为单部门活动或项目审计，防卫性安全审计，跨部门审计（包括多部门相同、相似项目审计或多部门合作项目审计），后续审计四种类型。

近年来，府际合作理论的发展与实践的出现使得澳大利亚审计署将绩效审计拓展到府际协议、政府合同等抽象行为上。审计署也曾明确提出"跨部门协议的有效性"是绩效审计工作的聚焦点这一观点，在保证跨部门协议的合规性、合法性同时为政府间合作提供了良好的实务指南。据相关研究，截至2011年，澳大利亚审计署内部有一定的扩张趋势。如财政与放松管制部就于2009年将下属的"评估与审计办公室"划归国家审计署负责。为加强绩效审计主体的制约力量，西方国家普遍实行审计独立的体制，在政府外设置独立的审计组织。多年以来，澳大利亚通常实行一种以相对人——被审计对象的意见为主要信息的评估方式，即顾客调查（client survey）的方式。每一财政年度绩效审计项目在完成之后，都有一个获取被审计对象反馈信息的程序，信息反馈并不由绩效审计项目的主管人员负责，而是通过对被审计对象的调查或访谈获取。在组织方式上，澳大利亚审计署通常依据合作协议将调查交由独立于绩效审计团队的咨询公司负责，以保证评估的公正性和客观性。在社会治理理念的导向下，非政府组织在澳大利亚的绩效审计中承担起公共服务的职责。非政府组织作为绩效审计的外部评估主体，审计署明确要求其必须符合"核心公共服务价值与行为准则""适用价值与行为准则的良好实践原则",直接将目标定位于加强管理与提高非政府组织的服务质量上。

澳大利亚政府绩效评估制度强调评估主体的多元化和公民的广泛参与性,主要有以下三种方式。

(一)综合绩效评价

综合绩效评价即全国政府服务整体绩效评价,组织者是总理内阁部内设的政府服务筹划指导委员会,每年一次。综合绩效评价是对澳大利亚政府提供的服务进行绩效评价,强调政府的整体服务情况和经济建设、社会发展的综合指标,是在政府职能定位、公众满意程度等方面对政府服务综合绩效的一种考核。它主要在教育、卫生、司法(包括警察和法院)、应急管理、住房等七个重点领域进行。筹划指导委员会对外公布报告内容,并提交总理内阁部,作为安排政府未来战略规划、预算的参考。例如,该委员会在对全国2009—2010年警察服务领域的报告中,从公平性、效率性、效果性三个方面对6个州和2个领地警务预算收支、警察结构、公众满意度、犯罪率、案件平均费用等方面共21个绩效指标进行了评估和测评。

(二)部门绩效评价

澳大利亚联邦财政部规定,各个部门在绩效信息、绩效考评办法、绩效评估和绩效报告等方面,都应当依据财政部制定的原则进行管理。各部门按季度提交部门绩效评价报告,主要包括本年度计划绩效指标与实际执行情况的对比、与以往年度绩效指标实现情况的比较、对年度绩效计划的评价等内容。财政部门先对各部门提交的绩效评价报告进行审核,年度报告将报议会审议通过。主要评价绩效目标的完成情况与所使用的资源是否匹配、各项支出的合理性、绩效信息的可信度以及评价方法的科学性等内容。评价结果及时反馈给各部门,并将其作为下一财政年度战略目标和预算安排的参考。

伴随着越来越多的权力下放,澳大利亚政府改变了对部门绩效评价的一些强制性要求,由各部门自行准备评价方案。为指导部门开展绩效评价工作,联邦财政部会不定期向部门提供一整套"做得更好的绩效评价案例",供各部门参考。评价方案每3年需要重新进行一次调整和测算,如果部门在一个财政年度有新的预算开支项目,也需要重新准备评价方案。

(三)绩效审计

澳大利亚《审计长法》规定,联邦审计署可以对政府任何机构、企业、项目、行业进行绩效审计。绩效审计是通过检查和评估资源使用、信息系统、风险管理、提供产品和服务、遵守法规和职业道德、监督控制和报告系统以及运营考核等,来衡量公共部门管理的经济性、效率性和效果。其目标在于通过有效的审计过程和提供《良好实务指南》等审计成果,强化公共机构的行政效率及社会责任,并帮助公众对这些机构和事业进行有效的监督。

二、澳大利亚政府绩效管理指标

澳大利亚政府预算绩效指标体系一般由公平、效率和效果三个要素(部分州还强调了经济性)构成,主要表现为投入、产出、效率、结果四个方面。指标体系设计主要考虑数量（通常指政府提供服务的受惠人数、项目个数等数量指标），成本（指预算支出金额），质量（通常指公众满意度，政府提供服务的合格率、达标率等比率数值）和时效（通常指政府提供某项服务所需花费的平均时间）四方面因素。不仅关注政府组织履行职责的最终效果，而且关注为取得最佳效果的创新能力、内部业务流程、行动计划等能力类和过程类指标。

澳大利亚联邦财政部在 2010 年发布的最新绩效信息指南中，对绩效指标数据质量做出明确规定：一是及时性，即数据在合理的时间内取得，避免因数据过时而造成统计信息不准确、无法体现当前绩效真实情况等问题；二是实用性，即使用具有可操作性的考评方式和数据采集系统；三是可比性，即可以在同一类目标群内，或相似项目间进行比较；四是准确性，即能够清楚、准确地计量相关数据；五是平衡性，即在实现预期目标有效、及时、适当等方面要体现平衡性。

三、澳大利亚政府绩效管理方法

（一）严格预算管理

1. 科学预算编制

澳大利亚政府的预算编制方式较为科学，财政收入预算建立在一套科学的经济预测体系基础上，财政支出预算则采取三年滚动的办法。部门预算编制立足于部门战略发展规划，不仅包括当年预算，还包括今后两年的预算框架，实现了预算与部门战略发展规划和年度工作计划紧密结合，延长预算编制周期，提高预算编制的科学性。

2. 严格预算执行

澳大利亚政府预算执行刚性强，对预算的任何改变都必须报经议会批准；财政部每月须向议会提供当月预算执行报告，接受议会监督。澳大利亚国库单一账户设在财政部，每个政府部门只设立一个公共账户，财政部依靠信息网络管理体系以及全面的账务核算系统，每天对政府部门账目进行汇总和分析，进而对预算执行情况实施有效监控。

3. 强化预算监督

澳大利亚对各主管部门支出的控制既有内部控制，又有外部控制；既有事后控制，又有事前、事中控制。制度规范科学，管理严格。① 内部控制。在赋予各部门预算自由裁量权的同时，法律相应规定了各部门应负的责任。各部门普遍建立了服从于政府预算管理规则的内部管理制度，形成了自觉服从预算规则和程序的良好习惯。② 外部控制。尽管澳大利亚政府预算强调管理上的自主性与弹性，但这种自主性与弹性是建立在全方位、立体式的外部控制机制之上的。财政部编制、审核部门预算是依据一整套完整的支出标准、定额体系进行的，能够对预算执行进行有效的事前控制；预算执行中，财政部直接监控资金的流向并定期向议会报告；审计署对每个部门的预算执行情况进行审计，并向社会公布审计结果，履行事后控制职能。

（二）引入市场机制，加强资产管理

澳大利亚政府对政府资产采取了市场化管理方式，引入市场竞争机制和私营部门管理。在资产配置环节，政府要求首先必须寻求非资本化解决方案，如购买服务、租赁、在不同

部门之间进行调剂实行资产循环使用、压缩非必需购置事项等，以降低资产购置的实际需求，减少资产闲置浪费。在无法通过上述方式解决的情况下，才考虑购置资产，与预算管理紧密结合。在资产使用方面，澳大利亚政府并不直接出面管理政府资产，而是通过与资产管理公司签订合同，利用私营部门的管理平台达到政府资产管理的最佳效果。例如，办公楼的修缮由资产管理公司根据协议或合同的规定负责完成。市场化管理方式有效地制约了各部门不合理购置资产的要求，提高了资产配置的科学性和利用率。

（三）建设电子政府，降低行政成本

澳大利亚政府提出了以"更优的服务、更好的政府"为目标的电子政务发展战略，对联邦、州和地方三级政府和部门之间的网上服务进行整合，促进了信息在不同层级政府及部门之间共享，面向公众提供一站式服务。如昆士兰州地方政府联合会的"地方在线"网站，有1.5万个网页，通过这个系统，昆士兰州政府可以高效、低成本地完成采购、网上支付、地方税务、征询等工作。

四、澳大利亚政府绩效管理体系

（一）健全的法律法规体系

为保证财政资金使用的合法性、安全性和有效性，澳大利亚建立起较为健全的法律法规体系。1992年的《基于绩效的支付协议法案》将公共财政支付协议的出发点确定为项目可能达到的绩效，关注公共财政项目支出的成果。1997年的《联邦机构和联邦企业法》主要对澳大利亚联邦机构和联邦政府企业的财务报告和财务责任进行了明确而细致的规定；重新修订的《审计长法》明确规定了审计署的绩效审计职责和内容。1998年的《预算报表诚信法》确定了合理财政的原则，规定了政府财政和经济展望报告的形式和内容，正式将权责发生制作为政府会计制度基本准则。1999年的《财政管理及问责法》，从财务管理方面对部门和政府公务人员的绩效职责进行了规定；《公共服务法》明确规定了公共服务人员责任和权力之间的关系，以提高公共服务的效率和实现服务效果的最大化。逐步建立起财政信息公开制度、绩效责任制和规范的政府财务会计核算体系，为全面开展绩效管理工作奠定了良好的法律基础。

（二）强调部门的预算管理权责

澳大利亚政府预算绩效管理确定部门战略计划、绩效目标、评价指标、预算规模，赋予部门预算管理自主权，以绩效目标为约束手段，强化部门绩效责任。也就是说，财政部门对部门预算规模进行总量控制，赋予部门预算资金的使用权，重点督促部门注重结果和目标，部门可以灵活地选择实现绩效目标的途径和方法，进而实现政策（目标和结果）与管理（产出和激励）的有机融合。

（三）明确的绩效目标框架

澳大利亚政府预算根据政府未来三年（部分州和地方政府为四年或五年）的战略规划编制。例如，《联邦预算战略展望（2010—2011）》不仅全面反映了2010—2011年度的预算编制情况，而且对未来两年的预算进行了预测。财政部门和各部门根据预算指导框架制

定绩效目标，并详细分解到下属各单位。其主要特征包括：明确性——避免那些可能带来不确定性的模糊目标；可衡量性——有明显、可靠的量化数据做支撑；可实现性——目标设定符合客观实际；相关性——目标的选择与部门职责紧密相关；时效性——目标有明确的截止时间。

（四）注重绩效评价结果应用

澳大利亚政府绩效评价结果是以绩效评价报告为载体，议会、总理内阁部、财政部以及各部门根据绩效评价报告来改进公共管理。绩效评价报告应用的主要目标有以下两点。一是为战略决策服务。绩效评价报告通常为战略决策提供较为宏观和真实的参考。部门的绩效信息是财政部和部门审核预算支出的一项重要内容。绩效较好的部门可以留用不超过预算规模一定比例的资金，虽然部门预算并不完全和部门绩效的好坏呈正相关，但为了取得更好的绩效表现，政府或部门都会对项目安排和开支方向进行适时调整。二是改善部门项目管理。澳大利亚联邦财政部在2010年的绩效信息指南中强调，部门管理活动应充分运用绩效指标信息。通过评价绩效主要指标，针对管理漏洞提出有效措施，改进项目管理。同时还要求部门通过项目绩效评价，充分评估项目管理人员的相关知识、技能，有效配置资源，以实现项目目标。

（五）强化预算监督和信息公开

澳大利亚十分重视政府信息公开工作，部门预算、决算及绩效审计必须公开。议会、审计署、财政部以及反对党、社会公众等都有权对预算和绩效情况进行监督。

澳大利亚政府预算绩效管理与其国情相适应。在传统预算管理模式下，财政管理法律制度体系较完善，各部门建立了相对健全、规范的预算安排、资金分配和预算执行管理机制。因此，传统预算过渡到绩效预算较为平稳。但澳大利亚政府预算绩效管理中也出现一些问题。如采取权责发生制会计制度，并赋予部门过于灵活的管理手段和方式，弱化了现金流管理，增大了政府部门违规使用资金的风险等。

第五节 韩国的政府绩效管理

韩国自20世纪90年代才开始进行持续的政府绩效管理与改革，经过二十多年的推进与完善，已经呈现出一个快速发展的趋势，形成了较为科学、完备的政府绩效管理体系。

一、韩国政府绩效管理的背景

韩国政府绩效管理的发展与起步有其独特的历史背景，可以从内部和外部两个方向来分析。在内部，服务型政府的理念逐渐在韩国政府内部渗透，民众需求日益多元化，使得政府不得不转变其服务提供模式，不得不对政府绩效进行管理和评估。在外部，西方国家政府绩效改革以及新公共管理运动思潮的影响使得韩国政府也开始思考一条适合本国的政府绩效管理发展之路。

（一）西方理念的渗透与影响

20世纪60年代，韩国政府在西方政府绩效改革与行政改革的影响下，开始思考适合于韩国发展的政府绩效管理模式。70年代，新公共管理理论在西方逐渐盛行并席卷全球，对世界各国的政府产生了广泛的影响。新公共管理理论强调政府应该运用企业的成功管理方式来对政府进行重塑和变革。绩效管理作为组织管理中重要的一环，也逐渐被引入政府管理过程中。1997年亚洲金融危机的发生，使韩国政府意识到，想要提高政府部门的效率以及生产力，就应该实行以绩效为中心的政府管理。为了积极应对21世纪出现的挑战，充分抓住韩国在21世纪的发展机遇，韩国政府决定对政府绩效管理实施变革。

（二）韩国内部民主化的影响

除了外部环境的影响，内部环境的变化也使韩国政府意识到建立一个以政府绩效为核心的政府管理体系是极其重要的。20世纪90年代末，韩国社会掀起了一股民主化发展的浪潮。在这股浪潮中，不仅韩国政府意识到服务型政府建设的必要，韩国的民众也意识到，韩国政府作为一个服务型的政府应该对公众负责，对公共服务质量的要求逐渐提高。韩国民众对于政府的要求，以及韩国政府内部服务意识的不断渗透与改进，促使其开始试图探索一条韩国政府绩效管理之路。从内部发展的角度来看，这是一种民众对韩国政府改革提出的时代呼声，因此，这是一种倒逼机制的模式，促使韩国政府不得不转变现有的政府管理方法，进而去引进西方政府绩效管理模式来提高政府的行政效率。

从历史发展的角度来看，韩国的政府绩效管理是一种内部与外部双重驱动的必然结果。外部世界环境与世界格局的变化，以及内部民众对政府的要求，使得韩国政府在这样的双重影响下，开始了其政府绩效管理变革之路。

二、韩国政府绩效管理的历史进程

韩国政府的绩效管理活动开始于20世纪60年代，之后不断地构建与完善，形成了现在较为成熟与完备的政府绩效管理体系。韩国政府绩效管理主要分四个阶段，分别为起步借鉴阶段、体系构建阶段、发展加速阶段和完善整合阶段。

（一）起步借鉴阶段

20世纪60年代至80年代是韩国政府绩效管理的起步阶段。韩国政府借鉴了大量的西方政府绩效管理理念与思想，同时引进了西方国家的政府绩效管理制度。1961年9月韩国政府修改了《政府组织法》，成立了内阁首脑直属的"企划统制官室"，实施"审查分析制度"。"企划统制官室"负责对中央政府各个部门的政策与企划进行审查、分析、评估以及调整。中央政府的各个部门也设立了对自己部门的政策与企划负责调控的"企划调整官"。1962年韩国修改了宪法，政治体制从内阁制转换到总统制。1963年12月又修改了《政府组织法》，按照修改的《政府组织法》设立了"企划调整室"。"企划调整室"是国务总理直属的政府工作评估机构。但是，当时对政府工作的评估制度没有明确的法律规定。1972年4月韩国政府为了推广政府评估制度以及提供法律根据，制定了《关于政府企划与审查分析的规定》。

（二）体系构建阶段

20世纪80年代至90年代，韩国政府绩效管理不断地完善，进而形成了本国的政府绩效管理体系。在这一阶段，韩国政府绩效管理逐渐体系化、完整化、规范化。1981年11

月，韩国政府进行了大规模的政府机构改革，撤销了国务总理直属的企划调整室，把对政府部门的审查分析工作移交给经济企划院下属的审查分析局。1983年，韩国经济企划院编制了《审查分析手册》，作为业务评价的指南，该手册的编制提高了韩国政府的政府绩效和行政效率。1984年6月，政府工作评估的对象扩展到政府投资的公共机构的经营业绩评估，由于评估对象的扩大，审查分析局改编为审查评价局。韩国政府绩效管理的职能从国务总理企划调整室转到了经济企划院，标志着韩国政府绩效管理进入了崭新的体系化时期。在个人绩效方面，韩国政府于1981年出台了《公务员评价规则》以及一系列的关于公务员工作业绩的规定，使韩国政府在政府机关个人绩效方面取得了较大的成就。

（三）发展加速阶段

从20世纪90年代末到21世纪初的这一阶段是韩国政府绩效管理的发展加速期。这一时期，西方新自由主义逐渐渗透到亚洲，使韩国政府意识到提高政府竞争力的重要性。作为政府改革的重要组成部分，绩效管理也成为韩国政府重点关注的对象。1990年4月，韩国政府制定了《关于对政府主要政策的评估与调整的规定》，按照规定，经济企划院审查评价局负责审查评价制度，国务总理直属的行政调整室开始对政府的重要政策实施评估，因此，政府评估体制变成二元化。1994年12月，韩国政府把经济企划院的审查评价功能移交国务总理直属的行政调整室。其下设的第四行政调整室负责政策审查评价工作。从此，二元化的政府评估功能就变为一体化，并强化了国务总理对政策的评估和调整权限。

1997年发生的亚洲金融危机引发了对政府评估制度的争论，一些专家批判了政府评估制度不重视政策效率或政策效果，只重视预算投入和政策的执行过程。1998年，韩国引进了西方的政府绩效评估制度。1998年4月，为了提高评估效率和可信度，制定了《关于对政府工作的审查评价和调整的规定》。该规定对审查评价、专项课题评估、机关评估以及部门内部评估有详细规定，把评估的重点放在产出方面。根据该规定，韩国政府还设立了政策评价委员会，该委员会是国务总理的政策评估咨询机构。1999年，韩国推行试点制度，实施了绩效主义预算制度，又继续实行了国家开发研究工作评价、财政评价以及信息化评价。在这一阶段，由于目标管理在全世界范围内的流行，韩国政府绩效管理也开始实行目标管理制。在新自由主义与目标管理制的影响下，韩国政府绩效管理获得飞速发展，因此这一时期被称作韩国政府绩效管理的发展加速期。

（四）完善整合阶段

进入21世纪，韩国政府绩效管理的制度与体系逐渐形成，绩效管理体系开始趋向于完善、整合。在这一阶段，韩国政府绩效管理的主要任务是发现之前政府绩效管理中存在的问题以及消极影响，进一步完善政府绩效管理制度。这主要体现在政府绩效管理法制化上面。虽然韩国政府在绩效管理制度和法律上取得了一定的效果，但是问题也层出不穷。因此，为了解决这些法制化的问题，韩国政府开始在绩效管理立法上进行完善与整合。例如，2000年《政府绩效评估框架法案》的颁布，开启了韩国政府绩效管理法制化的进程。该法案明确规定了政府要定期向外界公布绩效信息。2001年《关于政府业务等评价基本法》的制定，意味着对政府的各个部门逐渐推行绩效评估制度。对政府机关实施绩效评估以后，对公务员个人实施绩效管理的呼吁越来越高。2003年韩国政府对中央行政机关的四级以上公务员实施目标管理制度，2004 年 10 月把目标管理制度转换成职务成果合同制度。职务成果合同制度是绩效管理制度的一种，首先，对工作目标和评估指标各部门的部长或副部长与室局长、室局长与课长之间签订合同，每年评估个人工作成果后，根据评估结果决定个人绩效工资，评估结果应用于人事考核。2006 年 3 月，韩国国会通过了《政府业务评价基本法》，并于 4 月 1 日起实行。该法制定之前，除了国务调整室负责实施的机关评估，还实施了财政事业成果管理（企划预算处）、机关人事运营实态评价（中央人事委员会）、组织管理评价（行政自治部）、信息化评价（情报通信部）等政府工作评估。对政府工作的评估繁多，导致了被评估部门行政事务的增加以及工作效率的降低。为了减轻被评估部门的负担和完善绩效评估制度，出台了《政府业务评价基本法》。该法的主要内容是：第一，政府工作评估制度的简化。把各部门独立实施的各种评估工作合并为政府业务评价，从而可以减轻被评估部门的负担。第二，政府绩效评估的重点是各部门的自行评估。以往的政府绩效评估方式是政策评价委员会指定要评估的政策，而新的政府绩效评估方式是政府业务评价委员会检查各部门自行实施的评估结果。第三，给自行评估明确的法律根据。该法明确规定自行评估的法律根据、评估方式、评估时期、评估主体等内容。第四，在政府工作评估方面全面推行绩效管理。中央行政机关的各部门首长需要制定为期五年的部门绩效管理战略计划，并根据该计划制定每年的部门绩效管理实行计划。《政府业务评价基本法》出台，将政府绩效评估制度整合成为了一个完善的法律体系。

总之，20 世纪 90 年代末，韩国政府推行了一场大规模的政府绩效评估，以 1998 年制定的《关于对政府工作的审查评价和调整的规定》和 2001 年制定的《关于政府业务等评价基本法》为主要标志。尤其是《关于政府业务等评价基本法》制定后，韩国政府的绩效评估制度逐步走向规范化和法制化。经历了数十年的时间，韩国政府绩效管理从起步到逐渐完善，从借鉴西方思想和理论到形成本国的制度体系，再到逐渐完善自己的制度体系，形成了韩国特有的政府绩效管理体系。

三、韩国政府绩效管理的机构设置

韩国政府绩效管理取得成果，与韩国政府绩效管理的机构设置密不可分。总体来讲，在韩国政府绩效管理的机构设置上，主要有三个重要的部门。这三个部门在韩国政府绩效管理过程中承担着不同的管理职能。第一个部门是国务院总理领导下的政府业务评价委员会；第二个部门是行政安全部，主要负责组织中央政府机关内的人事管理，地方政府内部的人事管理事项；第三个部门是监察院，其主要职能是根据相关法律检查国家的税收、预算、会计以及审计等情况。

（一）政府业务评价委员会

政府业务评价委员会是韩国政府为了满足政府绩效管理的需要，根据《政府业务评价基本法》所组建的国务院直属的委员会，是实施政府业务评价的主管部门。其内部主要成员由民间的委员组成，体现着政府业务评价委员会的客观性、公正性以及民主性。政府业务评价委员会内的领导由两人担任，一位是总理，另一位是民间人士的委员。委员会由三个国家委员和十个民间委员组成，国家委员主要由企划财政部长、行政安全部长以及国务总理室室长担任。而民间委员主要由绩效管理、社会保障、经济发展、科学技术等各个方面的专家组成。该委员会的主要职责如下：第一，制定国家的中长期评估制度，推进评估制度的计划实施；第二，制定政府业务评价基本计划和政府业务评价实行计划；第三，组织、调整、管理政府业务评价；第四，对有关政府业务评价制度的绩效管理；第五，对政府业务评价结果的反馈和评估制度之间的调整；第六，制定特定评估计划并负责该计划的实施。

（二）行政安全部

行政安全部的主要工作内容是负责韩国中央政府内部与人事相关的问题。行政安全部还负责韩国地方政府级别的人事调度以及相关的问题。从政府绩效分类上来看，行政安全部主要负责韩国政府内部的个人绩效。从具体工作内容上来看，行政安全部中负责国家公务员的人事管理与绩效评价业务的部门是人事室，负责地方政府公务员绩效的是地方行政局。人事室负责国家公务员制度的制定、国家公务员绩效评价等工作。地方行政局负责地方政府层面上的绩效管理事项。例如，制定地方政府绩效管理计划、协调央地之间在政府绩效管理方面的关系，以及地方公务员管理等工作。

（三）监察院

监察院是韩国政府绩效管理中负责审查国家税收以及预算支出的机构。它是依据韩国政府的《监察院法》和韩国宪法所设立的，与我国的审计机构类似。其主要职责是对国家机关、行政机关以及一些公共团体进行会计方面的检查与监督。为了保证监察院的权利不受侵害，即使监察院隶属于总统，其在韩国仍然具有独立的法律地位，这是由韩国的宪法所规定的。

四、韩国政府绩效管理理念

韩国在政府绩效管理过程中，运用了目标管理理念、服务型政府理念以及公民参与理念，这些来自西方的理念在韩国政府绩效管理中起了很大的作用。

（一）目标管理理念

目标管理理念的运用，主要体现在韩国政府在公务员绩效方面的规定。为了培训更加有效率、有活力的公务员，韩国政府在公务员管理中引入了目标管理的理念与机制。在政府绩效评估方面，韩国政府的人力资源管理部门对公务员绩效评估进行了理念上的更新。例如，将公务员的服从导向转变为绩效导向。这种转变体现着新公共管理的思想，也是对传统组织官僚制的摒弃。韩国政府还将政府内的目标导向由财政目标逐渐转向综合目标，这种目标导向体现了韩国政府对社会发展的重视，以及对公民的重视。除此之外，韩国政府还将自上而下的考核目标变成了多角度互动式的考核目标；将公务员的控制导向逐渐转变为促进导向。从 20 世纪末开始，韩国政府在各部门的公务员中实行了目标管理，引入了绩效工资制，以期能够对公务员形成激励作用。除此之外，所有部门都必须向上级主管部门提交一段时间内的工作计划并制订出详尽的计划方案。

（二）服务型政府理念

服务型政府理念是指导韩国政府进行政府绩效管理与绩效改革的重要理念之一。随着服务型政府理念在全球范围内的兴起与流行，韩国政府也开始向建设服务型政府转变。服务型政府要求把国民当作顾客，以"顾客导向"来要求政府，通过这样的理念来提供更优质的公共服务。韩国政府通过对制度建设和评估模式的改进与完善，为推进韩国服务型政府的建设提供了很大的帮助。服务型政府理念与政府绩效管理是相互促进、相辅相成的关系。首先，服务型政府理念在政府绩效管理中的渗透与扩散，可以促使政府绩效管理的目标向服务型政府目标靠近，可以高效地实现服务型政府建设的目标。而政府绩效管理在服务理念的影响下，可以推动服务型政府的建设更为迅速地发展。

（三）公民参与理念

公民参与是韩国政府绩效管理中一个十分重要的特点。通过公民参与韩国政府绩效管理，表现出其公正性、公平性、民主性。这从韩国中央政府绩效评估体系的政府业务评价委员会的成员组成上可以看出。在政府业务评价委员会中，有三名委员是来自韩国政府内部机构的工作人员，而其他十名委员都来自于民间。重视公民参与，以顾客导向建设服务型政府，体现了公民参与理念在韩国政府绩效管理中的渗透与应用。

五、韩国中央政府绩效管理

韩国中央政府绩效管理是根据政府业务基本法的规定来对政府机关的任务和目标进行经济、效率、效果等角度的管理与考核活动。2008年之后，韩国政府构建了以政府业务评价委员会为主导的政府绩效一元评价体系。韩国政府对中央行政机关业务的评价主要分为自我评价和特定评价。

在自我评价方面，韩国中央政府主要考核政府部门的主要政策制定情况、财政事业发展情况、人事制度情况、组织情况以及信息化情况等指标。主要的评估主体是中央行政机关的长官，也就是中央行政机关长官组成的自我评价委员会。有国务调整室、企业财政部、行政安全部这三个部门来协助。最终的评价结果由政府业务评价委员会确认并检查。在特定评价方面，韩国中央政府主要针对如下几个部分来进行业务评价：第一，政策课题，也就是核心课题的可持续发展；第二，政策管理力量，政策的贯彻宣传控制和改革等；第三，国民满意度情况，也就是政策满意度以及信访满意度等情况。特定评价的主要评价机关是国务总理以及政府业务评价委员会，由国务总理室协助。

从韩国中央政府绩效管理的环节上面来看，中央政府的绩效管理过程主要由政府绩效计划、绩效执行与检查、绩效评价和绩效评价结果反馈与应用几个环节构成。在计划制订层面上，韩国中央政府的绩效管理以五年为一单位，实行绩效管理战略计划，以一年为单位制订绩效管理实行计划。在绩效的执行与检查层面上，通过对预算、人力资源等投入情况来考察政府绩效管理过程，已达到通过检查来推进绩效计划，并有条不紊地实施，同时在检查过程中发现问题并及时改正与完善。在绩效评价阶段，中央政府在每年的固定时间开始制订绩效评价计划，并在次年的同一月份实行自我评价。绩效管理实行计划中的绩效指标与绩效目标将作为韩国中央政府层面上行政机关自我评价的重要标准。在绩效结果的应用与反馈层面上，韩国中央政府意在通过自我评价和特定评价改善现存政府绩效管理体系中存在的问题，并将考核结果应用于预算编制、组织管理、人事调动以及薪酬奖励等方面。

韩国的政府绩效评估制度的特征可以概括为以下几个方面。

（1）明确的目标导向。韩国绩效评估范围的拓展使组织目标和个人目标实现了有机融合。整个绩效评估制度都以廉洁、高效和服务型政府为行政改革目标。

（2）重视自律性。对中央行政机关而言，韩国主要实施自行评估和特定评估相结合的方式。各部门自行评估后，政府业务评价委员会对自行评估结果进行审批。在地方，中央行政机关为地方自治团体的评估主体，根据每个地方情况的不同，评估重点也会有所差异。

（3）政府绩效评估的范围逐渐拓展。其评估对象不仅针对各个政府部门，而且包括公务员个人。随着评估对象范围的拓展，公民对绩效评估的参与程度也不断增加。同时，韩国还十分重视民间机构在绩效评估中的功能与作用。

六、韩国地方政府绩效管理实践

20世纪90年代，韩国地方政府改革进入了一个浪潮化的阶段，很多地方政府都采取了创新型的政府绩效管理方式，由此形成了一批具有鲜明韩国特色的地方政府绩效管理与改革模式。本节选取韩国富川市的政府绩效管理模式来进行阐述。

富川市位于韩国首都首尔西部地区，是连接首尔和重要港口城市仁川的纽带，也是首尔西部地区商业和工业中心及尖端半导体产业基地。根据韩国行政安全部的要求，富川市首先采用的是目标管理制的政府绩效管理模式。从1999年到2003年，富川市一直实行目标管理制，在该制度安排下，富川市对其各个政府部门进行了目标管理上的调整。经过一段时间的实践与发展，富川市政府发现目标管理制度模式并不能很好地解决韩国政府绩效管理中出现的问题，反而导致了一些新的问题产生，因此，2004年，富川市决定摒弃目标管理制，采用新型的政府绩效管理方式，即平衡计分卡制度。从2004年1月到2005年1月，富川市在平衡计分卡的引入、推进与发展上采取了一些举措。2005年之后，平衡计分卡制度开始广泛应用于富川市的政府绩效管理中，并逐渐完善整合，形成了较有特色的富川政府绩效管理模式。

从历史发展的角度来看，韩国政府进行的政府绩效改革取得了积极的效果。在绩效管理与改革的影响下，韩国政府内部管理逐渐被强化，社会机构在绩效管理中的作用逐渐加强，公民参与也日益完善。同时，韩国政府绩效管理也在一定程度上推动了政府的行政改革，强化了韩国政府对于公务员的评估。然而，韩国政府绩效管理还存在着诸多弊端，例如评估技术有限、面临着一些技术困境、各项制度尚未体系化等。

韩国政府绩效管理对我国的政府绩效管理制度设计有着一定的启示意义。首先，韩国政府绩效改革很大程度上利用了评价的结果，这是我国政府绩效改革中需要重点学习的内容。其次，韩国政府绩效改革在很大程度上运用了社会的力量，这对我国的政府绩效管理也有一定的启示意义。

第六节 印度的政府绩效管理

印度作为亚洲的人口大国和领土大国，与中国有着许多相似的地方。例如，中国和印度都是文明古国，拥有庞大的人口，是发展中国家。近年来，印度在不断发展的过程中，其政府绩效管理形成了印度特有的绩效管理模式。相比其他发达国家而言，印度政府的绩效管理更具发展中国家的特色与发展中国家的管理理念。

一、印度政府绩效管理的发展脉络

从历史发展进程来看，印度政府的绩效管理经历了两个阶段。第一阶段是以过程为导向的初期尝试阶段，在这一阶段，印度政府推行过程导向，注重绩效管理的过程调节，对绩效管理的每一个步骤进行管控和监控，力图推动政府绩效管理目标的有效实现。第二个阶段是以结果为导向的阶段，在这一阶段，印度政府尝试将目标结果引入政府绩效管理中来。

（一）"过程导向"的初期尝试阶段

20世纪70年代至80年代，行政改革浪潮席卷全球，很多国家都兴起了政府管理改革的运动。印度政府为了提高行政效率，增强政府内部的服务意识，实现政府管理发展、社会经济发展的最终目标，也开始从绩效管理层面上对政府管理进行改革。印度政府绩效管理之路由此开始。

1975年，印度政府推出了绩效预算计划。所谓绩效预算计划，就是首先在政府项目层面上制订项目计划或者工程计划；然后在这些项目计划中，根据项目计划所需要的政府部门，来制订政府部门的实施计划；在计划的基础上，根据经济效益原则来编制预算。绩效预算最初形成于美国，印度将其引入本国，作为政府绩效管理机制在全国实行。从具体实行情况来看，印度政府实行绩效预算制度主要包括以下几个步骤：第一步，明确政府的目标，以及各个目标由哪些政府职能部门负责；第二步，制订一个五年的工作计划；第三步，用财务报表的方式列出当前和下一财政年度的计划，以及所需要的项目经费预算情况；最后一步，对政府所做的每一个项目进行具体的分析与陈述，列出每一个项目所需的详尽的预算计划。然而，印度政府忽略了绩效预算计划的实施环境。从结果来看，印度政府由于不具备实施绩效预算制度的国家环境，以及一些具体条件在绩效管理过程中并没有发挥出真正的作用，最终导致绩效预算计划收效甚微。20世纪80年代中期，零基预算被引入印度政府部门。零基预算在实际运用中也出现了一些问题，比如工作量大、费用要求高等。因此，这一阶段印度政府的绩效管理是一个不断尝试的过程，但是这个尝试的过程并没有对印度政府的绩效管理产生积极的影响。

（二）"结果导向"的政府绩效管理阶段

印度政府初期尝试的以过程为导向的政府绩效管理，忽视了政府对公共资金投入效果的评估。因此，在绩效预算和零基预算这两种绩效管理方法无效之后，印度政府在政府绩效管理方面的注意力也由过程导向逐步转向结果导向。在总结了上一阶段政府绩效管理的失败经验之后，印度政府进行了新的政府绩效管理方式，并尝试建立一个较为全面、成体系的政府绩效管理系统。2005年，印度第二届行政与改革委员会，希望印度外交部和安全部共同签署一个年度绩效承诺协议，并提交一份详细的年度工作计划。经过一段时间的实践，2009年印度政府开始采取行动，建立了定期的绩效检测与评估机制，同年9月，总理批准了绩效监测与评估系统草案。在此之后，印度政府开始正式推行绩效监测和评估体系，这也是印度政府一直在实施的政府绩效管理系统。这个新阶段形成的印度政府绩效监测和评估体系，主要有针对计划目标进行评估考核、以全方位视角来审视部门绩效、以结果为导向、持续发展的特点。

从印度政府这两个阶段的政府绩效管理实践中，我们可以得到一些启示，即不要一味地去接纳和运用西方的政府绩效管理理念和方法，要注重这些方法的可行性、适用性以及方法的本土化问题，以免在运用过程中出现水土不服的现象。

二、印度政府绩效管理的评估主体

在印度政府绩效管理中，存在着较为多元的政府绩效评估主体。以政府内外部来划分，以及评估主体中存在着政府内部的评估主体——绩效管理司，外部的评估主体——一些第三方的社会评估主体，如特设专家工作组，还有一些由社会公众所组成的公众主体，如公众监督与投诉机制。

（一）绩效管理司——政府内部评估主体

印度政府的绩效管理司是设在印度政府的内阁秘书处下面的专门负责绩效管理的机构。它主要负责设计政府先进的绩效管理系统，并借鉴西方发达国家的经验，编写绩效管理指导手册，向政府有关部门人员介绍政府绩效管理的相关内容，以及对其进行绩效管理培训等。除此之外，监测和评估各部门的绩效，也是印度政府绩效管理司的主要工作。总的来说，印度政府的绩效管理司所起的作用，就是对印度整个国家的政府绩效管理情况进行一个前沿性的探讨与理解，并对有关国家人员进行知识的传递。在职责划分方面，印度的绩效管理司有一名内阁秘书，下设绩效官员和两个分管秘书以及绩效主任。

（二）特设专家工作组——第三方评估主体

特设专家工作组是作为社会第三方组织参与印度政府绩效管理的，是印度政府为了保障政府的绩效管理与监测体系的公平公正，而特意建立的第三方中立组织。特设专家工作组的主要成员包括印度杰出的科研院院士和相关领域的专家，以及前政府内部的一些官员，如前秘书长、前任行政长官及退休的企业负责人等。特设专家工作组对政府绩效进行考核，是通过进入不同的考核部门来进行的。每个部门会有一名领导召集人员，负责召集6～9名专家组成员来对本部门进行绩效考核。其中涉及的部门有农业与乡村发展部门、人员发展部门、资源管理部门、贸易工业服务部门、基础设施发展部门，以及社会福利部门。除了领导者与专家组成员，每个部门还配备一名资源支持者，为部门提供相关的资源以及技术支持。总体来讲，特设专家工作组主要是为印度政府绩效管理司提供相对独立客观的专家经验，起到了一个辅助评价绩效的作用。

（三）公众监督与投诉机制——公众主体

除政府内部的绩效管理司以及第三方评估形式的特设专家工作组之外，印度在政府绩效管理中还设置了公众监督与投诉机制，被称为公众监督与投诉系统。为保证公众诉求的传播畅通，印度中央政府下设中央公众投诉局，要求政府机构建立内部的冤情投诉机制。在信息化的背景下，政府部门通过安装国家信息中心开发的软件，逐渐形成了以网页为基础的中央公众监督与申诉系统，旨在对相关的投诉和冤情进行调查。绩效监测和评估体系的实施，不但为公众监督提供了有效的渠道，还为公务员提供了一个不满的投诉渠道，公务员如果对政府评价的结果有异议，可以通过这个申诉机制进行申诉。从系统之间的关系来看，公众监督与申诉系统是绩效管理系统的一个组成部分，还是政府绩效管理评估体系的一个考核对象。印度政府部门已经将申诉机制的绩效水平作为总绩效评估的一部分。

三、印度政府绩效管理的理念与方法

在印度政府绩效管理的实践过程中，涌现出了一些独具印度特色的政府绩效管理理念与政府绩效管理方法。例如，目标排序理念、以人为本理念、绩效协议方法和结果管理文件方法。下面将对这些理念与方法进行阐述。

（一）管理理念

1. 目标排序理念

作为发展中国家，国家的经济发展和社会发展都是有待提高的，因此国家内部的资源也是有限的。如何将有限的资源合理分配给众多的建设目标是发展中国家应该重点考虑的问题。这类问题促使印度政府采取了一系列的目标排序管理理念。所谓目标排序管理理念，是将目标按照重要程度的顺序进行排列，按照排列的顺序进行资源配置，以保证国家重要战略目标的实现。这样一种独特的适合发展中国家的目标排序管理理念，使印度政府各部门能够明确工作重点，更好地处理最受社会关注的问题。

2. 以人为本理念

以人为本的政府绩效管理理念是印度政府绩效管理中较为鲜明的一个特点。人作为绩效管理的核心，是一个组织中最具活力、最重要的资源。因此，如何将人力资源进行有效的调度，激发他们的创造性与活力，以此来提高组织绩效，是各个组织绩效管理的核心内容。印度的政府绩效管理体系，把人放到一个很重要的位置。以印度当前的绩效监测和评估体系为例，该体系在管理中始终坚持以人为本的理念，注重政府官员的培训与开发，注重政府官员创造力与创新力的培养。这样一个以人为本的理念，使印度政府中的公务员的潜能不断被开发出来，业务水平也不断增强，从提高个人绩效的角度来提升组织绩效，这是印度政府绩效管理中以人为本理念的目的所在。

（二）管理方法

1. 绩效协议方法

绩效协议是指组织中的成员与组织所达成的书面协议，用于记录在这一段周期内组织成员所必须取得的成绩。绩效协议方法与我国政府绩效管理当中某些地方政府所设立的目标责任状类似。绩效协议详尽明确地规定了组织中各个成员、各个岗位所应该承担的组织责任与组织义务、工作时长和投入的标准，以及需要达到的目标等。在印度政府绩效管理过程中，绩效协议要求应用于政府绩效管理的不同部门，主要可以分为两个方面。一方面，印度政府各级机构应该与其下属部门签订绩效协议，以保证下属部门绩效的有效完成。另一方面，各个机构的负责人应该与印度的内阁秘书处签订绩效协议，以保证国家整体性战略的有效实施和实现。

2. 结果管理文件方法

结果管理文件方法，在印度政府绩效管理中也起到了相当大的作用。实质上，我们可以将结果管理文件看作印度政府绩效管理中的工作计划，以及政府绩效考核的参考标准。

结果管理文件主要包含部门的使命目标功能、部门之间的目标优先顺序,以及一些指标的标准等。结果管理文件方法在印度政府绩效管理中的具体实施步骤如下。

首先,根据印度政府的有关规定,在每年 3 月(即财政年初),各责任中心要完成结果管理文件的草稿,并提交给有关主管部门审核批准。在 3 月底前,主管部门应该完成对这些草稿的审查,然后将反馈意见提供给相应的部门。在 4 月中旬之前,各个部门应该将修正后的结果管理文件公布到相应的网站上,并提交给相关部门。其次,大概半年之后,绩效管理司将与特别专家工作组一起来对结果管理文件的实施情况进行评估。最后,在年底各个部门应该准备这一年度的绩效报告,并由绩效管理部门对这些绩效报告进行实际的评估审查,然后将结果发布到各个网站上进行公开。

四、对印度政府绩效管理的评价

印度政府绩效管理在几十年的实践历程中,已经取得了一定的成效。例如,印度的绩效监测和评估体系已经成立。它作为综合绩效评估体系,在印度政府绩效管理中发挥了很大的作用。然而,印度的绩效监测和评估体系还存在着一些问题。例如,政府绩效管理理念转换的不彻底,很多政府部门实行的仍然是过程导向而不是结果导向的政府绩效管理。由于印度重视对公务员的培养,出现了公务员重视个人绩效超过组织绩效的现象,而不良竞争也导致了组织整体效率的降低。除此之外,印度还受自己国家体制的影响。由于印度是联邦制的国家,因此其绩效监测和评估体系只能在中央一级政府实施,地方政府还没有推行绩效监测和评估体系。总的来说,印度的政府绩效管理体系对我国具有启示和借鉴意义,具体阐释如下。

(一)第三方社会组织评估的重要性

第三方社会组织评估与政府内部评估相比较,具有独立性、客观性、专业性以及科学性的特点。印度政府绩效管理充分利用了第三方社会组织评估,如印度政府绩效管理中设置的特设专家工作组。这对我国政府绩效管理具有启示作用,引入第三方评估有利于促进内部层级评估的规划,可以实现高水平的绩效管理,同时也可以提高政府的公信力。

(二)问责机制的重要性

问责机制在政府绩效管理中起到了十分重要的作用,将权力与责任相挂钩,可以避免政府工作人员出现互相推诿扯皮等现象。印度政府中的问责机制为我国政府绩效管理提供了一定的启示,如印度政府需要签订的绩效协议以及结果管理文件等。虽然我国在地方政府层面上已经进行了实践,例如目标责任状的签署等,但是问责机制的理念对于政府绩效管理是十分重要且必要的,将这种理念融入政府绩效管理中,能够很好地保证政府绩效管理的有序进行。

(三)立法层面的重要性

法律是对一项事物以及项目的最根本的规定,因此,立法保障是开展政府绩效管理的前提和基础。21 世纪初,印度政府就已经在一些法律中对绩效管理系统做出了相应的规定与要求。而与印度相比,我国在政府绩效管理方面的法律法规体系还不够完善,我们可以借鉴印度政府绩效管理中立法的经验来对我国政府绩效管理中法律体系的构建进行补充与完善。

印度作为一个东方国家,具有和西方国家截然不同的文化背景与历史渊源,而且作为发展中国家,印度与中国有着较高的相似性。因此,对于印度政府绩效管理的研究有利于厘清我们对发展中国家政府绩效管理发展脉络的理解。

第七节 新加坡的政府绩效管理

新加坡作为一个发达的资本主义国家,经过多年的发展,多元文化、和谐发展以及廉政高效,成为新加坡政府的代名词,其经济模式被称为国家资本主义。从总体上来看,新加坡的政府绩效管理有着深远的历史以及丰厚的经验,可以为我国政府绩效管理活动提供许多经验。新加坡的政府绩效管理主要分为两个方面:一是新加坡政府绩效审计管理;二是新加坡政府公务员绩效管理。下面将从这两个方面逐一进行介绍。

一、新加坡政府绩效审计

(一)新加坡政府绩效审计的发展历程

新加坡政府绩效审计的历史较长,其发展历程可以分为如下几个阶段。

1. 英国管理时期(1937—1958年)

新加坡的政府绩效审计起始于1937年英国殖民统治时期。英国将新加坡纳入新加坡、马六甲与槟榔屿财务核算体系。从时间上来看,新加坡政府绩效审计的起始时间比新加坡建国的时间还要早。在殖民统治时期,英国指派专门的人员负责新加坡殖民政府的有关财务核算事项,这个负责人被称作审计主管,这是新加坡政府审计部门的雏形。在第二次世界大战结束之后,英国政府开始重新接管新加坡,并将新加坡的政府审计再次交予审计主管负责。

2. 绩效管理自治期(1959—1965年)

1958年,新加坡成为英联邦内部的自治邦之后,新加坡开始对审计主管官员的任命以及权力进行法律法规上的规定。1963年,新加坡被英国纳入马来西亚联邦,新加坡制定的新加坡政府审计条例也被联邦政府审计条例所取代,原有的审计机构成为马来西亚联邦审计的一个部门。

3. 独立建国并大力发展时期(1966年至今)

1965年,新加坡独立后制定了绩效审计法律并对绩效审计做出明确规定。1970年,新加坡修订审计法,将审计主管命名为审计长。20世纪80年代末,新加坡政府审计部门被正式命名为审计总署。

20世纪80年代,绩效审计被引入新加坡政府审计当中,在之后的时间里,新加坡政府审计突破了传统模式的桎梏并逐渐发展和完善。如今,新加坡审计总署的审计内容十分丰富,新加坡政府绩效审计已经成为一个优秀的政府绩效管理案例。

(二)新加坡政府绩效审计的主体

新加坡政府绩效审计的主体是新加坡公共财政委员会和审计总署。这两个部门由审计长作为总负责人,依据《审计法》和《审计总署与被审计部门关系条例》来对政府绩效进行审计活动。在人员的任命上，为了保证新加坡政府部门审计的独立性，新加坡共和国宪法规定，审计长经总理提议，由总统任命，总理在决定审计长的提名之前，应当与国家公务员委员会共同商议。审计长任期长达六年，可以连续担任两届。新加坡总统可以在采纳总理的意见之后，将审计长免职。法律规定，审计长应该负责所有的政府部门与办公室、最高法院、次级法院以及国会的账目审计和上报。审计长有权利查阅所有有关账目审计的记录报告以及相关文件，在完成审计工作之后，审计长必须将审计报告上交至总统。新加坡政府的审计行为不单单对财务进行审计，还对政府行政过程的程序进行审计，关注政府的绩效。

（三）新加坡政府绩效审计的内容

新加坡政府绩效审计的有关法律规定，新加坡政府部门绩效审计的内容主要包括以下几点。

第一，考查政府内部的日常开支、政策以及项目工程发生的时间点是否必需；第二，考查政府部门日常开支、政策以及项目工程最终的目标是否达成及完成情况；第三，考查政府在实现目标的过程中，是否存在一些不必要的资源浪费与资源的低效利用；第四，为了确保资金价值，考查政府在做出某项决定以及是否考虑过其他意见或建议；第五，考查是否按照 3E 原则采取相应的政府管理措施，是否将 3E 理念渗透政府的日常管理过程中。

（四）新加坡政府绩效审计的客体

新加坡政府审计的客体主要是审计总署所审计的各个部门。其中包括国会、地方议会、国家机关、总理公署、政府部门及一些法定机构、国家基金以及国有企业等。对于地方议会法定机构以及国家基金的绩效审计，其负责人通常会与审计总署进行商议，由指定的商业审计机构进行审计，以此来减轻政府部门绩效审计的负担。有些国有企业经过申请并经财政部同意，可以向审计总署提出审计要求与绩效审计意见。

（五）新加坡政府绩效审计的工作流程

根据新加坡政府绩效审计有关法律规定，新加坡政府审计程序主要包括审计通知、信息收集、发送质询信、提交最终的审计报告四个步骤。

1. 审计通知

在新加坡政府绩效审计活动开展之前，有关审计主管部门应通过一些常规的安排，例如书面通知问卷调查、网络通知、邮件通知等方式来通知被审计部门。由于有些特定内容的审计具有专业性和科学性，因此审计总署可以委托一些商业的审计员、商业的审计机构、咨询专家和技术层面上的官员来完成绩效审计活动。由于商业审计机构还负责财务审计，因此，由审计总署负责的绩效审计与商业审计机构负责的财务审计之间不得互相干涉，彼此要保持一定的独立性。但是根据有关规定，必要情况下，审计总署可以要求商业审计机构提交财务审计结果，为绩效审计提供相应的信息。

2. 信息收集

信息收集阶段是指在新加坡政府绩效审计过程中，为了获取绩效审计的有效信息，审计总署通过与被审计部门的工作人员进行面谈，进而获得一系列的纸质或电子版文件等。

除此之外，审计总署还有实地调查获取信息的权力，在收集信息的过程中，审计官员应该向被审计单位提供相应的证明，以表明自己的身份。

3. 发送质询信

在经过信息收集并进行了初步的调查之后，审计总署会向被审计部门发送质询信，要求被审计部门对审计部门给出的问题进行答复。政府部门的财务、国务大臣、法定机构的首席执行官以及地区的议会主席，都应该接收到质询信，并将此质询信抄送给该部门的财务处。在发出质询信之前，审计总署应该对被审计部门提出要求，要求被审计部门提供的信息要足够详细，以保证初步调查资料的真实性以及调查结果的严谨性。

4. 提交最终的审计报告

在经过审计通知、信息收集、发送质询信这几个阶段之后，审计总署会收到被审计部门的质询信答复。根据之前的信息收集以及初步调查，还有被审计部门对于质询信中问题的答复，审计总署将撰写审计报告，并将审计报告提交给总统。这期间，被审计部门应该与审计总署保持充分的、高频的沟通，并为审计总署提供必要的信息，遵守时间，在规定的审计周期内协助审计总署完成审计过程。最终的审计报告将由国会公共财政委员会审议并做出处理决定，年度的审计报告将定期向公众发布。

二、新加坡政府公务员绩效管理

新加坡政府以廉政高效而闻名，因此，新加坡政府公务员的绩效管理也具有一定的借鉴意义，下面将从新加坡政府公务员的体系、公务员绩效评估主体、评估方法、评估内容等几个方面来对新加坡政府绩效管理进行阐述。

（一）新加坡政府公务员体系

新加坡现行的公务员制度起源于1947年，为时任新加坡议会主席哈理查斯蒂在议会中所引进的基本框架。在这一框架下，新加坡议会根据公务员的技能、教育背景和责任感，将公务员分为四种：第一种公务员被称作行政管理官员，主要承担政策制定和行政管理的相关职责；第二种公务员被称作管理辅助或技术辅助类公务员，负责对行政管理官员进行一些技术和方法性的辅助工作；第三种公务员被称作行政辅助序列公务员；第四种公务员被称作操作辅助序列公务员。除此之外，新加坡建立了完备的有关公务员绩效的法律法规，在这些法律法规中，对公务员的绩效管理体系构建也有一定的规定与要求。

（二）新加坡公务员绩效评估主体

新加坡公务员绩效的主要评估主体是公务员委员会与总理公署下属的公务员署。公务员署主要负责新加坡公务员管理制度的评价、监控与制定，监督公共机构按照制度的规定来管理机构中的公务员。同时，公务员署还负责管理一级公务员的绩效评估系统。新加坡公务员绩效管理的主管机关是经过历史演变才形成的。在20世纪90年代，新加坡政府对公务员的管理制度进行了重大改革，将公务员委员会的公务员招录、调动、解雇以及监督的权力下放至各个公共机构的人事管理部门。1997年，新加坡政府重新修订了公务员委员会权力下放指导文件，将其作为新加坡宪法的组成部分，以宪法的形式对公务员委员会的权力做出明确的要求与规定。根据规定，人事委员会被分为三个等级：第一等级为高级人事委员会，负责处理高级公务员的人事管理事务；第二等级为人事委员会，负责处理普通公务员的人事管理事务；第三等级为特别人士委员会，负责处理一些人事管理中出现的争端问题。

（三）新加坡公务员绩效评估方法

新加坡政府绩效评估关于公务员评估的部分，主要通过两个系统来实现，其中一个被称作绩效报告系统，另一个被称作绩效排位系统。

绩效报告系统是公务员对自己本年度的工作任务、工作完成情况以及工作计划进行一定的报告。绩效报告系统主要通过工作任务表、工作评估报告、发展评估报告这三部分来对一年内公务员的绩效进行报告。工作任务表是在工作开始之前，公务员对本年度的工作进行一个计划的过程，将计划写在工作任务表内，并在工作任务表内约定好计划完成时间以及完成程度。工作评估报告是公开的绩效评估报告，这份报告是在年度工作完成之后进行的，公务员对自己在整个绩效评估周期中的表现进行评估，并如实记录。发展评估报告与工作评估报告不一样，它是对公务员发展空间以及发展潜力进行评估的一份报告。

绩效排名系统是对绩效报告系统的辅助与补充。在绩效排名系统中，包含了工作质量、知识应用、团队合作、抗压能力、责任感、使命感等多项内容。根据这些标准，绩效排名系统中的工作小组将基于评价结果，对所有的公务员进行逐一对照分析，由此得出本机构中公务员的绩效排名。

（四）新加坡公务员绩效评估内容

新加坡政府注重公务员的个性培养与技能培养，因此，新加坡政府的公务员绩效管理的目的是最大限度地发挥公务员个人的能力。新加坡政府秉承廉洁奉献的核心理念，将公务员绩效评估的原则设立为公正透明、客观严谨、及时反馈、促进发展。根据这几个原则，新加坡政府对公务员进行了两方面的绩效评估。

一方面是针对公务员潜质的评价。在这个评估体系中，对公务员的分析能力、高瞻远瞩能力、想象力、创新能力、现实认知能力、成就动机以及政治社会敏感度、决断力、鼓舞激励能力、任务分配能力、沟通协商能力进行一定的评估与考核。另一方面是对公务员在具体工作中所表现出来的素质和绩效进行评估。具体评估指标包含工作结果指标、知识技能指标、态度人格指标。其中，工作结果中的指标包括工作质量、产出能力和完成时效；知识技能中的指标包括业务知识、技术能力、沟通技巧、顾客服务能力、领导力、判断能力、团队合作能力等；态度人格指标包括执行任务时表现出来的工作态度、时间观念、出勤率、可靠性、进取心和责任感、抗压能力、维护工作环境的能力以及项目义案展示能力等。

三、对新加坡政府绩效管理的评价

（一）法制化建设十分健全

从新加坡政府绩效管理的发展历程上看，无论是新加坡政府绩效审计方面的法制还是新加坡政府公务员绩效管理方面的法制都是比较健全的。在新加坡政府绩效审计方面，新加坡政府制定了一系列关于政府绩效审计的法律，如《审计法》《审计总署与被审计部门关系条例》等。在这样的法律体系的要求与构建下，新加坡政府绩效审计取得了很大的发展。这对我国政府绩效管理的发展很有启发意义。在新加坡政府公务员绩效管理方面，新加坡政府制定了《公务员纪律条例》《公务员委员会及立法委员会法案》《反贪污法》等。在这一系列法律体系的约束下，新加坡公务员表现出在世界范围内的高效性和廉洁性，这对于我国的反腐倡廉活动有着重要的借鉴意义。

（二）制度精细化程度较高

新加坡政府绩效管理的制度体系设计较为精细。每一个制度体系的设计都涉及了相应机构的具体职责、具体做法，避免了由于自由裁量以及自由理解的行为而产生的绩效管理行为的偏差。如此精细化的制度体系，保证了新加坡政府在绩效管理方面的高效。举例来讲，在对新加坡政府绩效审计程序的规定中，对具体部门之间的关系，甚至文件的种类都做出了详细的规定，例如对文件种类的要求详细到报告、书籍、票据、邮票等。

（三）组织机构发展较完善

新加坡政府绩效管理的组织机构发展较为完善。从新加坡政府绩效审计方面来看，在上层政府中存在着审计署以及公共财政委员会。在这两个机构的联合负责下，新加坡政府在绩效审计方面的发展较为迅速。在新加坡公务员绩效管理方面，新加坡设有公务员委员会与公务员署两个负责机构。同时，在这两个主要负责机构下，各个公共管理机构内还存在着人事管理部门，用于对公务员绩效的管理与考核。上文已经提到新加坡政府将人事委员会分为三个等级来管理不同等级的公务员。可以看出，新加坡政府对于公务员绩效的管理有着精细化的要求与规定。

（四）对新加坡模式适用性的探讨

新加坡具有其特殊性。首先，新加坡作为一个城市国家，国土面积小，人口数量有限，其规模也就相当于一座城市。因此，一个机构设置较为精细且范围较小的国家，其政府绩效管理模式是否能够适用其他国家，是一个值得商榷的问题。

其次，与新加坡国家一样，新加坡政府绩效管理也是一个小而精的政府绩效管理模式。如果将这种政府绩效管理模式用于人口众多、幅员辽阔、体制庞大的一些国家，如印度、中国，难以想象会出现什么情况。可以肯定的是，发展中国家在借鉴其他国家的政府绩效管理经验与理论的同时，一定要认清自己国家发展的基本国情与发展趋势。不能盲目照搬，将其他国家的政府绩效管理理论不加分析地"引进来"。印度就是一个很好的例子，其在早期政府绩效管理过程中引入了美国的绩效预算计划，然而，由于环境影响，绩效预算计划并不适合印度政府绩效管理，所以导致印度的政府绩效管理收效甚微。

总的来讲，新加坡的政府绩效管理在全世界范围内是比较成熟且完善的，这与新加坡在英国殖民地早期就开始进行财政预算计划有很大的关系。除此之外，新加坡的经济发展在一定程度上也促使新加坡政府绩效管理实践与理论的繁荣发展。从文化角度来分析，新加坡作为一个多元文化聚集的国家，其接受和吸纳外来理论和理念的能力较强，因此可以很好地吸收和接纳西方的政府绩效管理理念，进而为本国的政府绩效管理提供发展经验。

本章小结

政府绩效评估在西方国家有近百年的历史,但真正大规模引入政府管理中却始于20世纪70年代。随着政府规模的日益扩大,各国政府普遍面临着财政困境和社会对政府服务需求不断扩大的矛盾,因此,以"新公共管理运动"为取向的行政改革运动在西方国家开始兴起。

从发展过程来看,各国的政府绩效管理也经历了一个不断完善的过程。本章分别介绍了美国、英国、日本、澳大利亚、韩国、印度和新加坡七个国家政府绩效管理运动的兴起与发展,包括政府绩效管理运动的背景、发展历程、特点及评价。我们需要客观认识并评价这些国家政府绩效管理的实践,尤其在百年大变局的时代背景下,由于新冠疫情的发生,西方国家正面临前所未有的新问题和新挑战,原有的政府绩效管理理论是否能指导新的实践,是值得深入思考的问题。

关键词

美国政府绩效管理模式　英国政府绩效管理模式　日本政府绩效管理模式　澳大利亚政府绩效管理模式

复习思考题

1. 各个国家所采取的绩效改革措施是在何种行政环境中制定的?
2. 美国政府绩效管理的实践及特征是什么?
3. 英国政府绩效管理的实践及特征是什么?
4. 阐述国外政府绩效管理改革的经验及启示。

案例分析

英国审计委员会的绩效评估方法

英国审计委员会在政府绩效评估中承担着执行者的角色,是开展政府绩效评估的主要力量,也在绩效指标体系的建立中担任了重要角色。

制订一套能反映审计对象服务水平的绩效指标非常重要。经济性、效率性和效果性是审计委员会开展政府绩效评估工作的核心。

如何确保绩效指标能够充分反映被审计对象提供的服务是否达到了经济性、效率性和效果性?审计委员会提出了一种相对简易的方法,那就是将绩效指标分解为对质量、成本和时间三个维度的测量。计算"成本"以反映服务活动的财务面;评估"质量"以捕捉服务的特点,评价服务的适当性;描述"时间"以反映服务提供的反应能力和速度。

为了确保绩效指标的有效性和可用性,审计委员会要求制定绩效指标要尽可能满足一定的标准。

(1) 相关性。相关性包括与机构的战略目标相关、与绩效信息提供者相关和与绩效指标使用者相关。与机构的战略目标相关是指绩效指标要体现机构的战略目标,这也是开展绩效评价的初衷。绩效指标的设定还要与提供绩效信息的人相关,这是为了加强收集信息者的责任,确保信息的准确。另外,相关性对于绩效指标的使用者也是非常重要的,尽量体现各个利益相关者的观点和需求。

(2)清晰的定义。一个绩效指标包含什么内容和反映什么问题是通过对指标的定义来完成的。只有清晰、简单并易于理解的定义才能确保绩效信息采集的准确,模糊的描述可能导致对绩效指标的误解和混淆。定义还要注意宽严适度,太严会造成数据采集的困难,太松又会导致使用不同采集方法得出不同的结论。一般建议使用已有指标的定义,保证理解的一致和数据的连贯。另外,定义用语应该避免使用专业术语或者抽象的概念。

(3)可比性。理想的绩效指标应该在评价对象上和时间上都是可比的。由于数据标准和数据采集方法等的不同,要做到评价对象的可比是比较困难的。时间的可比则相对容易得多,因为同一项服务在不同时期很多方面不会改变或者改变很慢。绩效指标的可比性包括内外部环境的一致或相似。例如,"博物馆参观人数"指标可以反映出博物馆采取的各种推广活动的效果,即是不是有更多的民众参观博物馆。但是严格来说,这个指标可能存在误导,因为不同的博物馆在规模、范围和辐射居民的区域都是相当不同的,不具有可比性。解决绩效指标的可比性可以采取数据标准化的方法,比如拉平不同区域的人口基数,使比较的基础一致;也可以采取分解数据的方法,即将可比的成分从整体数据中分离出来。

(4)可验证性。绩效数据的收集和计算是根据统计技术和抽样方法的原理,收集的信息和数据是可以重新计算并被验证的。这就要求绩效指标应当建立在严密的数据采集系统和良好的内部控制的基础之上,以确保信息的准确性和计算方法的连贯性。

(5)数据采集的成本效益。绩效指标的经济效益性就是要在信息采集及分析的成本和取得理想的绩效指标之间进行一定程度的权衡。过时的指标应该及时废弃以避免采集不用的数据,降低采集成本。尽量使用过去的绩效评价工作已经采集的数据和获取的信息。有时部门已经使用绩效指标对其提供服务的成本和效益进行了自我评估,因此可以参考这些指标。当开发一个新的指标时,要尽可能不增加被评估机构数据采集的负担。

(6)确定性。这是指对指标的变化应该有清楚和确定的解释。一是指标数值的增加代表的是服务水平的提高还是服务水平的恶化要非常明确。二是设计一项指标时应该要做到通过服务的改善和提高就可以使指标数值得到增加。例如,"内部审计发现问题的数量"这一指标就缺乏确定性,因为它可以在两个方面做出解释:发现问题数量少可以说明被审计的部门在加强内控减少错弊方面工作有效,因此内部审计发现的问题较少;同时也可能是因为审计部门在查错纠弊方面水平有限,因此只发现了很少的问题。

(7)责任归属明确。绩效指标反映出的问题应该有明确的责任人,即该项服务在责任人控制之内,该责任人可以实际影响某项服务的绩效。如果缺乏明确的责任归属,将不能激发责任人改进服务的动力,该项绩效指标就将失去意义。

(8)回应性。这是指绩效指标值应该随绩效的改变而改变。在定量指标中这种回应性有明显的表现。但是在以"是/否"结论的定性指标中,要达到"是"并不容易。这种情况下可以通过一些反映过程的图形来配合定性表达,也可以将"是或否"的指标转化成能代表"是"的数字,比如达到一定比例或增加到某个数值就可以满足"是"的定性标准。

（9）避免反向激励。即要避免指标起到反作用，避免将问题转移到不测评的领域，或者将优质资源分配给需要测评的领域。解决的办法是使用平衡指标。例如，"投诉电话等待接听的平均时间"这一指标被用于评价总机的绩效。为了迅速接通电话，操作人员可能做不到足够仔细以确保为投诉者接通了正确的分机，从而使接错电话的水平有所上升。这时就可以使用一个平衡指标——"正确接通电话的比率"，来限制这种反向激励。

（10）允许创新。绩效指标不应该阻止为提高服务质量而创新方法、系统或者程序。关注结果和满意度的指标更能鼓励创新行为。

（11）及时性。绩效指标要保证在合理的时间尺度内可用，使用过时数据和不准确的数据是有风险的。一些数据需要每周甚至每天采集，而有些反映战略目标和长期目标的数据则可以每年采集。

资料来源：https://zhuanlan.xhihu.com/p/196697970.

思考题：
1. 案例中英国审计委员会的绩效评估方法有什么优势？
2. 简述制定绩效指标的标准。

第三章 政府绩效管理体系及制度安排

本章学习目标

> 掌握政府绩效评估体系的要素
> 掌握政府绩效评估的制度安排
> 了解政府绩效评估的信息系统与体系设计

引入资料

为提高财政资源使用效益,我国将全面实施预算绩效管理

为提高财政资源配置效率和使用效益,我国力争用 3 至 5 年时间基本建成全方位、全过程、全覆盖的预算绩效管理体系,2018 年 9 月 1 日,中共中央、国务院正式公布《关于全面实施预算绩效管理的意见》(以下简称《意见》)。这一顶层设计旨在破解当前预算绩效管理存在的突出问题,以全面实施预算绩效管理为关键点和突破口,推动财政资金聚力增效,提高公共服务供给质量,增强政府公信力和执行力。《意见》提出要构建全方位预算绩效管理格局,实施政府预算绩效管理,将各级政府收支预算全面纳入绩效管理,提高保障和改善民生水平,确保财政资源高效配置,增强财政可持续性;实施部门和单位预算绩效管理,将部门和单位预算收支全面纳入绩效管理,推动提高部门和单位整体绩效水平;实施政策和项目预算绩效管理,将政策和项目全面纳入绩效管理,综合衡量政策和项目预算资金使用效果,并对实施期超过一年的重大政策和项目实行全周期跟踪问效,建立动态评价调整机制。还要完善全覆盖预算绩效管理体系,各级政府将一般公共预算、政府性基金预算、国有资本经营预算、社会保险基金预算全部纳入绩效管理。《意见》还明确硬化预算绩效管理约束,财政部要完善绩效管理的责任约束机制,地方各级政府和各部门各单位是预算绩效管理的责任主体。项目责任人对项目预算绩效负责,对重大项目的责任人实行绩效终身责任追究制,切实做到花钱必问效、无效必问责。各级财政部门要抓紧建立绩效评价结果与预算安排和政策调整挂钩机制,将本级部门整体绩效与部门预算安排挂钩,将下级政府财政运行综合绩效与转移支付分配挂钩。

资料来源:我国将全面实施预算绩效管理,http://www.gov.cn/zhengce/2018-09/25/content_5325307.htm.

思考:实施预算绩效管理的意义与启示有哪些?

第一节 政府绩效管理体系的核心要素

政府绩效管理需要进行体系化的制度设计,才能保证长期有效运行与推进。设计政府绩效管理体系与政府绩效管理制度需要重点考虑一些要素,对政府绩效管理与政府绩效评估的基本要素进行认知与分析。政府绩效管理与评估体系的基本要素包括政府绩效管理的

目标、基本要求和基本原则。

一、政府绩效管理的目标

无论是政府还是非政府公共组织，其绩效评估的目的都是要促进其组织发展，优化其服务和职能，实现其战略使命与目标。政府等公共组织由于特有的公共性和非营利性，与私营企业有着本质上的不同，因此其绩效管理目标具有自己的特征。

（一）公共部门绩效目标的内涵

公共部门的绩效目标分成量和质两个方面。其中，量的目标具体表现为数据化指标的完成情况，如效率比例、频率高低和行政活动节奏的快慢、环节多少等方面。例如，一项行政审批工作的完成时长，将决定绩效评估结果中的优秀率。

质的目标主要是指行政活动的工作质量以及政府对其服务对象的服务质量和服务结果。例如，是否能够让服务对象满意、是否实现了服务理念的渗透、是否促进了社会的整体进步等。

在绩效目标的"量"和"质"两个内涵中，量的目标可以通过数据化使其结果可视，在绩效管理与评估过程中不容易被忽略；而"质"的目标是隐性的，评估难度较高，在我国地方政府绩效管理与评估过程中常常被忽略。

量的目标与质的目标是相辅相成、共同促进的关系，不是相互割裂的关系。量与质的发展需要统一，从而从整体上提升公共部门的绩效。如何处理好政府绩效管理中"量"目标与"质"目标的统一发展，如何有效推进二者相辅相成、共同促进，是未来我国政府绩效评估与绩效管理活动的核心内涵。

（二）政府绩效管理的直接目标

政府绩效管理的直接目标是评价公共部门的行为活动和运营状况，审查公共组织对资源的利用及所取得的成绩，以确保公共资金得到合理和富有效率的使用，不断改进和提升政府等公共部门的公共服务和公共产品的质量。

当前，人民对美好生活的需求日益增多，期待获得更高质量的公共服务和公共产品。政府承担着提供公共服务和公共产品的责任，为此需要进行政府改革，将提高公共服务和公共产品质量纳入政府工作目标要求。首先，政府绩效管理作为政府推动行政管理体制改革的一种现代化管理方式，能够发挥创新政府管理方式、改善组织绩效的作用，间接为政府提高公共服务和公共产品质量提供助益。其次，公共服务和公共产品质量的提升，需要政府合理配置公共资源。政府绩效管理能够监督、评估政府资源配置情况，进而促使政府在加大投入的同时，更公平合理地分配资源，扩大公共服务和公共产品覆盖面，保证公共服务的持续有效供给。最后，政府绩效管理旨在构建多元治理结构，积极引入其他主体，拓宽多元主体参与公共治理的途径，从而提高公共服务和公共产品供给的民主化、科学化水平。

（三）政府绩效管理的最终目标

政府绩效管理的最终目标是维护公共部门存在的合法性。新公共管理背景下发展起来的政府绩效管理，其本质是工具性的，具有明显的管理主义特征，也正是这一工具性特征使其在实践中产生了一系列问题。比较明显的是，不断提升的政府绩效水平并没有带来公民对政府满意度的提高和公民对政府信任水平的增加。针对此类问题，国内学界逐渐开始重视公共行政的"公共价值"取向。政府绩效管理必须符合基本的公共价值要求，并受到公共价值的约束。政府绩效管理不仅要分析政府的政策、行为和产出，更要分析政府的决策、行为和结果是否是社会和公民需要的。以公共价值为基础的政府绩效管理包含两个基本命题：一是政府绩效是一种社会建构，其核心思想是，只有来源于社会的政府绩效才能获得合法性基础，也只有根植于社会的政府绩效才能产生其可持续提升的需要，这是政府绩效管理的根本动力。二是以公共价值为基础的政府绩效管理，产出即绩效。① 只有体现公共价值的政府绩效管理才能获得合法性和支持。

公共部门之所以能够合理合法地存在，是因为公众相信并认为公共部门能够合理使用公共资金，合理分配公共资源，高效提供公共服务。为维持和维护这种合法性，公共部门必须用实际行动来证明公共资源得到合理分配，公共资金得到有效利用，公共服务得到有效提供。将公共组织对公共资金、公共资源及公共服务进行利用的结果有效地展示于公众并持续获得其信任尤为重要。只有公共组织的工作成果得到了公众的信任，从发展的眼光来看，公共部门才能维护其存在的合法性并长久地持续下去。所以，公共部门的工作成果需要合理有效的绩效评估。因此，我们需要使用科学系统的方法来对政府进行绩效方面的评估。

绩效评估的根本目标是为了使公众满意进而维护公共部门存在的合法性。目前，我国一些政府绩效评估的价值导向依旧没有以公众满意为主，一些公共部门存在办事效率低、公共资源未得到合理分配、公共资金未得到合理利用等现象。公共部门往往为了完成任务而忽略了自身的基本职能，未形成以公众满意为主的价值导向。因此，在未来的政府绩效管理中渗透绩效评估根本目标这一内涵是必不可少的。

（四）政府绩效目标的分类

根据政府绩效管理侧重点的不同，政府绩效目标具体可以分为以下三类。

1. 以提高组织绩效为目的

提高组织绩效是政府绩效管理活动的重要目标之一，很多地方政府也将提升政府绩效作为绩效管理活动的首要任务。政府利用绩效管理与绩效评估活动提升并改进绩效成果，以期达到提高组织绩效的目的。由此可见，提高组织绩效是政府绩效管理的基本目标。

2. 以资源配置为目的

将公共资源进行合理的配置，并对其进行合理的分配应用，是政府工作的核心内容。上文提到，绩效评估的根本目标是为了使公众能够信任政府有能力合理分配资源，从而获得其长久存在的合法性。因此，无论是从政府自身需要优化配置的角度看，还是从让公众信任其能够做好资源合理配置工作的角度看，政府都应该进行绩效管理与绩效评估。通过绩效管理与绩效评估，政府可以优化资源配置，进而实现内部有效运行、外部获得信任的目标。

3. 以节约成本为目标

政府虽然是不以营利为目的的公共部门，但是在运行中也应该考虑经济因素。绩效管

---

① 王学军. 公共价值认同何以影响绩效：理论框架与研究议程[J]. 行政论坛，2019，26（2）：95-102.

理与绩效评估的另一个目标就是节约政府成本,使政府资金的合理及充分使用得到有效保障。通过政府绩效管理与绩效评估活动,可以获知政府在运行过程中运行成本带来的运行效益。通过对绩效评估结果的有效运用,可以使政府行政活动的运行成本匹配合理的运行效益,使投入产出比例得到有效的改善,进而达到节约成本的目标。

二、政府绩效管理的基本要求和原则

(一)政府绩效管理的基本要求

政府作为最核心、最重要的公共部门,其评估体系必须完整,而一个完整的评估体系须反映以下四方面内容。

1. 投入要求

在政府绩效管理与绩效评估活动中,要清晰地了解政府在行政活动中投入了哪些成本,包括人力成本、资金成本等。这是为了能够在评估和管理过程中,准确了解投入与产出的关系,是否出现了投入过多而产出较少的情况。政府绩效管理与评估中的投入要求是一个多元化的概念,投入要求不仅包含财政方面的经济因素,还包含服务上的输出要求。在政府绩效管理的过程中必须兼顾投入成本的控制及输出成果的要求,不能一味地压低投入成本而忽略服务输出,或是一味地追求高效的服务输出而忽视投入的成本;要尽可能地使投入的成本实现最大化产出;优化成本投入及成果输出之间的对应关系,以期避免投入过多或入不敷出的现象,实现政府资源的合理利用。因此,反映投入要求不仅仅是为了节约政府成本,也是为了更好地推进服务型政府建设。

2. 过程要求

过程要求是为了保障政府的服务质量。绩效目标包含"质"的目标与"量"的目标,量的目标由于数据化强,可量化,因此不容易被忽略;而"质"的目标因具有特殊的隐蔽性、难以数据化而常常被忽略。因此,在政府绩效管理活动中,必须考虑过程要求。过程要求可以很好地弥补"质"的目标由于不能量化而被忽略的问题,可以使政府对自己的行政活动有一个更加全面明确的认识,以避免在政府实行自身的行政活动中忽略"质"的目标而浑然不知,从而更好地打造让人民满意的政府。

3. 产出要求

产出要求与投入要求相对应,其主要目的是为了了解政府部门在日常行政运作过程中的投入究竟取得了怎样的成效,并考查政府的投入与产出是否分配合理。对政府行政工作的产出要求可以通过分析产出与投入的关系进而对政府在资源的分配上是否合理进行初步的考察。同样,反映产出要求不仅仅是从经济的角度来考察行政活动的成本—收益情况,也反映了对产出内容的一种要求。

4. 结果要求

在政府绩效管理与绩效评估活动中,对于结果的要求是一个综合性的要求。由于政府部门所有的行政活动进程和举措最终都会反映在结果上,因此对结果的要求同样是对上述三个条件的要求。这里需要注意的是,对于结果的要求,不能只一味地追求结果,陷入"结果导向"的误区,这样会带来其他要求被忽略的情况。必须时刻保持投入要求、过程要求、产出要求与结果要求之间的平衡关系。

（二）政府绩效评估的基本原则：4E 原则

在学术研究和实践中，公共组织绩效标准包含了一系列的服务性过程。4E 原则就是一个普遍的绩效标准。通过对公共组织绩效的经济效果、效率、效益的评估能够衡量公共组织的绩效。在更低的费用、更少的环节等公共服务的规则被贯彻后，在公共服务的供给和需求中，由于公平和利益是相关联的，不能被分割而独立存在，因此公平性的要求便表现出来。尽管在社会的公平性问题上情况是微妙的，但是，公平性也逐渐成为公共服务有效性的一种标准，越来越多的人呼吁公共服务过程需要体现公平，公平性在公共服务过程中能否得到体现也越来越受到关注。公平性已经和传统的效益、效率标准一样被认同，在政府绩效评估中取得越来越重要的地位。经济、效率、效益、公平也是逐层递进的。经济关注投入成本问题，效率强调投入与产出的关系是否合理、恰当，效益注重产出的贡献是否令人满意，公平是对产出的范围和程度的重视。在这样层层递进的分析下，政府绩效的问题能够得到透彻全面的研究。

1. 经济原则（economic）

在公共部门绩效管理中，经济原则是指成本或投入水平，要求以尽可能低的投入或成本，提供与维持既定数量和质量的公共产品或服务。经济原则可以使公共部门在绩效管理的过程中提高对成本投入的控制，尽力做到"少投入，多产出"，避免产生不必要的浪费，从而导致经济性低下。在这样的经济标准中，投入越少，经济性就越高。绩效管理中的经济原则是用尽可能少的成本获得尽量多数量和高质量的公共产品和公共服务。

2. 效率原则（efficiency）

从效率角度看绩效，投入与产出的比率越大，效率越高，绩效越好。效率原则涉及投入与产出两个方面，即投入时成本的运用效率以及产出时的生产效率。效率指标通常包括服务的提供、活动的执行、服务与产品的数目、服务的单位成本等。效率可以简单地被理解为产出与投入之间的比例关系，投入与产出的比率越高则效率越高。效率关心的是手段问题，而这种手段经常以货币形式体现。

3. 效益原则（effectiveness）

效益原则通常是指公共服务实现标的的程度，以及公共服务符合政策目标的程度，通常以产出与结果之间的关系加以衡量。产出越多且结果越好，则效益越好；反之效益越差。政府绩效评估过程之所以要遵循效益原则，是为了避免政府部门只追求效率而忽略效益，应该注意只有高效率却没有好效益的政府工作是本末倒置的，最终也无法取得民众的信任和支持，应当在注重效率的同时也加强效益，效率效益二者并驾齐驱。

4. 公平原则（equality）

在绩效管理中，公平原则是指接受公共服务的公平公正性。公众是否接受或者认同公共服务的公平性，是公平原则是否被遵守的重要衡量依据，同时公平公正性也在一定程度上对政府绩效管理的合法性起到了一定的巩固作用。要使公众接受公共服务的提供是公平的，需要遵循一些理论化准则。

（1）帕累托准则——保障最低福利标准

帕累托准则由帕累托原则和帕累托最优两个概念构成。帕累托原则建立在社会偏好排序的基础上，即假设存在 A、B 两种社会状态，若社会中至少有一人认为状态 A 好于状态 B，而其他人至少认为状态 A 不比状态 B 差，则称在社会偏好排序中，状态 A 好于状态 B。因此，所谓帕累托原则，就是资源配置从一种状态变到另外一种状态，至少应该使一个人的福利变好而又不使其他任何人的福利变坏。由帕累托原则出发，可以定义资源配置的帕累托最优，即若资源配置达到了这样一种状态，在这种状态下不论进行怎样的调整，若不使一部分人的福利水平降低，就不可能使另一部分人的福利水平提高。帕累托最优表明了资源配置的一种均衡状态。从理论上说，经过不断的帕累托改进，资源配置最终会实现帕累托最优。

帕累托准则可以作为评判政府绩效管理是否保障了公众最低福利的原则，当社会资源重新配置后，并没有使社会上任何一个成员或组织的福利受损，这时可以说，政府的这一资源配置行为保障了社会的最低福利水平。

（2）卡尔多-希克斯准则——保证净福利最大化标准

资源配置的帕累托最优以满足"古典环境"为条件，显然这一条件过于苛刻。因此，在政府绩效管理的现实改革中，真正能够实现帕累托改进的情形非常少见。为了能够对类似于这样的改革做出是否可取的评判，人们提出了卡尔多-希克斯补偿准则。

其一，卡尔多补偿准则。卡尔多认为，在无法实现帕累托改进的情况下，应该以虚拟补偿原则代替帕累托准则，作为检验公共政策或政府管理是否促进了社会福利水平提高的标准。所谓虚拟补偿原则，是指政府管理的一项变动或一种新公共政策的实施，使一部分人的福利获得提高，同时也使另一部分人的福利受到损失，但只要福利获得提高程度大于福利受到损失的程度，那么社会净福利水平仍然得到了提高，因而政府管理的这一项变动或公共政策的实施就是可取的，因为它促进了社会福利的增进，否则就是不可取的。卡尔多补偿准则的特征与帕累托准则的特征十分接近，只是使政府管理的福利效应评判标准更为宽泛了。

其二，希克斯补偿准则。希克斯认为，卡尔多补偿准则存在两个缺陷：一是这种补偿仅仅是一种虚拟的补偿而没有进行实际的补偿；二是这种补偿仅考虑了一次变动的静态结果，而没有考虑变动的动态结果。希克斯认为，评判政府管理改革或公共政策变动的福利效应，不应该仅从一次变动的静态结果上来考察，而应该从长远的角度来考察。只要政府管理改革或公共政策的变动能够有效地提高全社会的资源配置效率、生产效率和资源利用效率，那么这个社会的财富量就会比变动前增加得快。经过一段时间的发展，社会中所有人的福利境况都会因为社会生产率的提高自然而然地得到提高，因此那些在改革过程中福利受损的人也就自然而然地得到了真实的补偿而不是假想中的补偿。

卡尔多和希克斯的补偿准则都强调了净福利，也就是说，他们允许社会上有成员福利变坏的趋势，这是与帕累托准则有着本质区别的。

（3）西托夫斯基准则——双向检验标准

西托夫斯基认为，判断政府管理改革或公共政策的福利效应，不能只从一个方向进行检验，应从两个方向进行检验，即顺向检验和逆向检验，而且只有双向检验的结果一致时，才能得出政府管理改革或公共政策的福利效应。如果顺向检验与逆向检验的结果相矛盾，则得不到这些政府管理改革的任何确定的福利效应。

所谓顺向检验是指检验政府管理改革或公共政策变动后，社会福利发生的变动。而逆向检验是指政府管理或公共政策反向变动后，社会福利发生的变动。西托夫斯基认为，卡尔多准则和希克斯准则的共同缺陷是只进行了顺向检验，而忽视了逆向检验。这种忽视逆向检验的结果同样会导致"伪创新"的出现。这种状况可以说明如下。假设政府管理有两种状态，分别是 A 和 B。如果政府实施政策，由状态 A 到状态 B 社会福利的变动符合卡尔多补偿准则或希克斯补偿准则，反过来，由状态 B 到状态 A 社会福利的变动同样符合卡尔多补偿准则或希克斯补偿准则，那么由状态 A 到状态 B 的这种改革就是一种"伪创新"。如果由状态 B 到状态 A 后，社会福利变动不符合卡尔多补偿准则或希克斯补偿准则，那么由状态 A 到状态 B 的改革才是社会福利水平增进的改革。

（4）罗尔斯的正义准则——保障社会中弱势群体的福利

罗尔斯的正义论认为：所有的社会基本价值如自由、机会、财富的基础都要平等分配，除非其中一种价值或所有价值的不平等分配符合社会中所有人的利益。我们将这种社会基本价值分配制度称为"正义"。罗尔斯认为的抛开一切可能产生偏差的分配制度，以"公平的正义"为条件，即意味着社会合作的条件是在公平的条件下进行的，所遵从的是一种公平的契约，产生的结果自然也是公平的。

罗尔斯的正义准则实际上是对以洛克、康德、霍布斯为代表的社会契约论的反思和发展。罗尔斯致力于追求一种正义准则，这种正义准则普遍适用于社会整体，为此他提出"无知之幕"的概念：社会中的人们处在一张假设的宏大的幕布之后，人们在其中对于自己的身份、能力水平、背景、社会地位和自己扮演的社会角色浑然不知。在这种情况下克服干扰正义原则选择和评判的标准，保障正义观的纯粹、普适性。罗尔斯的正义准则包含两部分：自由优先准则和平等准则。依据其正义准则，罗尔斯对基本利益的分配问题做了详尽和深入的解释，即社会分配的机会收入问题、社会财富以及社会权力问题。

其一，自由优先准则。每个人都有平等的权利主张，享有完备体系下的各项平等自由权，且个人的自由权与其他人在同体系下所享有的各项自由权兼容，即这个体系中的平等政治自由权，唯必须确保此项权利的公平价值。政府改革在提高服务水平的同时，应加强对公民权利的保障，为公民平等行使权利创造有效途径。在政府绩效管理中，应注重政府对公民平等权利的维护，在评价政府工作时，拓宽民意表达渠道，将公民吸纳到评价体系中。

其二，平等准则。罗尔斯承认存在经济上和社会上的不平等，为此要求各项职位及地位，必须在公平的机会平等的条件下对所有人开放，使社会中处境最不利的成员获得最大的利益。这一点区别于帕累托标准，它聚焦于社会中最不利成员的利益分配。从这一角度出发，为政府绩效评估提出了新的标准与要求，即关注社会弱势群体平等获取资源的机会、福利的提升等。政府绩效管理体系与政府绩效管理制度设计的前提是需要界定、明晰一些核心要素，同时对政府绩效管理与政府绩效评估的基本要素有基础性的认知，做到体系设计和制度安排科学、有效。政府等公共部门的绩效管理目标具有区别于企业的特征：就"目标"这个概念而言，有"量"与"质"的区分，政府绩效管理目标设置应注重"量"与"质"的相互协调；政府绩效管理以提高公共服务和公共产品质量为直接目标。根据政府绩效管理侧重点的不同，可以将政府绩效管理目标划分为三类：以提高组织绩效为目的的绩效管理、以资源配置为目的的绩效管理、以节约成本为目标的绩效管理。

在目标的引导作用下,进一步明确政府绩效管理的基本要求和原则,以期对政府绩效管理的实践起到规范作用。政府本质是一个组织,其绩效管理需要体现对投入产出、效率、效益等经济概念的追求。但是作为最核心、最重要的公共部门,政府承担着提供公共服务的责任,需要体现其公共性,注重公平原则。为此,政府的绩效评估体系必须符合四个方面的要求,即投入要求、产出要求、过程要求、结果要求;坚持4E的基本原则,即经济原则、效率原则、效益原则、公平原则。在政府绩效目标的指引下,政府绩效管理遵循基本的要求和原则,以追求公共价值的实现,最终达到维护公共部门存在的合法性的目标。

第二节 政府绩效管理的制度安排

政府绩效管理与评估的基本要素,是对政府绩效管理进行制度设计与制度安排的理论依据。本节主要介绍政府绩效管理中各个部门的地位及其所扮演的角色,以及政府绩效评估的制度化建设。

一、政府绩效管理中各部门的地位和角色安排

在公共部门绩效评估过程中,尤其是在对政府的绩效管理与绩效评估过程中,存在着多个不同的部门,这些部门在评估过程中的作用各不相同且不可或缺。政府绩效管理在发展过程中,不断地有新的部门产生,随着政府绩效评估制度的建设,各个部门的地位与角色安排也不断地发生着变化。总的来说,在政府绩效评估的制度安排上,存在着三大类部门:财政和预算部门、中央与地方绩效管理部门、专家咨询机构。

(一)财政和预算部门

在政府绩效评估的制度安排与建设中,有些国家的财政部门设有绩效评估管理机构和预算机构。财政预算在我国政府绩效评估初期就是作为绩效评估的重要指标来进行绩效管理的。随着绩效评估指标体系的不断完善,后来逐渐形成了多元化的指标体系。而对于最初就一直被重视的财政指标也就是经济指标,各个国家都存在着与其相关的政府绩效管理或者预算部门。

以我国为例,我国财政部下设办公厅、政策研究室、综合司、条法司、税政司、关税司等部属机关。其中与财政预算和政府绩效有关的部门是财政部办公厅与财政部条法司。财政部办公厅负责"起草和修改预决算报告、财政会报告等重要文稿;开展调查研究,组织起草或编写部领导交办的其他重要文稿材料;拟订财政部年度工作要点。"[1] "负责财政部部门预算的编制、执行和决算工作,管理和审批机关本级各项经费的使用;负责机关本级的财务管理、会计核算、政府采购工作;负责本部门的基建项目立项、基建投资预算管理、国有资产监管工作;指导、管理部属单位的财务、会计、政府采购和审计等工作。"[2]。财政部条法司负责"组织重要的财政法律、法规草案的起草调研工作;组织、协调预算、预算外、政府采购、彩票、国债、财务、会计、注册会计师、财政监督、国有资产管理以

---

[1] 资源来源:中国政府门户网站,财务部办公厅基本职责第二条。
[2] 资源来源:中国政府门户网站,财务部办公厅基本职责第十二条。

及其他财政管理方面的法律、法规草案起草工作,并负责审核上报;负责对税收法律、法规草案的审核上报;审核或协调、上报部内各司拟订的各项财政规章"[①]。

(二)中央与地方绩效管理部门

政府绩效管理与绩效评估正逐渐成为政府工作不可或缺的内容。因此,随着政府对于绩效评估的重视,一些国家在中央设立了有关政府绩效管理的部门,以期对政府进行绩效管理和绩效评估。同样地,一些国家的地方政府也设置了与政府绩效管理有关的部门,以此来明确政府绩效评估与绩效管理在政府工作中的重要地位。

例如,芬兰的公务员绩效管理制度中,就涉及中央绩效管理部门与地方绩效管理部门。芬兰中央政府设置中央审计办公室,在财政预算的基础上,按照《预算法》负责对中央政府各部门和地方政府进行绩效审计和问责。公务员的年度绩效评估由财政部的人力资源职能部门部署和安排(芬兰没有专设人事部,公务员的招聘和管理统一由财政部的人力资源职能机构负责),开展评估的具体问题由各单位的人力资源部门和公务员的直接领导者负责,如涉及工薪问题,由工会与领导者协商。

在我国,中央政府虽然没有设立有关绩效管理的部门,但是中央政府对于我国各个地方政府的政府绩效管理与政府绩效评估也有着一定的要求。这使得我国地方政府能够在此基础上自由发挥,大胆创新。不同地区采用不同发展对策的同时又受到政府绩效管理与政府绩效评估的制约,从而形成了各个地方政府各不相同的政府绩效评估局面。在我国地方政府绩效评估工作中,涉及的地方政府部门一般以"××绩效小组"等方式命名,通常有一个挂牌单位和一个牵头单位。以辽宁省为例:2008年5月,辽宁省成立了"省政府绩效评估工作领导小组",由省人事厅牵头成立,省长任组长,常务副省长任副组长,省政府有关部门任委员;2012年4月,成立了"省政府绩效管理工作领导小组",由省人力资源社会保障厅牵头成立,省长任组长,常务副省长任常务副组长,政府秘书长任副组长,41家委、办、厅任委员。2000年,效能建设在福建全省展开并持续至今,成为我国绩效管理的独特模式。表现为各级政府建立的效能建设领导小组及其办事机构(效能办),其特点是:在党委统一领导下,党政齐抓共管,纪检监察组织协调,部门各负其责,群众积极参与。2016年福建省机关效能建设中,由省效能办牵头,联合省发改委、省审改办、省政府督查室等相关部门,开展效能督察。福建省各级地方政府已经从效能监察发展到效能建设,成立机关效能建设领导小组办公室,把制约性的手段和能动性的机制结合起来,更好地提高政府绩效。

山东省青岛市在政府绩效评估方面的探索较早,在国内产生了较大影响,形成了以目标管理责任制为主的"青岛模式",并于2010年获得中国地方政府创新奖。青岛市的政府绩效评估在市委的统一领导下,由青岛市考核办负责牵头抓总,考核机构与特定对象一一对接,形成了完善的考核机构设置。其具有完善的考核分组,将考核对象分为区市、党群法检机关、市政府部门、市人大机关、市政协机关和市民主党派工商联机关。例如,对党群法检机关的考核由市委办公厅组织,对政府部门的考核由政府办公厅组织。同时形成了完善的考核指标,设置了经济建设、政治建设、文化建设、社会建设、生态建设、党的建

[①] 资料来源:中国政府门户网站,财政部条法司基本职责第二条。

设、综合评议以及专项监控八个一级指标，在每个指标下又设置了若干二级指标。"青岛模式"属于动态过程的绩效管理，2011年其对绩效考核工作做出了新的部署，对以往的绩效评估体系中的指标设置及权重做了重新规定。

（三）专家咨询机构

在政府绩效管理与政府绩效评估过程中，还存在着一些专家咨询机构，主要起思想库的作用。20世纪70年代，西方国家政府面临的信任危机日益严重，随后伴随着新公共管理运动的兴起，企业治理中的第三方评估模式被引入政府绩效管理，其实质是由政府以外的民间组织来评估政府绩效。我国借鉴西方国家政府改革的经验，将第三方评估机制引入政府绩效评估工作，对促进政府部门的作风转变以及向服务型政府的转变起到了积极作用。我国的第三方评估政府绩效是指与政府没有隶属关系和直接利益关系、专业上具有权威性的组织对政府绩效进行的评估行为。第三方评估组织一般有三类：国际组织、学术机构以及管理咨询公司等服务企业。

从西方国家实行"第三方评估"的经验看，第三方（the third party）既不具有任何行政隶属关系，也不具有任何利益关系，所以一般也会被称为"独立第三方"。[①]在西方国家，第三方多数情况下由非政府组织（non-governmental organizations，NGO），即一些专业的评估机构或研究机构充当。这些非政府组织可以保证作为第三方的独立性、专业性、权威性的要求。西方国家中数量众多且发展成熟的NGO，为第三方评估中"独立第三方"的产生奠定了基础。另外，专家咨询机构可以对政府的绩效考核和绩效评估进行具有实质性的建议，凭借其有效性也成为第三方评估的模式之一，如兰州大学中国政府绩效管理研究中心。但是，由于我国政府绩效管理制度化方面的问题，并没有单独为政府绩效管理而服务的专家团队，目前的专家咨询机构都是对政府绩效进行研究的研究团队。在一些政府绩效管理与考核实践活动中，地方政府会聘请一些专家来进行指导，以便地方政府的绩效考核与绩效评估活动能够有效地运行。

例如，2018年大连市创新评审专家绩效评估管理的模式。2018年9月25日，中共中央、国务院发布《关于全面实施预算绩效管理的意见》（以下简称《意见》）。《意见》印发后，2018年9月29日，大连市财政局就大连市政府采购评审专家管理印发《大连市政府采购评审专家管理办法》（以下简称《办法》）的通知。《办法》于2018年10月20日施行，结合大连市的具体情况，完善制度创新方法，全面实施评审专家绩效评估管理。《办法》主要对"评审专家选聘与解聘""评审专家的权利和义务""评审专家抽取与使用""评审专家评审活动""评审专家劳务报酬""评审专家评价管理""评审专家监督管理"七个方面进行了规范。《办法》规定，评审专家实行统一标准、管用分离、随机抽取的管理原则。大连市财政局负责建设大连市政府采购评审专家库并实行动态管理，与国家、辽宁省评审专家库互联互通、资源共享。全市各级政府采购项目统一使用大连市政府采购评审专家库。各级财政部门依法履行对评审专家的监督管理职责。

2004年10月，甘肃省政府委托兰州大学中国地方政府绩效评价中心，对全省14个市、州政府及省政府所属的39个职能部门的工作绩效进行评估，这项"专门非政府组织发起对

---

① 徐双敏. 政府绩效管理中的"第三方评估"模式及其完善[J]. 中国行政管理，2011（1）：28-32.

政府绩效的评估"在全国尚属首例,因此,这种第三方评估政府工作的活动被外界称为"兰州实验"或"甘肃模式"。评估主体由各地有代表性的非公有制企业、省政府评估组以及评估工作专家委员会组成;评估指标体系按市、州政府和省政府所属职能部门两类评估对象分别设置。其中,非公有制企业评估采用调查问卷与绩效计分表相结合的形式,省政府评估组和评估工作专家委员会采用绩效评分表形式,市州政府和省政府职能部门绩效用综合绩效指数来衡量。在评价实施过程中,每地选取300家左右非公有制企业,填写调查问卷,占60%的权重;省政府评估组依据统计数据和调查资料,对各地政府及其职能部门工作效率和完成管理任务的情况进行评估,占20%的权重;评估工作专家委员会成员根据上述两项评估情况和实际需要,对有关方面进行考察、访谈和分析,提出评估意见,占20%的权重。在整个评估过程中,兰州大学中国地方政府绩效评价中心遵循公开透明、系统评价与典型剖析相结合、定量测度与定性分析相结合的原则,在定量评估的基础上,对调查问卷中的主观性提问部分进行归纳总结和定性分析,得出深层次的评价信息。甘肃模式把评估权交给政策直接受益者——非公有制企业,把评估组织权交给第三方学术性中介组织,评估的指标体系公开,评估过程透明,评估结果向社会公布,开创了由第三方学术中介机构评估政府部门的新局面,是我国公共治理的真正开端,也是我国政治文明建设的重要成果和显著标志之一。

二、政府绩效评估的制度化建设

公共部门绩效评估的可持续发展离不开制度化的建设,只有公共部门绩效评估的过程实现了制度化建设,才能实现其可持续发展。目前,我国政府绩效管理亟须加强制度化建设,需要从加强立法、建设申诉制度、建立信息公开评估机制等方面入手。

(一)加强政府绩效管理的立法

政府绩效管理需要有法律保障,只有法律的强制力才能克服绩效管理的行为偏差,使绩效管理行为驰于正轨,最大限度地发挥政府绩效管理对于提升政府治理能力的作用。现阶段,我国政府绩效管理处于分散性探索实验阶段,政府绩效管理的立法工作任重道远,还没有形成专门性的政府绩效管理方面的法律。中央政府层面仍然是以"红头文件"的形式布置政府绩效管理工作,现有涉及政府绩效管理的规章制度主要有以下几种形式。

一是全国人民代表大会及其常务委员会没有对政府绩效相关概念进行明确界定和提出,而是使用行政效率、工作绩效等概念予以代替。例如,《中华人民共和国公务员法》的第十四条第四款规定,公务员应当"按照规定的权限和程序履行职责,努力提高工作质量和效率。"

二是存在于中央政府的若干规划、报告中。例如2005年的政府工作报告提出,要"牢固树立科学发展观和正确绩效观……抓紧研究建立科学的政府绩效评估体系和经济社会发展综合评价体系"等。

三是存在于国务院及其部委颁布的若干行政法规当中。例如,财政部1999年颁布的《国有资本金效绩评价规则》、2004年颁布的《中央政府投资项目预算绩效评价工作指导意见》;商务部、国家外汇管理局等部委在2004年联合颁布的《商务部、国家外汇管理局关于2004年境外投资联合年检和综合绩效评价工作有关事项的通知》等都有所涉及。

四是存在于地方各级人民代表大会制定的地方性法规中。例如，浙江省杭州市2015年颁布的《杭州市绩效管理条例》。然而，我国还没有一部高级别的、专门性政府绩效法案出台，这给政府绩效管理的规范化发展带来了一定的困扰。因为绩效管理和评估的直接对象是政府部门及其工作人员的行为，而政府部门在社会中享有强势地位和权利，因此，只有通过专门立法才能有效地规范政府部门及其工作人员的行为。

（二）建立政府绩效评估方面的申诉制度

作为保证政府绩效管理和绩效评估正常运行的重要手段的政府绩效申诉，在绩效管理中具有保障绩效管理和绩效评估公平性、提高政府绩效评估的信任度、保证评估结果的有效运用的重要作用，因此建设绩效评估方面的申诉制度至关重要。

首先，政府绩效申诉是保障评估对象基本权利的一个重要举措。作为评估对象的政府在绩效评估后有权对其评估结果提出申诉。绩效评估是评估主体对评估对象进行的一种审核和考评。这种考评最重要的目的是寻找政府管理的不足，通过对绩效评估结果进行分析得出结论，并根据此结论改进政府管理工作。当然在考评的过程中，评估对象有权表达自己的意见，有权对评估过程中对自己不利的因素提出异议，这是他们的基本权利，但是这种权利里的事实必须有一定的途径和保障，政府绩效申诉正是基于这种考虑而设置的一项管理环节。当评估对象认为评估过程对自己不利或者评估结果并不公平的时候，就可以向特定的部门提出申诉，要求裁决，对先前的绩效评估结果进行修正，维护作为评估对象的自身的基本权利，有了这一环节保障，评估对象的基本权利才能真正落到实处。

其次，政府绩效申诉有助于提高政府绩效评估的公平性与绩效管理的信任度。在政府绩效评估过程中，由于评估主要是评估主体对评估对象的一种考核，这种考核具有一定的单向性，评估主体按照一定的自身标准来评估评估对象，考核过程不能保证完全客观。在评估过程中对评估指标的设计、评估过程的进展等，评估对象的参与度可能会比较低，评估对象无法较为充分地参与整个绩效评估的过程，所以评估有时候难免会出现一些偏差。评估结果未充分将评估对象的实际情况加入考虑的范畴，影响到评估的公平性，而政府绩效评估的公平性又是信任度的基础，也是绩效管理能否取得良好效果的基础，因而很有可能对政府绩效评估的公平性与绩效管理的信任度产生一定的影响。但是如果有了政府绩效申诉，评估对象对于评估过程中不符合评估对象自身认为的情况的问题通过一定的途径来表达自己的意见，既是扩大参与的一种重要手段，同时又能对绩效评估中出现的偏差及时地加以纠正，使整个政府绩效评估过程更具完整性、准确性，绩效评估结果更能站得住脚，这对提高绩效评估的公平性，进而提高政府绩效管理的信任度具有重要作用。

（三）建立公共部门信息公开的评估机制

信息公开就是充分发挥信息曝光及共享的作用，在加强内部管理的同时，信息公开能够有效引入外部力量，通过引入外部力量的监督效力，内外合力促落实。建立信息公开式的绩效评估模式，是我国政府绩效制度化的重要保障。首先，信息公开可以调动各职能部门和单位的积极性和主动性。其次，信息公开能减少暗箱操作，铲除违规温床，通过信息公开以减少由暗箱操作带来的腐败、资金浪费、低效率等问题，达到公共部门工作公开透明的效果。再次，信息公开还可以提升监管机构的监控能力。通过信息公开建立实时动态监控平台,实现实时动态监控,变事后的被动监管为事前、事中和事后的全过程主动监管,能克服时滞障碍,及时发现问题,采取相应的措施。最后,信息公开可以调动社会力量。通过建立信息互动平台,引导社会力量参与到政府绩效管理中,使社会力量在政府绩效管理中发挥其蕴含的力量,并提高政府绩效评估和绩效管理在社会群体心目中的公平性,维护其合法性,充分发挥外部力量的作用。

总之,政府绩效管理主体有三类部门:财政和预算部门、中央与地方绩效管理部门、专家咨询机构。最初的绩效评估指标以经济指标为主,各国都存在着与经济指标相关的政府绩效管理或者预算部门,为此财政和预算部门在政府绩效评估中是不可或缺的。政府绩效管理在世界范围内流行,一些国家在中央层面设立了政府绩效管理部门,进一步显示出政府绩效评估与绩效管理在政府工作中的重要地位。因缺乏相关制度安排,一些国家的地方政府也设置了与政府绩效管理有关的部门,并进行了积极有益的探索,积累了丰富经验。政府绩效评估本身所拥有的特性和绩效目标的多元性、顾客导向和利益相关者理念的引入,要求公共部门绩效评估主体多元化。各国在进行政府绩效评估时都会借助独立的第三部门、专家咨询机构等第三方评估机构,凭借其专业性、客观性为政府绩效管理做出重要补充。

第三节 政府绩效管理的信息系统与体系设计

政府绩效管理和评估在一定程度上可以被看作是一个信息系统,它表现为信息的收集、传递与利用的过程。本节将重点介绍政府绩效评估与管理的信息系统,以及政府绩效管理评估的体系设计情况。

一、政府绩效评估的信息系统

政府绩效管理与绩效评估活动离不开各种信息的收集、汇总与分析,这些信息在不同的环节发挥着不同的作用,不同环节的信息共同构成了政府绩效评估的信息系统。从信息利用和政府绩效评估环节的角度来看,政府绩效评估的信息系统可以由信息收集、信息审核、信息利用、信息反馈及信息共享这几部分构成。

(一)信息收集

信息收集是政府进行绩效评估的基本阶段,是对政府工作进行绩效评估的原始依据来源。通过对绩效信息的收集,可以了解有关政府绩效的基本情况,在掌握基本情况的基础上用科学的研究方法去分析其内部问题,就是绩效评估过程的基础。一个完整科学的政府绩效评估体系,必须要有多元化的信息发声群体,在政府绩效信息收集阶段,一般要收集以下几种信息。

(1)上级评价信息。指在政府绩效管理与绩效评估活动中,上级主管部门对被评估的政府部门一段时间内的任务完成情况,包括任务是否完成、完成的效率如何、带来的效益如何,进行一个整体性的评价。这些信息会作为政府部门绩效完成情况的重要评判标准,上级主管部门根据这些信息对政府工作进行初步的绩效评估。

(2)客观结果信息。指那些可以量化呈现的数据型信息,这是政府绩效的最终体现。客观结果信息来源于政府部门日常行政活动的积累,是无须任何组织或个人评价的,客观的、真实的、有效的信息。例如，在一段时间内，政府部门处理公众诉求的案件个数、财政资金使用情况、资源配置情况等。

（3）公众评价信息。作为政府绩效评估中重要的不可或缺的评估主体，同时也作为推动并监督政府绩效工作的潜在力量的公众，对于政府一段时间内的行政活动进行的最直观的评价即为公众评价信息。

（4）专家评价信息。指向有关政府绩效管理方面的专家咨询后，专家以专业知识为支撑所给出的具有科学性质的评价。

（二）信息审核

信息审核是对收集上来的信息进行处理验证的一个过渡步骤。收集上来的信息由于来源广，信息发出主体复杂多元，信息传递与记录过程复杂等因素，往往会存在虚假信息或者夸张信息。信息的真实性、准确性如果不经过信息审查便加以利用则很难使人信服，信息收集结果本身也存在极大的问题，并且信息收集也失去了其应具有的意义。因此，需要进行严格的信息审核，摒弃虚假不实的无效信息，以确保根据信息分析出来的结果的真实性与可靠性。信息审查阶段对于整个信息收集、信息利用都具有极其重要的作用，若信息无法得到审查，则基本阶段的信息收集便失去了意义，而后一阶段的信息利用则更是无稽之谈。在信息审核阶段，需要注意：信息是否存在利益导向、信息是否客观公正以及信息是否符合实际。

（三）信息利用

经历过信息收集与信息审核，虽然保证了信息基本的客观性与真实性，但是信息依旧是零散的、无规律的，因此，需要利用技术手段，将无规律的信息转变成为能够解释政府绩效评估结果的有规律信息，这是信息利用阶段的主要任务。信息利用是指对审查过的由基础阶段收集得到的杂乱的信息进行科学利用，以便于得出政府绩效评估结果。信息利用是得出政府绩效评估结果的关键一步，只有利用正确的信息分析手段与方法才能得出客观公正的政府绩效评估结果。

（四）信息反馈

信息反馈作为政府绩效管理体系中不可或缺的环节之一，对于整个政府绩效管理过程起着不可小觑的作用。信息反馈是指对利用有效信息而得出的政府绩效评估结果进行分析，得出分析结果后，采用报告、面谈等方法对政府绩效评估结果的优势与不足进行反馈，使评估对象可以从自身以外的角度客观地了解自身绩效的优势与不足，以便进一步改进、提升绩效。然而在管理实践实务中我们发现，信息反馈环节并未得到应有的重视，许多公共组织省略或跳过信息反馈环节，只是简单地获取绩效评估结果，并未意识到自身绩效的优劣，更谈不上绩效的提升。只有通过信息反馈切实了解了自身的优势与不足，才能结合实情，继而明确改进、提升绩效的具体路径。另外，信息反馈也给予了绩效评估对象行使"说话"权利的机会，评估对象可以就自身真实情况与评估结果不符的地方以及对绩效评价结果存疑的地方直接与评估主体面对面地进行沟通，以减少双方因信息不对称所产生的误会，从而提高绩效评估标准的可靠性。

（五）信息共享

信息共享是对真实有效的绩效评估结果进行共享的过程。经过信息处理后得出的绩效评估结果具有较高的真实性和可靠性。按照评估对象所处的真实情况与对绩效评估结果进行分析可以得出较为可靠有效的启示，除了对评估对象自身具有反馈优势与不足的作用，对于其他地方政府而言，也可以对绩效评估结果进行学习并妥善利用，从中得到启示与借鉴，对自身提升绩效、打破瓶颈具有极大的帮助和意义。

二、政府绩效评估的体系设计

一个完整有效的绩效管理系统主要由这样几个环节构成，即绩效计划制订环节、绩效评估环节和绩效反馈与改进环节，它们彼此联系紧密、缺一不可，是一个完整的循环，其中任何一环出了问题都会影响整个绩效管理体系。

（一）政府绩效计划的制订

绩效计划位居绩效管理体系的第一环，是绩效管理过程的起点。就内容来讲，绩效计划是指在新的周期开始时，各级管理者和员工就其在该绩效周期内要做什么、需做到什么程度、为什么做、何时做完、员工的决策权限等问题进行讨论，促进相互理解并达成协议。简言之，绩效计划就是设定工作任务的计划书。要做好一项工作必须提前做好计划书，并按照计划书尽可能地去完成工作。管理工作亦是，政府绩效管理更是如此。试想，就一个部门的管理而言，如果计划书没有制订好，监控、评估等工作又当从何谈起？因此绩效计划的制订至关重要。

绩效计划的制订是一项需要科学方法指导的工作，只有在科学方法指导下制订出来的绩效计划才能在很大程度上促进政府绩效管理工作的顺利有效进行。然而不得不承认，在现实的绩效计划制订过程中，存在着"拍脑门"制订计划的现象。因为在实际的绩效管理实施过程中，大多数管理者都会把重心放在绩效评估环节，对于绩效计划制订环节却往往重视不够。过度将重心置于绩效评估环节而忽视绩效制定环节会导致绩效计划失去实质性的作用，无法为实际的政府绩效管理活动提供指导和实质性的建议，只能停留在"计划"表面，也失去了绩效计划制订的意义。这一点在我国行政事业的绩效管理中也有着较为明显的表现，诸如绩效计划编制粗略、绩效标准不明确，或忽略了绩效目标的分解等问题，因此会导致工作难以达到预期的成效或管理过程中问题频发。如此看来，绩效计划是绩效管理中最重要，同时也是最容易被忽视的一个环节。因此，在关注绩效评估的同时也不应忽视绩效计划制订环节，二者都极具重要性，不可厚此薄彼，只有这样才能发挥绩效评估计划的意义，促进绩效评估工作高效进行。

（二）政府绩效评估过程设计

政府绩效评估的过程设计环节是政府根据之前做出的绩效计划，利用科学的绩效评估方法，依据设计好的绩效评估指标体系，来对政府部门进行绩效评估与考核的重要过程。目前，我国政府绩效评估在过程设计方面由于缺少统一的制度化安排，因此过程设计不尽相同，加上各个地方本身存在的差异性，各个地方政府有着不同的特色与创新。其中不乏一些提供先进理念的评估过程设计模式，如甘肃第三方评估模式、哈尔滨绩效立法模式、珠海万人评议政府模式等。但是，这些模式也存在着诸多缺陷与问题，最大的问题就是可持续性不强。很多模式只是昙花一现，或虽沿袭多年，却也只是形式主义的空架子。

因此，科学的评估方法、完善的指标体系、健全的制度安排是保证政府绩效评估设计过程良好运行的先决条件，也是政府绩效管理研究者未来研究的重要方向。

（三）绩效反馈与改进机制

首先，我们必须要明确，绩效反馈和其他环节一样，也是绩效管理中不可或缺的一环。没有绩效反馈，绩效管理也就无法构成一个完整的循环。绩效反馈环节可以让政府部门在之后的管理工作中对之前绩效管理结果所体现出的不足进行修改优化。这不仅是因为下一个绩效计划的制订需要依赖绩效反馈的信息才能够更加趋于科学合理，还因为以下两点：一方面有效的绩效反馈能够有力地促进对绩效实施过程的监督；另一方面绩效反馈还是绩效考核体系的重要组成部分，准确、及时的绩效反馈不仅能增强绩效考核的透明度，使整个绩效考核过程趋于透明化、可视化，提高绩效考核的合法性，同时还能增加职工的信任感、公平感和认同感，更有利于绩效考核结果的运用和取得实效。

其次，就概念内涵而言，绩效反馈就是指绩效周期结束时，在管理者和职工之间进行绩效评价面谈，使职工充分了解和接受绩效评价的结果，并由管理者指导职工在下一周期如何改进绩效的过程。不难看出，绩效反馈存在的主要作用和意义在于对职工工作的改进和提升，以期提高绩效管理结果的有效性。其实这也正从一个层面折射出了绩效管理的目的并非只是为了得出一个评价等级，提高职工绩效、实现组织目标才是其根本宗旨。由此可见，绩效计划能否得以顺利完成、绩效管理能否实现其最初的目标等，很大程度上要取决于绩效反馈的有效开展。

三、大数据在政府绩效管理中的运用

（一）大数据应用于政府绩效管理的必要性

现代政府绩效管理的客观公正需要多元主体参与、行之有效的评估指标以及科学的评估方法来实现，三者间的关系并非割裂而是基于共同目标实现的相互作用。但指标设定和方法的选择与应用都具有相对客观性，其作用发挥归根结底在于人这一关键要素，这就涉及对评估主体和评估客体的现状分析。首先，针对政府这一同时具有评估主体和被评估主体的双重特殊身份而言，有学者从利益本身出发，认为同样可以将其视作趋利避害的理性经济人，规避被问责、追责风险的特性，上下级为共同利益而同谋、相互包庇的现象也客观存在。这些都严重背离了政府绩效评估公正、有效的价值初衷，在具体应用中可以表现为只选择对自己有利的指标和数据信息等。其次，在以公民为代表的评估主体方面也同样存在主观和客观的阻碍因素。主观方面，一是评估主体的个人观念淡薄，对权威的习惯性顺从导致公民参与政府绩效评估的主体意识不强。二是个人能力不足的短板，从公众自身角度出发，考虑公众认知水平、个人精力的差异性以及可能存在的"数字鸿沟"都会对其参与能力和程度造成一定影响。客观方面，从制度保障和信息的对称性角度出发，一是我国政府对绩效评估主体的重视程度还有待提高,对评估主体权益保障的相应政策和法律仍有待进一步完善。二是基于评估主体与政府之间地位非平等的原因,信息不对称使得用于绩效评估的相关信息数据的客观、公正性无从保证。

从评估主体角度出发对当前阻碍我国政府绩效管理的主要影响因素进行梳理,发现主体、指标与方法三者的综合应用实则存在个性和共性问题。个性方面主要表现在以公民为首的第三方评估主体存在的个体差异;而共性方面一是表现在政府作为评估主体时的价值中立难以保证,二是政府绩效评估数据信息的不透明、不对称,三是相关制度和法律的保障匮乏。事实上,不论是共性方面还是个性方面,评估主体、评估指标、评估方法都存在一定缺陷,而这些缺陷多来自于人的主观因素。因此,现代政府绩效管理亟需创新思维理念,将相对客观的新兴科技有效融入到政府绩效管理中。于是,大数据依托互联网以其大量(volume)、高速(velocity)、多样(variety)、精确(veracity)、价值(value)同步的5V优势进入政府绩效管理领域。

(二)大数据应用于政府绩效管理的优势分析

1. 助力评估主体作用更好发挥

针对政府自身这一评估主体存在徇私舞弊现象,大数据可以充当独立于所处组织系统以外的相对客观理性的主体。这一点是单纯从大数据作为技术本体的自然属性出发的。价值中立的原则一方面体现为技术是依照已设定好的程序对所有相关信息数据自然、全盘地接收;另一方面体现在人们将自身理性思考和分析的部分能力转移给了技术,依靠它科学的计算和分析能力代替从前只凭直觉和经验的主观判断。针对政府与政府以外评估主体信息不对称的问题,大数据依靠互联网这一载体,通过开放、实时与共享的网络平台,为各类评估主体提供了海量的信息资源。评估主体可以更好地发挥主观能动性,在相对透明的网络空间获取政府绩效评估的相关数据和信息。

2. 推动评估指标体系构建更为科学

为努力构建服务型政府,政府绩效管理指标常体现在政府服务的质量和效率方面,公众和社会满意度便是关键的评估指标。但从考核公务员具体的服务实践角度出发,保证测量维度的多元和相对客观准确,就需要从日常数据中展开深度挖掘,从而将评估所依据的标准层层提炼,制定出对应的指标等级,并找出数据之间潜在的相关关系或因果关系。例如,从公务员的每日出勤到岗率、平时的请销假次数、线上办事的效率和服务的态度,到收到公众、社会投诉的次数和直接评价,等等。利用大数据强大的数据分析和综合测算能力,筛选出与公务员日常作为形成较大反差的恶意投诉和评价,以避免"唯指标论"导致有失公允的绩效评估。

3. 推动评估方法灵活组合、共同作用

大数据作为方法并非单独存在,而是与现有政府绩效管理的评估方法互为补充,共同发挥作用。例如,360度评价法采用与被评价者关系较好的多方主体匿名评估,其相对优势体现在自我评价有助于重新审视自我和提升自我管理能力上;来自上级的评价有利于进一步明确目标任务;朝夕相处的同事,他们的评价可以更为全面地反应被评估者的综合表现;来自下级的评价可以获得更直观的反馈信息;来自服务对象和专业人士的评价更显中立客观。虽然多元主体的共同参与在一定程度上保证了绩效评估的相对公正和客观，但同时也可能存在因主体过多而导致评估材料烦琐、评估程序复杂、数据信息采集成本过高以及人工统计失误等问题。对此，可以充分利用互联网已有线上统计平台，如腾讯投票、问卷星等，依托大数据后台进行快速分析，既节约了成本、提高了效率又充分发挥了360度评价法考核的相对优势，形成了优势互补。

（三）大数据应用于政府绩效管理的短板分析

大数据可以为现代政府绩效管理带来创新，但是我们也应清醒地认识到其作用发挥的有限性和潜在的风险性。下面针对大数据的短板展开分析，以期进一步明确大数据在现代政府绩效管理中的应用边界。

1. 隐私安全威胁

信息化时代带来便捷的同时也为个人隐私、组织信息泄露埋下了安全隐患。如2016年8月，国内高考生徐玉玉遭受电信诈骗，发现被骗学费9900元后突然心脏骤停，不幸离世。彻查后发现诈骗源头是黑客利用网络系统的安全漏洞侵入了山东省2016年高考网上报名信息系统，盗取了60多万条山东省高考考生数据，而后在网上非法出售。2019年3月，美国联邦应急管理局（FEMA）泄露了230万条涉及公民的敏感信息，官方宣称一方面因遭受到黑客攻击，另一方面是由于政府机构内部以及技术外包的服务公司人员的故意操纵或无意泄露。由此看出，信息、数据泄露这些潜在的风险隐患已经日益成为国内外政府所要面对的共同难题。

2. 高能耗、高成本

国际数据公司（IDC）的报告预测，到2025年中国的数据总量将位居世界第一，而数据的运转需要电能的消耗。2016年中国数据中心发布的数据显示，当年我国数据总耗电量超过1200亿千瓦时，所耗的电量已超过三峡大坝2016年全年的总发电量。巨大的能耗导致能源负担加重，同时也加剧了全球气候变暖。另外，大数据也存在高额的建设成本问题。基于技术本身来看，从建立数据库到硬件升级，再到软件开发、运营维护都需要投入大量的人力、物力、财力，而这很可能会超出地方政府的预算成本，导致地方财政负担加重。

3. 政府内部专业人才紧缺

单从大数据本身来看，运用大数据管理政府绩效必然涉及一系列的专业技术问题，这就对政府部门的相关专业人才提出了更高的要求。当前，地方政府选择将大数据项目采用PPP模式外包给社会企业，其中原因之一便是政府内部缺乏专业人才。若从大数据所拥有的海量的信息内容来看，在冗杂的信息海洋中筛选出与政府绩效管理相对应的有效信息，同时尽可能地保持数据的完整和有效，也需要相关专业人才的有力支撑。

政府绩效管理的活动是一个复杂且多变的过程，我们通过分析政府绩效管理的有关核心要素，以及政府绩效管理的信息系统制度介绍体系设计等方面的内容，以期能够帮助大家理解政府绩效管理的整个评估过程与管理环节。从一定意义上来讲，我国政府绩效管理活动目前还缺乏一个全面性的思想体系和组织系统，部分地方政府乃至中央政府采取的都是一种关注于片面内容的政府绩效模式，因此，将片面的政府绩效管理扩展为完整性的政府绩效管理是未来政府绩效管理发展的方向。

（四）政府绩效管理中的大数据应用实例

1. 北京市政务热线的"接诉即办"机制

20 世纪 80 年代，"市长热线"正式开通，但是当时各个地方政府的便民热线处于分散管理的状态下。出于整合资源、便民服务等因素的考量，12345 逐步整合多条市民热线，民众拨打一个热线就可以反映多种问题。近年来，随着社交媒体的崛起，政务微博、政府官方网站、微信等多种互联网渠道成为政务热线的新工具。虽然政务热线出现时间早、民众参与度高，但其在全国大部分地区仍是信息工具，并未被纳入政府绩效管理的范围之内。①

2018 年，北京开始实行"吹哨报道"机制，基层组织通过"吹哨"的方式推进政府回应基层需求、解决现实问题。在此基础上，北京市政府于 2019 年提出"接诉即办"，以政务热线为抓手对接城市网格化治理，将政府管理与社区治理相结合。北京市对市区镇三级，包括 37 个政府部门、16 个区、333 个街道乡镇实行监测，对政务热线中获取的海量数据进行汇总和分析。分析结果用于重点考核响应率、解决率与满意率。数据显示，2019 年政务热线共接来电 696.36 万件，2020 年新冠肺炎疫情的爆发更使政务热线的来电数量呈爆发式增长。根据各市区镇"三率"的数据情况，将评估结果分为四类：先进类、进步类、整改类和治理类。通过每月召开的绩效沟通会议（区委书记月度工作点评会），公布绩效评估效果，当场通报表扬或批评各级领导干部。强大的问责力度与月度评比的竞争机制使层级政府形成了比学赶超的绩效优化氛围。

北京市的"接诉即办"探索形成了自上而下的排名传递压力，有效运用了政务热线中的海量数据与海量资源，构建起了全方位的立体监督网，增强了政府绩效管理的整体性。强调内部结构优化和业务流程再造的核心理念也推动了政府绩效管理高效运转。大数据的价值在于互联与互通，但是由于全国政务热线仍未完成整合，北京市"接诉即办"政府绩效管理仍局限于本市本部门的具体市民意见，难以进一步挖掘数据信息之间的关联性。此外，虽然可以对市民在一些领域的投诉数据进行建模预测，但是大量的数据未得到多维挖掘和深层分析，政务热线中数据预测和辅助决策仍旧不足。在北京关于政府绩效管理的创新办法中，依靠层级加压机制的"接诉即办"容易诱发政绩工程与弄虚作假行为的发生。因此，剔除基层变通执行与"做事留痕"在政府绩效管理与评估中的影响也成为这一做法的重点发展方向。另外，绩效评定指标中响应率、解决率与满意率的设定也存在偏差问题。"三率"的评定应充分考虑当地居民对政务热线投诉途径的知晓率、使用偏好、居民生活幸福感等多种因素。

2. 兰州市西固区"双线考评机制"

兰州市利用互联网等信息技术实现社会治理方式创新的做法始终走在全国前列，也是大数据在政府绩效管理中运用的典型实践。②兰州市西固区的政府绩效评估模式创新以建立三维数字中心为基础。三维数字中心是由中共兰州市委、市政府牵头，以智慧治理理念为指引，在市级层面和西固区采点实施的社会治理机构。兰州市大多数民生保障和社会治理事务均需要三维数字中心办理，通过手持终端、手机、热线等向三维数字中心反映，由市一级三维数字办理中心汇总所有数据，继而将所有数据转派至区一级三维数字中心处理。

---

① 马亮. 数据驱动与以民为本的政府绩效管理：基于北京市"接诉即办"的案例研究[J]. 新视野，2021（2）：50-55.
② 何阳，高小平. "双线"考评机制：技术赋能下基层政府绩效评估新途径[J]. 理论与改革，2020（6）：106-118.

区三维数字中心接收信息数据后开始核实相关信息与数据情况,然后下派到区相关责任机构,责任机构了解信息和数据后向城市社区网格员和居民反映处理结果。在既有的政府绩效评估模式的框架基础上,西固区政府将西固区三维数字中心数据作为绩效评估信息来源的另一个主要途径。通过西固区三维数字中心回访行政相对人的方式测评其对区属机构、乡镇街道处理事务的满意程度,审视区属机构、街道办理实践是否符合制度在时限方面的规定等。同时将绩效评估结果与部门利益挂钩,形成基层政府绩效评估的双线考评机制。

兰州做法的创新之处与优势如下。

(1) 丰富了绩效评估指标,将自我评估与外部评估相结合。兰州市西固区政府区属机构和乡镇街道开展绩效评估,除了要求区属机构和乡镇街道对照目标任务进行自我评估,还将区三维数字中心可以收集到的有关区属机构和乡镇街道的日常行为表现作为考核区属机构和乡镇街道的指标,主要集中在公共服务行动效率和行政相对人满意度等领域。

(2) 创新了信息的留痕与存储办法,保证了元信息的客观性。区三维数字中心通过互联网技术与行政相对人取得联系,继而以音频和文字等各种形式保留与行政相对人的对话内容,从对话内容中抽取所需信息作为绩效评估元信息反映给区政府,并对原始信息进行存储;或者将区属机构和乡镇街道处理行政相对人反映事项的反馈时间点与既有制度进行比对,审视区属机构和乡镇街道行为是否按照既有规章制度执行,若存在偏差,则在系统中标识以示区别,继而将附有标识的信息存储起来。

(3) 减少信息传递的中间环节,提高政府绩效评估的效率。兰州市西固区政府从区三维数字中心处获得区属机构、乡镇街道绩效评估元信息的途径由传统的上交纸质材料改变为采用上交纸质材料和电子材料两种方式。利用互联网技术改变绩效评估元信息的传播途径,在原有基础上增加电子传播途径,使不法分子冒险修改或者掉包纸质材料只能改变绩效评估元信息的文本内容之一,纸质材料与电子材料在内容方面的不符必然会暴露不法行径,不仅无法实现修改或掉包者的初衷,而且会追究当事人法律责任,致使利益相关者望而却步。

3. 安徽省"微博问政"纳入绩效考核

2015年年底,安徽省开通了省政府政务微博微信,经过两年多的运行和维护,目前,"安徽省人民政府发布"的综合影响力在全国省级政务新媒体中位居前列。安徽全省共有16个市、105个县(市、区)政府,全部开通政务微博微信,省直部门中有44个开通了政务微博、56个开通了政务微信。但是在运行过程中,仍存在运营能力弱、专业水平低与传播效果差等问题。为此,2016年8月,省政府办公厅印发通知,要求率先从省级层面规范政务微博微信的建设和管理,并在内容建设、平台建设、队伍建设、工作机制等方面提出明确要求。2017年,安徽省首次对市、县政府和省政府部门政务微博微信进行考核,考核指标包括入驻"微博微信大厅"情况、综合影响力、内容更新情况、发布制度建设情况、关注量和订阅数、"安徽省人民政府发布"网友留言事项办理情况等,有效规范了全省政务微博微信的建设和管理。从2018年开始,安徽省把政务微博微信内容更新情况纳入全省政府网站季度抽查范围,并将抽查结果纳入全省政府网站年度绩效考评。

考评围绕年度政务公开工作要点进行,针对四个方面进行绩效评估。第一,公开、解读与回应:决策、执行、管理、服务、结果公开和重点领域政府信息公开,相关政策解读和回应关切等。第二,政务公开平台建设:政府网站信息公开平台建设、新闻发布工作、

"两微一端"（微博、微信及新闻客户端）工作情况、政府热线清理整合情况、政府公报工作落实情况等。第三，政务公开制度化、规范化：对新修订的《中华人民共和国政府信息公开条例》的落实情况，基层政务公开标准化、规范化试点总结验收，政府信息公开审查工作，全面推行主动公开基本目录工作，公共企事业单位信息公开等。第四，监督保障：政务公开工作部署、培训、制度建设，政府信息公开年度报告，政务公开监督员制度的建立与落实，政务公开示范创新活动，日常工作推进及问题整改等。绩效考评分为专业机构测评、第三方机构测评与双向互评三个环节，其中专业机构测评与双向互评各占40%，第三方机构测评结果占绩效评估的20%。

本章小结

本章分析了政府绩效管理体系中的基本要素，提出政府绩效管理需符合以下四方面要求：投入要求、产出要求、过程要求、结果要求。在原有的3E原则基础上加入公平原则，促使政府承担责任，体现公共正义，进而提高公共服务和公共产品质量，实现公共价值，最终达到维护公共部门存在合法性的目的。在明确基本要素后，本章介绍了参与政府绩效管理的主要部门，以及当前我国关于政府绩效管理的制度建设，在此基础上尝试进行政府绩效管理体系设计和制度建设。我国不仅要建设公共权力组织层面的绩效评估体系，也要加强第三部门、公众对公共部门的绩效评估建设，倡导绩效评估主体的多元化发展。我国亟需加强制度化建设，加速立法建设，形成公平的申诉制度，建立信息公开机制。具体到政府绩效管理体系设计，需要形成与之相配合的科学的信息系统，保障信息传递、反馈的速度与真实性。政府绩效管理体系是涉及三个环节的循环体系，三个过程设计在保证自身科学、合理的同时，也要与另外的环节相配，形成科学完善、循环良好的政府绩效管理及评估体系。

关键词

绩效管理核心要素　信息系统　制度安排　体系设计

复习思考题

1. 思考并理解政府绩效管理与评估过程中体系设计的各个阶段。
2. 绩效目标在政府绩效管理中起什么作用？
3. 如何理解政府绩效管理是一个信息系统？
4. 我国未来政府绩效管理制度化建设需要从哪些方面做出努力？
5. 绩效管理的核心要素是哪几部分？

案例分析

福建省惠安县创新绩效考评机制

今年以来，惠安县根据自身实际情况，积极探索、大胆创新乡镇绩效考评工作，形成考核实施统一组织、考核重点有所区分、考核方法综合运用、考核结果奖惩并用的考评机制,切实发挥乡镇绩效考评激励、引导、督促作用,调动干部、职工干事创业的主动性和积极性,确保各项任务扎实推进。

一、突出重点,变"全"为"精"

针对以往因考评内容面面俱到导致重点工作不突出问题进行改革,重点围绕县委、县政府重大决策部署,精选当前惠安改革发展稳定中的重点工作,纳入年度绩效考评内容,采取实操性与灵活性相结合的方法,进一步将绩效考评指标分解为党的建设和政府指标考核。

其中,对政府指标的考评包括固定资产投资、重点项目建设、税收收入、工业投建投产、计生工作、社会管理综合治理(含信访)、城乡建设"两违"整治和国土资源管理、"美丽乡村"建设和环境卫生整治、生态县创建和环境保护、安全生产等10个重点专项工作,并根据上级工作安排或县委、县政府工作部署,增加相应专项工作内容,切实提高绩效考评工作的导向性。

二、转变方式,改"虚"为"实"

改变以往多头重复检查、侧重软件检查、年终检查的方法,着重在统一考评、日常跟踪、实绩验收等方面进行改革,将党的建设和政府10项重点工作分别按40%权重纳入年度绩效考评。其中,政府10项专项工作分别由一位县领导总负责,1个牵头单位组织考评,考评牵头单位根据乡镇平时工作落实情况及全年实际完成情况对乡镇进行名次排列,10项工作的排名累积分折算成百分制,即为各乡镇政府绩效指标考评得分。

同时,将落实"马上就办"、简化行政审批流程、简政强镇、证照梳理、规范权力运行、民营经济综合配套改革工作、公文办理、气象灾害防控、省级旅游品牌县创建等工作纳入察访核验评分细则;加大公众评议结果在整个评议考核中的分值比重,以20%比例计入总分,切实把群众满意作为绩效评价的重要标准。

三、分层定等,转"均"为"准"

改变以往"个别优秀,基本良好""干好干坏差不多"的现象,从分数定等转为名次定等,从奖励个人转为奖励乡镇,根据考核综合排名,分三档兑现奖励。具体考核情况为:综合考评总得分排名前三的为先进镇,由县委、县政府给予通报表彰,并发给乡镇两个月绩效奖金;总得分排名第四至第九的乡镇,发一个半月绩效奖金;总得分排名第十至第十二且总得分不低于70分的乡镇,发一个月绩效奖金;总分少于70分的乡镇,取消年度绩效奖金。所有奖金统一划拨乡镇,由乡镇根据干部的工作能力、工作态度和工作成绩自行安排奖金发放,变"人人平均"为"多做多得",有效发挥绩效考核的激励导向作用,真正形成奖优罚劣、奖勤罚懒的良好氛围。

四、综合运用,化"软"为"硬"

在绩效评估结果的应用中,加大"一票否决"力度,变"软扣分"为"硬处罚"。对出现落实党风廉政建设责任制、计划生育、社会管理综合治理、安全生产、主要污染物总量减排等方面不达标,领导班子存在突出问题或领导班子成员有严重违纪违法问题,未在本单位开展绩效评估等情形的,均实行"一票否决",乡镇不得参加县级及以上各类先进单位评选,党委和政府班子领导成员不得参加各类先进个人评选。同时实行绩效责任追究制度,当年度镇领导干部因违法违纪被立案查处或被实施党政问责的,除按照"一票否决"

规定执行外，还应视情况扣除相应的绩效评分以及扣发当年度绩效奖金；被察访核验查实存在违规问题的，除按照《绩效评估察访核验评分细则》执行扣分外，还应视情况扣发当年度绩效奖金。

资料来源：政府绩效管理研究网。

思考题：
1. 惠安县的政府绩效管理实践在哪些环节上存在创新之处？
2. 你认为惠安县的政府绩效管理是否具有可持续性和推广性？说明理由并详细论述。

第四章　政府绩效管理主体

📝 **本章学习目标**

- ➢ 了解各评估主体的概念和范围
- ➢ 掌握我国政府绩效评估主体现状
- ➢ 掌握我国政府绩效评估主体的地位及角色

引入资料

财政部发布操作指引——PPP全生命周期绩效管理有了关键支撑

最新统计显示，2014年至2020年2月末，全国政府和社会资本合作（PPP）综合信息平台管理库累计入库项目9459个、投资额14.4万亿元。3月31日，财政部发布《政府和社会资本合作（PPP）项目绩效管理操作指引》，以规范PPP项目全生命周期绩效管理工作，提高公共服务供给质量和效率，保障合作各方合法权益。相关政策举措如下。

1. 明确绩效管理主体

PPP项目绩效管理是在PPP项目全生命周期开展的项目管理活动，包括绩效目标和指标管理、绩效监控、绩效评价及结果应用等。

操作指引明确，项目实施机构应在项目所属行业主管部门指导下开展PPP项目绩效管理工作，必要时可委托第三方机构协助。各级财政部门负责PPP项目绩效管理制度建设、业务指导及再评价、后评价工作。

"操作指引强调了对于PPP项目全生命周期内绩效目标的管理和评价，有利于PPP项目整体规范，可以避免在实践中因缺少实施细则而引发的争议。"北京市中伦（上海）律师事务所合伙人周兰萍说。

2. 开展项目绩效监控

操作指引明确，项目实施机构负责编制PPP项目绩效目标与绩效指标，报项目所属行业主管部门、财政部门审核。同时，操作指引还规定，项目实施机构应根据项目合同约定定期开展PPP项目绩效监控，项目公司（社会资本）负责日常绩效监控。项目实施机构应根据PPP项目特点，考虑绩效评价和付费时点，合理选择监控时间、设定监控计划，原则上每年至少开展一次绩效监控。

3. 进行项目绩效评价

操作指引要求，项目实施机构应根据项目合同约定，在执行阶段结合年度绩效目标和指标体系开展PPP项目绩效评价。PPP项目绩效评价结果是按效付费、落实整改、监督问责的重要依据。

同时，PPP项目绩效评价应符合以下要求：严格按照规定程序，遵循真实、客观、公正的要求，采用定量与定性分析相结合的方法；结合PPP项目实施进度及按效付费的需要

确定绩效评价时点；绩效评价结果依法依规公开并接受监督。

"操作指引立足项目识别准备、政府采购、建设运营、评估移交等全生命周期，突出全面实施预算绩效管理的目标导向，进一步夯实了'按效付费'根基。"中国财政科学研究院政府绩效研究中心主任王泽彩说。

资料来源：曾金华. 财政部发布操作指引 PPP 全生命周期绩效管理有了关键支撑[N]. 经济日报，2020-04-02.

思考：我国绩效管理的主体包括哪些？

第一节 政府绩效管理主体的概念界定

政府绩效评估主体是绩效评估体系中最为重要的一部分，是评估实践的主导因素，绩效评估体系的其他因素如评估对象、指标、标准、环境等都必须通过评估主体来安排和连接。政府绩效评估主体简单地说就是由谁来评估政府绩效，具体就是指直接或间接地参与政府绩效评估过程的个人、团体或组织。他们通过对与评估任务有关的绩效信息进行观察、收集、组织、存储、提取、整合来进行评估。因此，政府绩效评估主体设置的科学与否在很大程度上直接影响评估结果的科学有效。当前我国学者把评估主体粗略地分为两部分：内部评估主体和外部评估主体。

内部评估主体是指从评估对象的组织管理体系内部产生的评估主体，也就是政府本身，是传统政府绩效评估的首选渠道和常用形式。内部评估主体主要包括上级政府自上而下的评估、本级政府的评估和下级政府自下而上的评估。其中，上级政府自上而下的评估模式是当前我国政府绩效评估的主流模式。

由于政府内部评估主体自身拥有的缺陷，探索政府以外的评估主体成为必然的趋势。外部评估主体就是除政府以外的对政府绩效进行评估的主体，他们不受政府的直接领导，不是政府的附属机构，可以从很大程度上对政府进行较为客观的绩效评估，绩效评估结果也较为准确，令人信服。虽然外部评估主体的发展还处在萌芽状态，但已经成为政府绩效评估过程中不可缺少的评估主体，外部评估的蓬勃发展将成为必然趋势且势不可挡。外部评估主体主要包括权力机关、政党组织、传播媒介、社会公众、第三部门等。

一、绩效评估主体概念及其结构要素

（一）政府绩效评估主体的概念

政府绩效评估主体是指直接或间接参与政府绩效评估过程的个人、团体或组织。在对政府客体进行评估的实践中，可以有不同的主体，不同的评估主体往往会因为各自评估标准的不同而得出不同的评估结论。因而，为确保政府绩效评估结果科学性和客观性并存，首先必须在确立科学的评估体系、评估指标的前提下明确政府绩效评估主体的构成，即明确"由谁来给政府打分评估"的问题。评估主体是保证政府绩效评估结果真实性的基本条件。

（二）政府绩效评估主体的结构要素

政府绩效评估主体的组成或结构要素，根据西方公共治理的实践及理论总结，呈现一

种多元化趋势。20世纪90年代以来，治理理论引起了一些政治家和政治组织的关注。例如，以克林顿、布莱尔、施罗德、若斯潘等人为代表的"第三条道路"或"新中派"，确定把"少一些统治，多一些治理"当作其新的政治目标。

施罗德把"新治理"作为"新政治"的主导概念，其背后的含义是：国家现在已经不可能通过自己的行动解决所有问题了，要从新角度出发，推行"新治理"。什么是公共治理？郭正林教授认为，"公共治理就是在一定范围内多元主体对公共事务的协同管理过程"。它包括四层含义：其一，公共治理的内容是公共事务管理，因此"公共治理"也可以简化为"治理"二字；其二，治理行为者是多元的，具体包括政府、公共部门、第三部门或非政府组织、企业及社会志愿者；其三，治理的方式不再以强迫和压制为主，而是主要依靠民主协商、合作互助及网络化管理；其四，治理的目标函数是多元的，但最终是为了社会的协调发展和全面进步。

公共治理主体的多元化特征预设了治理方式与政府管理模式的差别。从行动者来看，政府管理的主体是政府与公共部门，而治理的主体除了政府和公共部门，还包括非政府组织或第三部门、私人机构及志愿者。公共治理理论与新公共管理理论都是对现代西方政府改革实践的总结，在政府绩效评估主体和治理主体确定上不谋而合，其主体的构成和结构包括政府、其他公共部门、第三部门、私人机构、志愿者以及公民等。

二、政府绩效评估主体应具备的资格条件

评估指标的设定、过程的安排都必须通过评估主体来实现，评估主体的选择直接影响评估结果是否科学有效，所以评估主体的选择便显得尤为重要。但不是所有的人都能参与政府绩效评估，评估主体必须具备一定的资格条件，政府行为和绩效的利益相关者理应成为绩效评估的主体。卓越教授认为，"任何一个业已确定的评估主体都有自身特定的评估角度，有着不可替代的比较优势，同时具有特定身份的评估主体亦有自身难以克服的评估局限"。吴建南教授认为，最佳评估者是指"众多主体对某一特定政府组织进行绩效评估时，该主体能够得出最全面和最客观的结论，最有利于政府改进其活动，并且这种评价过程能够节约评价成本"。

（一）政府绩效评估主体的独立性

政府绩效评估主体的独立性是指评估主体在评估政府绩效活动过程中不会受到外来因素的干扰，能够独立、客观地做出判断。也就是说，这种评估主体不属于政府的附属物，也不是政府与社会之间、政府与市场之间、政府与企业之间的行政管理层次，更不是政府的派出机构，而是介于政府与社会、政府与市场、政府与企业之间的桥梁和纽带。因为具有这样的独立性，政府绩效评估主体在进行政府绩效评估过程中才能在很大程度上保证绩效评估过程的独立性，且不受政府作为评估对象所带来的影响与干扰，所以评估主体的独立性是保证政府绩效评估结果客观、公正的首要条件。但在现代社会，脱离政治体系而绝对独立存在的评估主体是不存在的，他们总是要接受政府的管理，但政府应该由控制者向服务者、协调者、指导者角色转变，通过法律和制度等手段来进行管理，而不是通过隶属关系来控制评估主体。只有这样，评估主体才能真实客观地反映政府的绩效、公众的利益诉求，才能设计出科学合理的指标体系，对政府绩效做出客观公正的评价，并将评估结果

如实地反馈给社会，达到评估应有的效果。如果评估主体缺乏独立性，附属于某一组织或者个人，那么评估过程就会或多或少地受到这一组织或者个人的价值观影响，那也就偏离了评估的客观性，脱离了绩效评估本身应具有的实质与意义，评估的结果自然不能真实地反映客观事实，评估也失去了本该有的效果。

（二）政府绩效评估主体的专业性

政府绩效评估一直都是国际公认的难题，主要是因为政府本身的性质所带来的复杂性，因而评估主体应具备足够的专业性。评估主体的专业性是指评估主体应该具备一定的特定领域的专业知识（如心理学、统计学、社会学、管理学、政治学及一些与评估对象相关的知识），能够科学地设计评估指标体系，确定合理的绩效评估指标权重、进行评估数据的采集和计算、开展问卷调查，并在评估活动中选取科学的评估工具及评估方法，有效地获取并综合使用关于评估对象的相关资料信息，去伪存真、去粗取精，提出具有针对性、科学性的方案和措施，帮助政府在实践中不断提高绩效。绩效评估主体的专业性是保证政府绩效评估科学性的前提条件，正是这种建立在科学基础之上的专业性才能使整个政府绩效评估的结果具有科学性并能够使人信服。但是政府绩效评估是一项非常复杂的工作，涉及社会生活的各个方面，再加上政府本身存在的复杂性，如目标的多元性、产出的特殊性、评估标准的难以确定性、评估信息的稀缺性，等等，使得政府绩效评估工作更加错综复杂，若没有专业知识作为科学支撑就很难完成绩效评估这项艰巨的任务，所以从绩效评估工作本身的性质要求出发，评估者必须具备一定的专业知识。只有这样才能保证评估主体充分理解政府的行政行为、厘清评估思路做出判断、透过现象抓住本质，提出具有针对性、科学性、有效性的评估方案和对策，结合实际保证政府绩效评估结果的客观真实。

（三）政府绩效评估主体的权威性

政府绩效评估主体的权威性来自于评估过程，指评估主体凭借其自身的专业优势，能够对评估对象做出客观、公正、真实的评估，针对政府活动中存在的问题提出能代表广大人民群众利益、符合时代发展潮流的意见和建议。政府部门本身具有的垄断性使得政府组织自我发展的内在动力不足，自我发展步伐缓慢，直接或间接影响了政府的服务质量与公共绩效的改进，在实现广大人民群众利益的工作效果上大打折扣。为了提升政府的发展动力，必须对政府施加来自外界的压力，从政府外界向政府输入组织发展的动力以驱动政府自身发展。也就是说，可以通过外部评估来提升政府的服务质量和绩效。"评估主体对特定的政府技能的评判所形成的强大压力可以促使政府对其职能及其职能行使方式进行彻底反思，能够从根本上扭转转型期政府角色冲突、自利倾向所造成的职能错位和短期行为。"[①]但要达到这种成效，评估主体本身必须具有权威性，只有这样才能有影响力和号召力，从外界向政府施加一定的压力以进行发展，才不会让绩效评估只是流于形式而无法实现其活动本身存在的意义。一般情况下，主体的权威来源有两种，一种是政治赋予，还有一种我们称之为"魅力型权威"。政治赋予是一种外在的权威，它是以公共权力为依托，以公共权力来表现其外在权威，如果不能好好巩固其合法性，随时都有失去的可能，因此对于政

---

① 蒋健，当前地方政府开展绩效评估的难点与对策分析[J]．四川行政学院学报，2009（5）：13-16．

治赋予的权威而言,如何巩固其合法性便成为一个大课题。"魅力型权威"与政治赋予的权威不同,它是通过自身的努力获得社会公众的认可所产生的权威,它能够让公众从内心接受并且服从,是一种内在的权威,相较于政治赋予的权威更加具有主动性。我国政府绩效评估主体应该具备这种"魅力型权威",在评估过程中运用专业的知识对评估对象做出客观、公正、真实的评估,代表广大人民群众的利益对政府活动提出意见,做到一心一意为人民服务。

(四)政府绩效评估主体的政治理性

成熟的政治理性是评估主体的内在要求,也是消除评估过程中产生的腐败和不公正、提高评估的权威性和严肃性、保证绩效评估客观性和公正性的必要条件。我国部分社会成员缺少成熟的政治理性,在活动中容易为个人的狭隘利益所局限,容易受外来因素干扰而被别人煽动、利用,从而扭曲自身原有的价值判断,难以表达自身的愿望,难以提高评估的权威性和严肃性,最终导致评估结果缺乏有效性、客观性、公正性。因此,评估主体要基于对社会的责任感,能够根据评估对象的资料做出客观、真实的评估,保持政治理性而不要刻意去迎合某些人或组织的需要,从而确保评估结果的有效、客观与公正。

(五)评价成本的经济性

政府绩效的评价成本是指在政府绩效评估过程中所耗费的各种资源。财力、物力、人力和时间是狭义的评价成本指代的内容,更广泛的理解还包括公共权力和公共关系等资源。绩效评估的执行者应该尽量降低评价成本,因为在现实中评价成本往往是限制绩效评估的瓶颈。"从历史上看,任何以提高效率为主要目的的行政改革运动,其直接动因都是经济状况不佳所造成的政府财政拮据、政府管理危机和公众对政府的信任危机。"[①]政府绩效评估的产生本就是为了解决西方国家的财政危机和信任危机,如果政府绩效评估不能减少政府的成本,评估活动就会失去原有的意义。既然政府绩效评估的目的是为了约束政府的行政行为,从而提高政府工作的效果,那么在政府绩效评估过程当中,我们必须探索以最小的投入获得最大产出的评估主体,将行为成本降到最低的限度,以减少政府行政成本。

三、政府绩效评估主体多元化的意义

厦门大学卓越教授认为,"评估主体多元结构是保证公共部门绩效评估有效性的一个基本原则"。随着我国服务型政府的提出,政府绩效评估主体多元化已经成为一个必然的趋势。所谓政府绩效评估主体多元化是指政府绩效评估主体由单个向多个的转变,即多个主体共同参与政府绩效评估,区别于单个绩效评估主体做出的评估结果的狭隘性及单一性,使绩效评估的结果更加真实、客观、可靠。我国现有的政府绩效评估主体结构单一,影响了评估结果的有效性、科学性,使评估结果单一化,且以评估结果为基础的反馈也趋于单一,阻碍了我国服务型政府的建设。我们只有将政府绩效评估多元主体结合起来,将各个主体的优势相互结合起来,取长补短,才能保证绩效评估结果的科学有效,才能真正完善政府绩效评估体系。

---

① 胡学生. 中国政府形象战略[M]. 北京:中共中央党校出版社,1998:1015.

（一）政府绩效评估主体多元化有利于完善政府的绩效评估

政府绩效评估是一项复杂的工作，由于受个人价值观的影响，不同的评估主体对评估对象进行绩效评估会产生不一样的评估结果。有学者认为，有三个方面的因素会影响政府绩效评估结果的准确性：进行评估时所用的工具、评估的过程以及需要评估的对象，其中评估的过程会受评估的主体、程序及评估方法的影响。由此可见，评估主体的选择对政府绩效评估有着最直接的影响。单个评估主体很可能因为带着自身主观因素或其他非客观因素进行政府绩效评估，其结果的有效性是大打折扣的。评估主体是对政府绩效进行评估的主体，它的准确定位是保证评估结果真实、科学、有效的基本条件。每个人的经验知识、利益取向、价值观等都不一样，对政府绩效的评估都会带有一定的主观色彩，自然就会导致不同评估主体对政府绩效的评估产生不同的结果。单一评估主体所存在的弊端，区别于多个人的多种不同的经验知识、利益取向与价值观的多样性，价值取向易于操控，从而在很大程度上造成评估结果失真，甚至失效，使评估结果出现较大误差，这是对绩效评估结果使用者的不负责，也是对评估对象的不负责。为了保证评估结果的真实、科学、有效，评估主体多元化成为趋势。多元评估主体的参与，将有效改善政府绩效评估，主要表现在以下几个方面。

1. 有利于政府绩效评估方式的变革

我国传统的评估方式是以内部评估为主的政府自上而下的评估，即政府采用目标责任制考核、组织考察和工作检查等方式进行评估，这种评估缺乏服务对象的参与，存在评估方式单向、评估主体单一、评估过程封闭的特征。单向评估使得评估方式与评估程序缺乏科学性、规范性，评估得出的结果过于片面和主观，甚至出现评估过程存在失真、评估结果存在失效的情况。评估主体多元化的出现要求政府绩效评估必须在内部评估主体的基础上，引入外部评估主体。政府绩效评估就是一种信息活动，多元主体的参与必然会促进政府的信息透明化、公开化。例如，之前提到的信息公开可以使更多的社会大众参与到评估监督过程，从而在很大程度上提高绩效评估的真实性，有效巩固其合法性，同时政府绩效评估的那种评估方式单向、主体单一、过程封闭的内部特征也会有所改观。同样，随着外部评估主体的不断加入，诸如公众信访投诉、民意测验、社会调查、网上评分等评估手段开始被广泛应用于政府绩效评估领域，更进一步实现了评估手段的多样化、评估主体的多元化、评估方式的多向化。如此看来，引入政府以外的评估主体来参与政府绩效评估，不仅能够克服政府作为单一评估主体的局限与不足，从很大程度上促进政府绩效评估工作的进行，而且还能促进政府对传统的评估方式进行变革，推动政府绩效评估走向规范化、科学化。

2. 有利于政府绩效评估指标体系的完善

多元评估主体参与政府绩效评估，必然要求有与之相匹配的指标，并逐步形成一个全方位的、客观的、有效的评估指标体系。面对多元主体对政府绩效进行评估，政府不仅要做到注重提高经济效益、地方财政增长率、GDP 增长率等指标，还要进一步关注公众满意度与政府服务数量和质量等指标。因为多元评估主体参与政府绩效评估的目的就是确保政府绩效评估工作的顺利、有效，而政府绩效评估的实质要求是监督并提高政府工作的有效、高效，因此，作为对政府工作具有直接感受的公众满意度与政府服务数量和质量都需要得到关注。如此一来，评估主体多元化就可以提升政府绩效评估指标的公共性。对于政府管理能力实施效果的评价，最有发言权的当属政府行政的直接相对人、社会公众和组织，只有通过对他们开展测评，才可以有效评估政府管理的优劣，因为只有社会公众和组织才能直接感受到政府执法是否公正严明、政府提供的公共产品和服务质量的优劣、政府部门及其人员是否廉洁奉公。

作为政府的服务对象，社会公众和组织为了满足他们自身的利益诉求，有权向政府相关部门表达自己的意愿，并希望政府做出回应。多元主体参与政府绩效评估还可以加强政府评估指标的完备性。政府管理是一项极其复杂的工作，涉及生活中的方方面面，人们不可能对全部反映现实生活的政府管理实践活动进行评估，只能从中选择有代表性的项目和指标进行设计，但对评估指标的要求却必须完备，只有这样才能确保评估活动得到公众的支持及被评估政府的认同。

3. 有利于为政府绩效评估提供更充分的信息

对政府绩效进行评估，就是对信息的整合、筛选、加工、输出、反馈的过程。绩效评估的结果是否有效，在一定程度上取决于获取的信息的数量和质量。政府作为传统单一主体结构的唯一评估者，为了保证自身利益最大化，只对外公布少量或是虚假的信息，这便从本质上体现出政府绩效评估中传统的单一主体结构存在的弊端，难以保证绩效评估的有效性。而多元评估主体参与政府绩效评估能够改变我国传统的信息传输机制，改变政府独占信息、垄断信息的地位，外部评估主体要求我国政府建立政府与民间、新闻媒体、独立机构的电子网络信息系统，为评估主体提供真实又全面的信息，获取信息的数量和质量在"质"上的飞跃从根本上解决了绩效评估的准确、有效问题，从而大大提高了政府绩效评估的水平。

4. 有利于提高政府公共服务水平

评估主体对政府绩效进行评估，简单来说就是对政府提供的服务数量和质量的满意程度进行评估。多元评估主体参与政府绩效评估将有效提高政府公共服务的效率和质量，打破传统体制下公共服务供给的垄断，利用新的机制来改善政府管理效率低下的弊端，同时可以通过引进私企的管理手段与经验解决公共产品的供给问题，提升政府的管理能力。另外，多元评估主体参与政府绩效评估有利于转变政府传统管理理念，开始重视服务于民、注重结果、承担责任、顾客至上等现代理念，令政府重新意识到自身应担任的职责和应发挥的作用，更多地强调社会公众的意志，并以社会公众的需求为导向，提供公共服务、改善服务水平，尽最大的努力满足公众的需求，提升公共服务水平。

（二）政府绩效评估主体多元化有利于促进民主政治的发展

民主是社会稳定的重要保障，民主政治奉行的是多数人统治的一种政治制度，一切权力属于人民。政府绩效评估作为"最有效的管理工具"，是民主政治与民主监督实现的重要途径和手段。在传统的行政体制下，受传统思想文化的影响，公众参与意识较为淡薄，积极性与主动性不高，多为被动地接受行政主体的管理。随着政府绩效评估实践的不断发展，多元评估主体的参与为公民提供了民主政治实践的机会，能提高公众参与政治的意识，更好地实施对政府的民主监督，同时还将增强政府的合法性，促进民主政治的发展。

1. 有利于提高公众的政治参与意识

在传统单一的评估主体结构下，受传统行政文化思想的影响，公众习惯地认为只能对政府意志绝对服从，被动地接受政府的管理，不能表达自身的愿望，民主政治实践的意识尚未觉醒。随着社会的发展，多元主体开始参与政府绩效评估，公众成为政府绩效评估主体结构中重要的一员。评估主体多元化实现了公众的评估主体地位，增强了公众的政治参与意识，刺激民主政治实践意识的觉醒，个人享有了表达自身愿望的权利，能有效培养公众分析政治行为的能力，减少政府违背政策和法律的行为，推进政府管理的民主化进程，培养公众民主的习惯，充分行使当家做主的权力。公众通过志愿者、各种民间团体、社区组织等参与对政府行政活动的评估，强化了公众对社会的公共责任感的同时也促进了政府绩效管理活动的有效进行，加强了政府与社会公众之间的交流，从而促进民主政治的发展。

2. 有利于实施对政府的民主监督

受传统"官本位"思想的影响，政府过多地采用自上而下的评估方式，下级被动地接受上级的评估，下级默认上级实施控制行为的合理性。自下而上的监督资源容易流失，政府部门以权谋私的现象可能发生。我国是一个民主国家，政府的一切权力来自人民，政府行政行为应该受到人民的监督，多元主体参与政府绩效评估，公众不再被动地接受政府的管理，而是主动参与到政府绩效评估当中，积极参与对政府行政活动的监督，有利于政府绩效的持续改进和提升。多元主体参与政府绩效评估能够增强来自政府外部的评估主体对政府进行监督，督促政府加强对资源的合理运用与监管，降低行政成本，使政府的管理过程更公开、透明，提高政府的办事效率，激发工作人员的工作热情，增加政府的公共责任意识。多元主体参与政府绩效评估，从一定程度上减少了单一主体进行监督带来的弊端，还能促使多元评估主体以严谨的态度、公正的立场、多维度评估标准来监督政府的各种行政行为，提升政府管理水平。

3. 有利于增强政府的合法性

合法性也可以理解为正当性，被认为是政府行政的最基本条件，如果一个政府缺乏必要的合法性，它将很快崩溃瓦解。政府的合法性是指政府凭借非暴力手段使被统治者自觉或自愿地接受政府统治的能力（或权威），具有合法性基础的政府是人们认可和支持的政府。这里的合法并不仅仅指合乎法律，最为重要的是政府的存在及其管理能力要得到社会的认同和支持，这是政府所具备的合法性所在。政府的合法性本质上就是政府的正当性来源问题，衡量政府是否具有正当性主要体现在三个方面。首先，看它是否符合历史发展的趋势。社会的历史进程是有其必然依据的，任何事物的发展都遵循着一定的规律，政府的存在也不例外，它是否具有正当性，须看它的发展过程是否符合历史的发展趋势。其次，看它能否说服公众，使公众自觉或自愿地接受政府的统治，认可和支持政府。政府服务对象的满意程度决定着政府合法性的强度，只有使民众自愿信服于政府，政府才具备这种合法性。最后，看它能否获得民意的认同。只有获得民意的认同，政府才能获取合法性基础，政府的存在才有意义。

民主是现代社会的核心价值观之一，是一个国家合法性的基础，公民依法享有参与政治的权利是民主社会的一个基本特征。多元主体参与政府绩效评估是公民参与政治实践的一个重要途径，通过合法地参与绩效评估向政府表达自身的利益要求，并及时反映对政府的认可程度。评估主体的多元化是政府绩效管理不断发展的产物，符合历史发展趋势；作为外部评估主体的公众参与政府绩效评估，能真实反映自身的利益诉求；政府工作效果的好坏通过民众最直观的感受体现出来，政府容易获取公众的认同。政府以此为基础进一步优化政府工作。在这一背景下，公民对政府管理与服务水平提出了更高的要求，参与意识也越来越强烈，由此推动政府与公民之间形成良性互动，政府通过提供优质的公共服务和公共产品提高公民的满意度，而公民反过来也推动政府自身不断发展，最终达到增强政府合法性的目的。

（三）政府绩效评估主体多元化有利于服务型政府的建设

在传统的单一评估主体结构下，政府内部的自我评估并不能客观检验出政府的服务质量，一些地方政府往往为了表面的政绩工程开展行政活动，导致评估结果失真，难以有效提升政府的绩效质量。党的十七大报告明确提出，要"加快行政管理体制改革，建设服务型政府"。服务型政府是我国政府改革的根本目标和核心使命，"服务型政府是在公民本位、社会本位理念的指导下，通过法定程序，按公民意志组建起来的以为公民服务为宗旨并承担服务责任的政府"。[①]单一的评估主体结构从根本上阻碍了我国服务型政府的建设。政府绩效评估主体多元化，将打破传统的单一评估主体结构，除内部评估主体外，还引进了公众、第三部门、传播媒体等外部评估主体以确保政府绩效评估结果的准确性、客观性、公正性。相对于单一主体结构下的绩效评估，多元绩效评估主体能够运用专业知识，来对政府绩效进行科学、全面、客观的评价。服务型政府的构建就是要以为人民服务为宗旨，将政府工作的价值取向置于为人民服务之上，评估主体的多元化有利于实现人民当家做主的权力，让人民真正切实地投身到人民当家做主的角色中，真实反映自身的利益诉求，并要求政府做出回应。政府开始转变传统的绩效管理观念，将人民的利益放在首位，促进我国服务型政府的建设与发展，真正建立起"一切以人民为中心"的、人民满意的服务型政府。

第二节 我国政府绩效评估主体现状

受全球性政府评估大趋势的影响，20世纪90年代以来，我国从中央到地方开始逐渐重视政府绩效评估工作，并开展了各种不同形式的政府绩效评估研究和实践活动。例如，烟台市建设委员会于1994年率先实行"社会承诺制"，中共河北省委于1995年率先启动"干部实绩考核制度"等。2004年，兰州大学成立了中国地方政府绩效评价中心，甘肃省人民政府决定将非公有制企业评议地方政府和省属职能部门活动委托给该中心具体操作，并以该中心的名义对外发布评议结果，从而开创了由第三方学术性中介机构评价政府部门绩效的新局面。同年，财政部财政科学研究所绩效预算课题组开展了关于《美国政府绩效评估体系》的研究。2005年，原人事部中国地方政府绩效评估课题组发布了阶段性研究成果"中国政府绩效评估体系"，该项目负责人认为，在政府绩效评估中，有必要在政府内部上下级评估的基础上将外部评估形式纳入整体评估体系。其中，外部评估包括权力机关的评估、司法机关的评估、大众传媒的评估、专门评估组织的评估以及公民评议等。上述实践说明，中国政府绩效评估主体正朝着多元化方向发展。不过，我国政府绩效评估主体

[①] 施雪华. "服务型政府"的基本涵义、理论基础和建构条件[J]. 社会科学，2010（2）：3-11.

方面仍存在一些问题，具体如下。

一、政府绩效评估主体的单一性

我国政府绩效评估一般以内部评估为主，多是上级行政机关对下级行政机关进行评估，这种自上而下的绩效评估模式缺乏社会组织和公众的广泛参与，因而形成下级机关长期"唯上不唯下"和只对上负责而不对下负责的现象。如果采取单一的内部主体对政府绩效进行评估，容易产生一系列问题：一是政府自己评自己，忽视作为政府行为相对者的行政相对人，从而使评估有失客观性和公正性；二是容易造成上级政府自身的评估缺失和责任回避，导致政府绩效评估失真甚至失效，从而使评估缺乏全面性和有效性，亦不利于巩固政府的合法性。

二、政府绩效评估主体的被动性

由于评估标准、评估主体、评估时间和评估手段等主要由被评估方政府来确定，因而评估行为及结果对于最有发言权的社会公众来说，不确定因素过多，如绩效评估所使用的信息是否充足和准确，不仅没有广泛性，更不能激发人的积极性和主动性。参与评估的部分主体也是被动的，故而其提供的评估结果很难确保真实性。

三、政府绩效评估主体信息的不对称性

随着互联网的快速发展，电子政府普遍建立，网络评议政府形式开始兴起。但由于网络评议政府形式并未得到规范，这种评议还未形成真正意义上的政府绩效评估模式。首先，虽然随着政务信息公开工作的发展，政府已经出台了有关政府信息公开的条例和文件，取得了很大的进步，但政府主动面向社会公开的政府信息仍然是有限的，很多政务信息采取依申请公开的方式，公众与政府之间存在信息的不对称性，不利于政府外部主体对政府绩效的准确评估。其次，有些地方政府部门出于自身利益的考虑会提供带有虚假成分的信息，严重干扰外部主体对政府绩效进行有效评估。总之，由于政府外部评估主体难以有效获取政府行政活动的信息，缺乏全面、真实的信息，也就很难对政府绩效做出科学、客观的评价。

四、政府绩效评估主体结构的不健全性

严格的政府绩效评估包括内部评估和外部评估两个方面。内部评估是由政府部门内部完成的评估，其优点是评估主体自身是部门内的决策者、管理者和工作人员，对部门内的情况较为了解，信息采集也方便，权威性亦强。但多数情况下，在政府绩效评估实际工作中由于自身利益原因，很难做出客观公正、真实有效的评价。外部评估是政府外部的评估者完成的评估。它包括权力机关的评估、司法机关的评估、大众传媒的评估、专门评估组织的评估及公民评估等，也可以是政府委托的营利或非营利的研究机构、学术团体，大专院校的专家学者、民间团体等其他各种外部评估主体开展的针对政府部门行政活动或行政项目的评估。其优点在于评估者独立于评估对象之外，政府绩效评估更为客观，绩效结果更具真实性。但也存在信息不足等缺点，主要表现在以下几个方面。

一是我国政府绩效评估的参与主体非常有限，以内部评估为主，即上级政府评估下级政府，评估结果难以确保真实有效。

二是各级人民代表大会虽然拥有直接监督各级政府的权力,对各级政府领导有任免权,每年可以定期对政府工作报告进行评议,但这种评议主要依赖于人大代表的责任心,因而,人民代表大会尚未成为严格意义上的政府绩效评估主体。

三是各级政治协商会议虽然可以代表各民主党派和各界人士对政府工作进行监督与协商,但由于没有明确的评估职能和意识,从总体上说也尚未真正成为政府绩效评估的主体。

四是公民对政府绩效评估的参与,在总体上还带有随机性,即使在某些地方已开展万人评议政府绩效的活动,但在规范化、制度化与法制化上仍有待研究和探索。同时,由于受自身知识结构和经验等限制,公民也缺乏专业知识的支撑而使评估可能停留于表面而无法透过现象看本质。

第三节 我国政府绩效评估主体结构

政府绩效评估的主体可以分为内部评估主体与外部评估主体两部分。内部评估主体即政府部门作为绩效评估主体,起到一个主导性的作用。而外部评估主体则是综合政府部门以外的力量来对政府绩效的评估。按照科学发展观和正确绩效观的要求,本着坚持全面性、前瞻性和动态性的原则设计指标,制定科学的政府绩效评估目标和体系,建立起内外评估主体相结合的科学的评估主体结构。只有将绩效评估多重的制度系统化,政府绩效评估主体才能发挥独特的主导作用,从而优化我国现阶段政府绩效评估中存在的问题。同时,政府的双重角色要求政府必须向其他评估主体提供和建立公开的信息机制,以避免评估主体单一化倾向,提高政府绩效评估结果的真实性、客观性、有效性,进而有助于巩固政府的合法性。

一、内部评估主体

内部评估主体是指从评估对象的组织管理体系内部产生的评估主体,也就是政府本身,是传统政府绩效评估的首选渠道和常用形式。① 内部评估主体主要包括上级政府自上而下的评估、本级政府的评估和下级政府自下而上的评估。其中,上级政府自上而下的评估模式是当前我国政府绩效评估的主流模式。有效的内部评估主体可以为政府部门提供必不可少的支持。不管是上级评估还是自我评估,内部评估主体有着共同的优势。

首先,评估主体的选择必须具备一定的权威性。政府本身具有高度的权威性,我国政府是由全国人民代表大会选举产生的,全国人民代表大会是最高权力机关,政府是权力机关的执行机关。

其次,政府绩效评估是对政府的行政行为所进行的评估。作为评估主体的政府,对本身的运作机制及过程非常了解,不需要像公众和大众传媒那样必须为获取信息做大量的前期准备,它能够简化评估过程中的烦琐程序,减少资源的耗费。

最后,绩效评估结果的有效性在很大程度上取决于评估主体所掌握的关于评估对象的信息。要对政府绩效进行评估,必须全面掌握关于评估对象真实又有效的信息,如果所获得的信息不准确或不全面,必然影响评估结果的准确性。政府的这种自我评估,可以大大

---

① 金竹青,王祖康. 我国政府绩效评估主体结构特点及发展建设[J]. 北京:国家行政学院学报,2007(6):30-33.

降低获取信息的难度，有利于评估的顺利进行，节约评估成本。政府所具备的这些优势，有利于政府对自身进行评估，因此，无论在哪个国家，政府自身都是绩效评估最重要的主体之一。

但作为直接利益相关者的政府，免不了会附带一些自利的行为，主要表现在以下几个方面：第一，内部评估主体都是直接或间接的利益相关者，政府基于对自身利益的考虑，会挑选对自己有利的部分来进行评估，以实现自己的利益，容易导致评估结果不能全面反映事实真相；第二，政府在评估过程中，为了掩饰自己的错误，将评估过程中存在的问题加以掩盖或隐瞒，容易导致评估结果的不真实；第三，受传统思想文化的影响，政府的"官本位"思想观念根深蒂固，长期以管理者自居，盲目重视对自身的评价，忽视社会公众的认可、评价，容易造成评估结果的不公平、不公正；第四，过于重视内部评估主体的价值，容易使政府组织产生迎合和满足自足型管理的惯性思想，将政府绩效评估单纯地作为干部人事考核的工具，弱化政府绩效评估的其他功能。

二、外部评估主体

政府绩效的外部评估主体不受制于行政层级与行政内部机关的影响，会使评估结果更加具有客观性与真实性。因此，近年来涌现出很多外部评估主体，包括权力机关、政党和人民政协、第三部门、公民、社会媒体和专家智库等专业机构。

（一）权力机关

根据政府绩效评估主体所必须具备的资格条件分析，权力机关作为评估主体有其自身的优势。第一，我国全国人民代表大会和地方各级人民代表大会作为权力机关拥有法律所赋予的政治权威，具有绝对的权威性，他们拥有监督和评估政府绩效的权力，对政府绩效进行评估其实就是权力机关在行使自身的职责和权力，使得权力机关的评估具有强制性、有效性。第二，各级政府行政机构的设立，撤销或者合并，应依法报本级人民代表大会常务委员会备案，各级政府必须向人民代表大会汇报工作情况，权力机关可以通过听取汇报获取信息，同时，权力机关所拥有的特性使其能够通过实地调查或是直接询问相关部门领导者来获取比其他评估主体更加真实、详细、丰富的评估信息，从而保证政府绩效评估的有效进行。第三，全国人民代表大会是我国最高的权力机关，人民代表大会代表有着比一般公众更成熟、更丰富的政治理念，能够通过对所拥有的信息进行分析判断，做出科学合理的理性评估。第四，权力机关作为政府工作的监督者，不在政府的控制之下，它所做出的评估不会受到政府领导者意志的左右，有其独立性。第五，权力机关对政府绩效进行评估主要体现在对政府部门行政管理活动过程的合法性上，即监督政府的行政行为必须符合法律的规定，这是我国建设勤政为民："以人民为中心"的服务型政府的保证。

（二）政党和人民政协

我国政党主要包括中国共产党和各民主党派，我国政党制度是中国共产党领导的多党合作的政治协商制度。人民政协是中国人民爱国统一战线的组织，是中国共产党领导的多党合作和政治协商的重要机构。中国共产党是我国的执政党，各民主党派在中国共产党的领导下对政府的绩效管理发挥着重要的作用。第一，中国共产党作为我国唯一的执政党，在政府运行过程当中有着绝对的主导作用,对政府的监督评估具有权威性。第二,中国共产党作为我国政策、方针、路线的制定者,参与政府绩效的评估能够有效监督政府落实政策、方针、路线的情况,避免政府出现不照章办事的现象,同时,政党组织对政府领导干部的监督评估有着很强的威慑力,能有效地防止领导干部将自身利益摆在首位而忽视公众利益的现象。第三,政协组织的组成人员中,以知识分子、专家学者为主,拥有更多的专业知识和政治理性,能够根据他们所拥有的优势对政府的绩效做出理性的评估,增加评估结果的科学性和合理性。第四,政协中的部分领导和工作人员因为长期在政府部门工作,能够深刻认识政府部门存在的弊端,在绩效评估过程中,能设计出更有针对性的评估指标体系。

(三) 第三部门

第三部门是根据西方国家的组织划分原则界定的,在西方是指介于政府和私人组织之间的所有社会组织。其组成要素是各种非国家或非政府所属的社会组织,包括非政府组织(NGO)、公民的志愿性社团、协会、社区组织、利益团体和公民自发组织起来的非营利性组织等,具有非官方性、非营利性、相对独立性和自愿性等特点。正是由于这些特点,它非常适合作为政府绩效评估的主体,也是最有条件对政府活动和行为进行评价的主体之一。因为它们具有区别于评估对象的独立性,可以从政府工作中得到切实直接的主观感受,同时组织中又不乏具备专业知识的成员,可以提高政府绩效评估结果的科学性。从第三部门发挥作用的现有情况看,我国还需要大力加强,具体应包括权力的下放、政策的支持、法律的完善等。

(四) 专业评估组织

政府绩效评估是一个专业性很强、技术性含量很高的活动,但是现阶段在国内具备高专业性、高技术含量的研究组织却少之又少。因此,应鼓励和发展专业评估组织,这类组织由专门从事政府绩效评估研究和有实践经验的人士参加。他们的评估,因其身份的非官方性和活动的相对独立性,故而能够保证评估结论的客观真实,使绩效评估结果立得住跟、站得住脚。目前,这种专业民间评估机构在我国尚属凤毛麟角。要想在实践中更好地发挥其作用,保证这种具有专业评估能力的组织成长壮大,国家须制定相应的法律法规来对其进行保护和约束,保护专业评估组织独立性的同时也要防止评估对象与专业评估组织利益相通、相互勾结,从而失去作为具备专业评估能力的评估组织存在的意义。一方面要树立评估机构自身的公信力。这就要求社会评估机构必须坚持评估的独立性、评估内容与方法的科学性、评估过程的公开透明性和评估结果的客观公正性,并通过相互竞争优胜劣汰,不断加强评估组织的专业性,通过实践逐步赢得评估的权威性,从而不断获取人民的信任。另一方面,社会评估机构要发挥实质作用,充分利用网络资源,加强与媒体的联系,与媒体合作来扩大评估的影响力,通过媒体的力量将绩效评估结果可视化,从而增强民众的监督力度,增强评估的导向功能,以形成明确的价值导向,并通过社会评估来推动各级政府的创新、提高各级政府的效率与质量,促进政府创造更多的公共价值。

(五) 公民个人

公民作为评议政府绩效的评估主体,大体可以分为以下三类。一是自发参与评价的任何公民,即通过信件、电话或网络等途径主动承担评估主体的角色。二是随机抽取的普通民众,即由评价的组织者向所抽取的样本发放调查问卷。三是由社会各界代表组成的综合评估主体,一般包括人大代表、政协委员、企业代表、服务对象和普通民众等。一般来说,实行网上评议的主体基本上都属于第一种,而其他绝大部分地方政府同时采取第二和第三种评估主体,即一方面由社会各界代表组成评估主体,另一方面任何公民又均可自愿参与评价。要充分发挥公民主体的作用,首先,政府部门要解决公民信息匮乏的问题,加强公民主动获取信息的意识,扩大公民获取信息的途径,减少公民被动接收信息的情况,培养公民积极参与民主政治实践的意识形态,从而保证公民确实享有充足、真实的信息,从根本上解决公民信息匮乏的问题,为充分发挥公民主体的作用打下良好的基础。其次,在评议的对象上,应选一些与公众日常生活和社会活动密切接触的服务部门,循序渐进地评价政府,以调动公众参与评议的积极性。最后,对于公民评议的结果,要认真对待,将公众的参与结果运用于改善政府工作,否则可能会影响公众参与的积极性。

(六)社会媒体

社会媒体是报纸、通讯社、广播、电视、电影、杂志、计算机网络、新闻纪录影片等的总称,是传递新闻信息的载体。随着社会生产力的逐步发展,科学技术的不断进步,传播方式一直在更新,传播速度越来越快,范围越来越广,效果也越来越大。社会媒体以其特有的传播渠道直接或间接地参与政府绩效的评估,调查社会公众对政府公共服务的满意度,它不仅能及时传递政府的意愿,还能真实表达社会公众的心声。社会媒体因为其特有的公信力和影响力在政府绩效评估过程中日益凸显其重要的地位,逐渐成为政府绩效评估主体过程中重要的一部分,主要体现在以下几个方面。第一,数量庞大的社会媒体在人们的生活空间里已触手可及,其成员众多,遍布各地,深入社会的各个方面,社会媒体的成员都受过一定的专业训练,个人素质比较高,他们拥有独特的视觉、敏锐的观察力,能够及时发现社会公众的利益诉求和政府部门的价值取向,增强两者之间的交流,起到沟通桥梁与纽带的作用。第二,社会媒体对政府绩效的评估能够间接影响其他评估主体对政府绩效的评价,其独特的视觉和专业的分析能够给其他评估主体的评估带来一定的评判标准,进行有效的评估。第三,社会媒体能够通过电视、网络、报刊等现代传播媒介迅速传递政府行政活动的相关信息,影响社会公众的评估行为。

三、各评估主体间的良性互动

构建多元化评估主体模式要求各主体间必须形成一种良性互动关系。作为评估主体的政府机关、人民代表大会、政协代表以及第三部门组织、专业评估组织的专家、公民代表,从自身特定的角色身份、知识经验、利益需求和动机态度出发,表达对政府管理的意见,不仅能形成优势互补的合理格局,拓宽民主民意表达渠道,而且还会减少评估误差。同时,为了克服各方面意见中存在的不可避免的片面性,最后应由专门独立的绩效评估组织依法对结果进行公布。

总之,只有建立起多元化评估主体模式,并使各主体间形成一种良性的互动关系,才能保证政府绩效评估的全面性。

从现实的政府绩效评估与政府绩效管理活动上来看,近些年来,我国政府绩效管理与评估的创新，大多来源于对政府绩效评估主体的内涵扩展。因此我们可以发现，构建一个多元化的政府绩效评估主体是十分必要的。本章利用类型学的方法，将多元化的政府绩效评估主体分为内部评估主体与外部评估主体两部分，内部评估主体主要来源于行政层级，由于对于行政层级内部的各类事项内部评估主体了解较多，所以应将行政层次内部的评估主体作为主导性的主体，另外，应该充分发挥外部评估主体的作用，实现真正的政府绩效评估主体多元化，这需要第三部门、专家机构以及公民等多方的参与。

 本章小结

  政府绩效评估主体是绩效评估体系中最为重要的一部分，是评估实践的主导因素，绩效评估体系的其他因素如评估对象、指标、标准、环境等都必须通过评估主体来安排和连接。政府绩效评估主体是指由谁来评估政府绩效，具体是指直接或间接地参与政府绩效评估过程的个人、团体或组织。内部评估主体是指从评估对象的组织管理体系内部产生的评估主体，也就是政府本身，是传统政府绩效评估的首选渠道和常用形式。内部评估主体主要包括上级政府自上而下的评估、本级政府的评估和下级政府自下而上的评估。其中，上级政府自上而下的评估模式是当前我国政府绩效评估的主流模式。外部评估主体主要包括权力机关、政党和人民政协、第三部门专业评估组织、公民个人、社会媒体。构建多元化评估主体模式要求各主体间必须形成一种良性互动关系。

 关键词

  绩效评估主体 内部评估主体 外部评估主体 第三部门 多元化评估

 复习思考题

1. 我国常见的政府绩效评估主体有哪些？
2. 思考并讨论未来我国政府绩效评估主体的变化趋势。
3. 在多元化的政府绩效评估主体中，哪个主体应该起到主导作用？为什么？
4. 政府绩效评估主体的选择会对政府绩效评估产生何种影响？
5. 分析并论述公民参与政府绩效评估的现状及影响。

 资料分析

打造"以人民为中心"的政府绩效管理体系

  党的十九大报告提出"以人民为中心"的发展思想，以适应我国社会主要矛盾的变化，从而提升人民群众的获得感和幸福感。这就要求我国政府应以"以人民满意"为核心价值取向，构建政府和公众之间的良性互动机制，以期更好地满足人民日益增长的美好生活需要。政府绩效管理作为转变政府职能的有效抓手和政民互动的有效场域，理应成为构建人民满意的服务型政府的制度安排。然而在某种意义上，政府绩效管理因其对工具理性的推崇，导致其在一定程度上演变成一种新的内控手段，强化了科层制的优势，弱化了对于公众诉求的回应性。因此，构建"以人民为中心"的政府绩效管理，既符合当前党和政府所处的历史方位，又符合改革开放以来政府绩效管理价值取向演变的历史逻辑。具体可从确立"人民满意"的价值取向，以法律手段保证公众在政府绩效管理中的主体地位，以及构建基于知识共享的绩效生产合作伙伴关系三方面着手。

1. 确立"人民满意"的价值取向

当今，对于绩效的主流定义来源于新公共管理理论。其概念关注效率、效益和经济性，并遵循生产逻辑，即投入转变为产出和结果。这决定了由此概念发展而来的政府绩效管理将3E（efficiency, effectiveness and economy）视为价值取向，并聚焦于生产绩效，即依赖于在一定特殊时期内所获得的结果。但问题是效率、效益和经济性并不是构建政府合法性的全部内容。因此，过度推崇市场效率、管理主义和工具理性的政府绩效管理反而成为机械式管理控制的投入产出分析工具，难以肩负起推动政府职能转变的重任。

"以人民为中心"的发展思想，其核心要义是人民。这一核心要义重塑了新时代我国政府绩效管理的价值取向，即人民满意，同时也决定了政府绩效的内涵和判定标准在于人民拥不拥护、赞不赞成。人民满意作为政府绩效管理的价值取向，并不意味着政府绩效管理的价值目标是单一的，而是以人民满意作为基本价值定位，构建一个相对稳定、平衡、且具内在张力的价值体系。在该价值体系中，不再局限于效率和经济增长等任务性价值，而是更多地将人民幸福、公众参与、法制、公平等非任务性价值纳入其中，并赋予最高的优先等级。

2. 以法律手段保证公众的主体地位

党的十九大报告首次明确回答了建设什么样的服务型政府的问题，即服务型政府必须坚持人民的主体地位。这也表明了政府绩效管理理应是一个包含政府和公众的参与和合作的过程，否则，绩效管理就会成为一个以内控为目的的纯粹管理机制，而不是促进治理的工具。然而在实际情况中，一些政府部门的绩效管理依然有较大的调整、改进空间。一些政府部门在一定范围内既垄断政府绩效评估的管理权，又拥有组织权，并且保留较大权重的评价权，这在一定程度上导致公众在评价指标选择、评价方案制定、评价结果运用等环节缺乏相应的话语权。在这种政府绩效管理中，作为理性经济人的基层政府更注重评价指标的各项数据，这意味着在某种意义上轻视了公众满意度的评价结果，从而在面临超越其职责范围或能力边界的诉求时，基层政府更倾向于做出形式回应。

反之，"以人民为中心"的政府绩效管理通过法制手段保证公众在政府绩效评估中的主体地位。法制手段可以明确政府在绩效评价中管理权、组织权与评价权的配置原则，并且在构建权力分享机制方面优势明显。在这方面的一个尝试是，2009年和2016年哈尔滨市和杭州市相继出台了政府绩效管理条例，从法律方面保证政府绩效管理的权责界限，但从其内容上看，仍然存在弱化公众在政府绩效管理中地位和权利的现象。例如在绩效管理规划的编制，年度绩效目标的制定、调整、监督，绩效指标的遴选和绩效标准的制定等过程中，公众的知情权、建议权、评价权和监督权界定还不够明晰。总结近些年我们在政府绩效管理方面的经验，可以在推动全国层面的政府绩效管理立法的同时，探索制定地方层面的政府绩效管理的法规、规章，从而形成从中央到地方不同效力相结合的法律体系。

3. 基于知识共享的合作伙伴关系

20世纪90年代末，我国各地政府为了持续改进公共服务质量，增强政府回应能力，积极开展了公众满意度评价。这种转变不仅将服务态度、服务次数和办结率作为重要考核指标，而且对绩效排名末尾的评价对象实施问责，这是对政府绩效管理十分有益的探索。在此基础上，"以人民为中心"的政府绩效管理完善并修正了公众参与政府绩效评估的侧重点。"以人民为中心"的政府绩效管理将政府绩效的生产过程视为政府与公众以知识共享为核心，在双向互动过程中的合作生产行为。这就需要重新开放公共空间，建立知识共享机制，实现全过程的可持续参与，完成公众角色的转变，即由被动的绩效信息供给者转变为绩效生产合作伙伴。

第一，重新开放公共空间，通过公共对话，在平衡理性知识与个人感性知识的基础上，重建两者间的联系。这就需要建立基于互联网技术的电子政务系统，确保信息全面、及时、准确、有效地传递给公众，为政府与公众提供互动和对话的最佳机会。第二，培养公共管理者与公众的知识共享能力，以改进知识共享效果。这就要求一方面提升公共管理者对公众个人感性知识的转化吸收能力。如基于大数据和云计算，不断改进抽样技术、信息提取技术与信息分析技术，以此正确识别各类社会公众的诉求。另一方面，培养公众的表达能力，并选择受公众青睐的互动渠道，如微信、微博，以此不断提升公众个人感性知识的转化与交换能力。即把隐性、情感化、个性化的知识转化为显性、专业化、格式化的知识以供政府利用。与此同时，公众也应提高解读格式化、专业化知识的能力，以支撑自身有效参与政府绩效管理的全过程。总之，构建基于知识共享的绩效生产合作伙伴关系，不仅有助于超越理性的虚无与感性的"无知"，就"何为绩效，如何生产绩效"等关键问题达成共识，而且有利于政府与公众共同投入资源、时间和知识等要素，完成整个绩效的生产过程。

资料来源：孙斐. 打造"以人民为中心"的政府绩效管理体系[N]. 中国社会科学报，2020-04-22（7）.

思考题：

为什么把公众纳入政府绩效评估的主体是十分必要的？

第五章 政府绩效管理指标体系

本章学习目标

- 了解政府绩效评估指标体系设计方法与技术
- 掌握我国政府绩效评估体系基本构建、设计及评价
- 掌握政府部门绩效评估体系设计的基本原则和程序

引入资料

山东这项评价指标将纳入政府部门绩效考核

山东省财政厅获悉,为推动省直部门加强预算管理,提高财政资金使用绩效,近日我省对省直部门预算管理绩效综合评价指标体系进行了动态调整完善,并将评价结果纳入党群机关政府部门绩效考核内容,发挥考核"指挥棒"作用,推动省直部门切实加强预算绩效管理。

突出工作重点,优化评价指标体系。围绕"财政重点工作攻坚年"和打赢"十场硬仗",结合省级预算管理改革和全面实施预算绩效管理等重点工作,将指标体系由原来的预算编制、预算执行、预决算公开三大类调整为预算编制、预算执行、绩效管理、政府采购管理、资产管理和预决算公开六大类,增强考核针对性,便于部门有的放矢加强管理。

坚持问题导向,合理分配考核权重。聚焦预算管理"老大难"问题,加大对重点工作和薄弱环节的考核力度,既考核工作开展情况,也评价工作绩效,引导部门补短板、强弱项、提质量,真正让评价成为提升管理水平的重要推手。

坚持量化宜行,调整完善考核指标。选取部门单位普遍适用的评价指标,细化量化评分标准,确保考核数据客观且易获取,部门之间横向可比较、可衡量。新增资金分配方案及时性、一般性支出压减情况和扣分事项三项指标,取消评审项目实施方案编报质量、预算执行进度和国库动态监控三项指标,更加科学、客观、公正地反映部门预算管理水平。

资料来源:代玲玲. 山东这项评价指标将纳入政府部门绩效考核[N]. 大众日报,2020-04-30.

思考:政府绩效评估指标体系的重要意义有哪些?

第一节 政府绩效管理指标体系核心概念

政府绩效评估是政府绩效管理的一个重要环节,而政府绩效评估的指标体系,也是政府绩效评估的一个重要环节。指标体系作为政府绩效评估的依据,决定着政府绩效目标的实现情况,体现着政府对于公共服务提供以及行政活动完成情况的预判。从政府绩效目标的角度来分析,政府绩效评估的指标,实际上是对政府绩效目标的分解与细化的过程。政府绩效目标是否能够实现,以及政府绩效管理是否有效,都是通过政府绩效评估的指标体

系表现出来的。因此，可以说政府绩效评估的指标体系是政府绩效管理的重要依据。本节将介绍政府绩效评估指标体系的核心概念，如指标体系、方法技术等。

一、政府绩效评估指标体系

政府绩效评估并非是一个单一的行为过程，它是由许多环节所组成的综合体系，其环节主要有：说明评估的要求与任务、确定评估目的与对象、确定各种指标和标准并依此进行绩效评估、比较绩效结果与目标、分析并报告绩效结果、运用评估结果改善政府管理等。因此，政府绩效评估体系大概包括以下五个部分：绩效评估目标体系、绩效评估指标体系、绩效评估标准体系、绩效评估执行体系和绩效评估反馈体系。其中，绩效评估指标体系是绩效评估体系的核心和关键环节。绩效评估指标体系是指评估对象全部因素的集合，绩效评估指标体系可以使评估从目标判断转化为对每项指标的测定。

二、指标体系设计的方法与技术

地方政府绩效评估指标是地方政府绩效评估内容的具体体现，是开展地方政府绩效评估的基本前提。绩效评估指标具有强烈的行为引导功能，它明确并强化了评估对象的工作要点和努力方向。绩效指标清晰明确地指出了政府工作的要点，应该如何做、如何做好、如何达标等问题都通过绩效指标进行考核，从而对工作的完成情况一目了然。好的指标体系对于开展地方政府绩效评估具有积极的作用，如有效的绩效评估指标有助于改善政府组织的内部管理，在政府的决策、执行以及监督过程中提供与效率、效益以及质量相关的各类有效信息。有效的绩效评价也有助于加强政府组织的责任感，正如上文提到的那样，政府绩效评估主体往往是独立于政府以外的外部组织，所以绩效指标体系的设计应直接反映各级政府组织和管理者承担自身责任的指向和达成程度。同时不可否认的是，有效的绩效评估指标也有助于细化政府工作人员的指导工作，使其行为目标与政府组织的目标保持一致。然而，如果评估指标不合理，不但不能真实地反映地方政府的实际绩效水平，还可能误导地方政府的行为，进而给整个社会带来重大的不利影响。所以，绩效指标在绩效评价中扮演着不可替代的角色。由于政府活动范围广泛、活动过程复杂、活动结果影响深远，政府绩效评估指标比企业绩效评估指标要复杂得多。对于政府绩效评估这个世界性难题而言，设计政府绩效评估指标体系是其中首要的难点。

地方政府绩效评估指标体系的设计是一项技术性极强的工作，要保证绩效评估指标的全面性、科学性、合理性和适用性，必须运用科学的设计技术与手段，才能尽可能避免绩效指标体系设计中的偏差和设计者个人偏好对指标选择的不当影响。在我国地方政府绩效评估指标体系设计的研究中，学者们常用的方法和技术主要有演绎法、平衡计分卡技术、德尔菲法、信度和效度检验、主成分分析方法、层次分析方法等。

（一）演绎法

演绎法是从某些价值原则出发，或者从某些已被接受的论点出发，经过逻辑推理，得出新的判断和结论的过程。作为对政府行为结果的衡量，政府绩效评估关注政府组织所发挥的功能，以考察其是否以提高公民满意度为价值导向、是否做到为人民服务，但并不是要考察政府的所有功能，而是仅仅关注政府应该发挥功能的领域——职能领域。政府应忠实履行其职能,在其范围内尽可能地发挥其职能,并且不得超越其职能范围。运用演绎法确定地方政府绩效评估指标,首先应该厘清政府职能,明确职能范围,在政府职能的基础上确定绩效评估内容,进而设计出绩效评估的指标体系。

(二)平衡计分卡技术

平衡计分卡由哈佛商学院教授罗伯特·卡普兰(Roberts Kaplan)和诺顿研究院的大卫·诺顿(David Norton)于1992年首次提出。平衡计分卡包括四个方面的内容:财务、客户、内部流程、学习与成长。平衡计分卡既包括对财务业绩的评估,也包括对非财务业绩的评估,是一种综合性的绩效评价体系。虽然平衡计分卡是针对企业绩效评估而开发的绩效指标设计技术,但它也同样可以应用于公共部门,为公共部门绩效评估指标体系的设计提供一种新的思路和视角。平衡计分卡的最大特点在于其战略性和平衡性。平衡计分卡的战略性在于其始终将组织战略置于首位,将组织战略和执行手段紧密联系在一起。平衡计分卡的平衡性是指将组织的长期目标、短期目标、财务指标与非财务指标、组织内部指标与外部指标、组织的前置指标与滞后指标有机结合并实现相互平衡。在政府绩效评估中引入平衡计分卡机制,可以从宏观上明确各级地方政府所承担的使命和愿景,为各级政府及其工作人员指明了工作方向。

(三)德尔菲法

德尔菲法首先可用于政府绩效指标的隶属度分析。隶属度是模糊数学中的一个概念,模糊数学认为,社会经济生活中存在着大量模糊现象,其概念的外延不是很清楚,无法用经典集合论来描述。某个元素对于某个集合来说,不能说是否属于,只能说在多大程度上属于,元素属于某个集合的程度称之为隶属度。如果把政府绩效评估体系视为一个模糊集合,把每个评估指标视为一个元素,可以对每个评估指标进行隶属度分析。具体做法是将评估指标制成专家咨询表,把专家咨询表送给专家,要求专家根据自身的专业知识,从中选取部分最理想的政府绩效评估指标。某项指标的专家选择总次数与回收的有效咨询表的数量之比就是该指标的隶属度。

德尔菲法还可用于绩效指标权数的确定,特别是定性指标权数的确定。该方法以匿名方式通过几轮函询征求专家的意见,然后对每一轮意见进行汇总整理,作为参考资料再发放给各位专家,供他们分析判断,提出新的论证。首先对专家说明德尔菲法的特点、实质、轮间反馈的作用及均值标准差等统计参数的意义,然后请他们各自就所拟定的各评价指标进行取舍和确定权数,对回收的征询表进行分因素整理和统计,分别计算均值和标准差,直至专家意见趋于一致。据此,以各指标的均值作为该指标的权数。

(四)信度和效度检验

绩效指标确定之后,其指标内容和结构是否全面、科学,评估结果是否可信、有效,还需进行信度和效度检验。

绩效指标的信度(reliability)是关于指标客观、准确和可靠程度方面的一种度量。评定测量工具信度的方法很多,常用的有内部一致性信度、折半信度、重测信度和平衡信度等。

绩效指标的效度(validity)是指标直接与成果相关或代表所关注的绩效维度的程度,

关注的是绩效指标合适程度的问题。效度评定的常用方法有内容效度、预测效度、构思效度、聚合效度、辨别效度、效标关联效度等。

衡量政府绩效评估效度的最重要指标是内容效度。内容效度是用来说明在绩效测试中所设置的测试项目、设计的测试问题在多大程度上能代表被测试对象实际的工作情景或者反映出被测试对象实际工作中所存在的典型问题。具有较高内容效度的绩效评估系统能够把被测试对象置身于与实际工作非常类似的情景之中，尽可能避免绩效缺失和绩效污染。测得的绩效水平一般既包括真实绩效内容的一部分，同时也包括非真实绩效的内容。其中没有被纳入绩效评估系统的真实绩效，称之为绩效缺失；与之相反，不是真实绩效的内容却被纳入绩效评估系统中的部分，称之为绩效污染。科学而有效的绩效评估系统必须是没有或尽可能地减少绩效缺失和绩效污染，所建立的绩效评估系统与真实绩效内容越吻合，则该绩效评估系统的内容效度越高。

（五）主成分分析方法

主成分分析（principal component analysis）方法是英国心理学家、统计学家斯皮尔曼（Charles Spearman）于1904年发明的。他将多个变量通过线性变换以选出较少个数重要变量的一种多元统计分析方法，又称主分量分析方法。主成分分析方法将各个测量相同本质的变量归入一个因子，建立尽可能少的新变量，使得这些新变量是两两不相关的，而且这些新变量还能够尽可能保持原有的信息。通过主成分分析方法使分散而复杂的测量趋向整体和简单化，同时便于掌握各个测量要素背后隐含的内在因素，从而找出各复杂因子的主要成分，实现评估指标的简化和降维。主成分分析方法既解决了多指标综合评价研究的指标赋权和相关性问题，同时又能实现简化指标的目的。

（六）层次分析方法

层次分析方法（analytic hierarchy process，AHP）是美国运筹学家、匹兹堡大学教授T.L.萨迪在20世纪70年代中期提出的。它将复杂问题分解为多个组成因素，并将这些因素按支配关系进一步分解，按目标层、准则层、指标层排列起来，形成一个多目标、多层次的模型，形成有序的递阶层次结构。通过两两比较的方式确定层次中诸因素的相对重要性，然后综合各评估主体的判断以确定诸因素相对重要性的总顺序。层次分析方法的基本思想就是将组成复杂问题的多个元素权重的整体判断转变为对这些元素进行两两比较，然后再转为对这些元素的整体权重进行排序判断，最后确立各元素的权重。层次分析方法的基本过程是：建立递阶层次结构模型；构造出各层次中的所有判断矩阵；层次单排序及一致性检验；层次总排序及一致性检验。层次分析方法通过构造判断矩阵，先对单层指标进行权重计算，然后再进行层次间的指标总排序，来确定所有指标因素相对于总指标的相对权重，为确定类似指标体系权重提供了一种很好的解决途径，并且通过采取对判断矩阵进行一致性检验等措施，提高权重确定的信度和效度。

第二节　政府绩效管理指标体系构建

在政府绩效评估中最难的工作就是构建一整套科学、合理的指标体系，当前我国政府绩效评估指标体系构建还存在着一定的问题，还未在全国层面形成能指导政府绩效管理实践的指标体系。为了完善我国政府绩效评估的指标体系，应该掌握政府绩效评估指标体系的构建方法，以及政府绩效评估指标体系构建的基本规范与基本原则。因此，本节内容主要介绍政府绩效评估指标体系的构建方法，以设计一套更为科学合理、有效良性的政府绩效管理指标体系。

一、政府部门绩效评估指标体系构建的基本原则

在整个政府部门绩效评估过程中，绩效评估体系的核心是设计，而对于绩效评估体系的设计而言，最关键的部分就是绩效评估指标体系的构建。因此，构建合理有效的绩效评估指标体系至关重要。在设计政府部门绩效评估指标体系时应遵循以下原则。

（一）公平公正原则

对于整个绩效评估而言，设计一个内容和标准都公平公正的绩效评估指标体系是基础和前提。内容公平公正是指设定的绩效评估指标对每个评估对象来说其实施的难度是相同的；标准公平公正是指相同性质和工作的绩效评估对象应具有相同的绩效评估结果。如果一个绩效评估指标体系无法做到公平公正，则该绩效评估指标体系便无法得到认同，也就意味着这个绩效评估指标体系失效。在判断一个评估体系是否有效时，关键看该体系是否被普遍接受，只有在评估指标、标准公平公正的条件下被评估者才会接受。当评估指标的设置不公平公正时，那些占优势的被评估者可能会出现懈怠等不良心理，从而导致工作绩效的降低；那些处于劣势的被评估者可能会产生抵触情绪，绩效评估的有效性便会降低。因此，在设定政府部门绩效评估指标时必须坚持公平公正原则。

（二）系统全面原则

由于政府部门的服务具有多重性和复杂性，因此政府部门绩效评估指标体系应是一个较开放的系统，并且这个系统应该由许多相互联系的维度组成，每个维度又应该由若干相关的评估指标构成，这样便组成了一个较全面、完善的系统。政府绩效系统是由公共管理、经济发展、社会稳定、教育科技、生活质量和生态环境等诸多模块综合集成的，各个模块之间必须通过一些相应指标才能够反映出来，这就要求所建立的政府绩效评估体系不仅应具有足够的涵盖面，而且能够充分反映政府绩效的系统性特征。设置全面、合理的政府部门绩效评估指标体系是由政府部门的服务性质决定的，全面、合理的绩效评估指标体系应该能够衡量政府部门服务的质量、效率、社会效应等很多方面，并能据此对政府部门的服务内容有所侧重。一般而言，政府部门绩效评估指标体系应包括成本效益指标、投入指标、效果指标、差错指标等。

（三）客观可靠原则

在构建政府部门绩效评估指标体系时必须严谨对待，以客观的资料、数据、事实为依据，采用统一的标准筛选备选指标，应尽可能保证绩效评估指标体系的客观可靠性，不受个人主观因素的影响。只有当政府部门绩效评估指标体系客观可靠时，在绩效评估过程中才具有说服力。严格坚持客观可靠原则，应注意以下两点：在政府部门绩效评估指标体系构建的过程中，当模型计算结果出现偏差时，应以客观数据、结果为依据，尽量排除主观

因素的干扰，保持计算过程与计算结果相对客观；在选取指标时，应以全面、具有内在逻辑性的事实为依据，经严密的逻辑推理和仔细的观察，最后还应经得起实践的检验。

（四）连续稳定原则

在政府部门绩效评估指标体系的设计过程中应坚持连续稳定原则。连续稳定原则是指设定的绩效评估指标应该具有相对稳定性，那些因暂时需求而被选定的评估指标最好不被选入常设绩效评估指标之中。值得注意的是，绩效评估指标的连续稳定性不是绝对的，而是相对的。当政府部门职能或环境发生变化时，有些绩效评估指标可能不再适合，这时应适时变换或删除某些评估指标。在保证连续稳定原则的同时必须时刻注意政府部门外部环境是否发生变化，一旦察觉发生了变化，则应当舍弃不再使用的评估指标。

（五）硬指标和软指标相结合原则

绩效的多维性决定了绩效评估指标的多样性，其内容既包括硬指标，又包括软指标。硬指标是指一些能将统计数据作为主要评估信息，通过建立数学评估模型，采用数学方法计算其评估结果，并以数量的形式表现出来的评估指标；软指标是指主要通过人们的主观评价而得出评估结果的评估指标。因此，在完成硬指标的过程中，应通过量化的方式实现目标；在完成软指标时，应通过对满意度调查的方式实现目标指向，进而保证整个绩效评估指标体系的客观性、全面性和完整性。

二、政府部门绩效评估指标体系构建的程序

在设计政府部门绩效评估指标体系时，除坚持上述设计绩效评估指标体系五项基本原则外，还应遵循相应的设计程序。简单概括，政府部门绩效评估指标体系设计的程序主要由四个步骤组成，分别是确定目标、设计结构、拟定指标以及设定权重。

（一）确定目标

对于政府部门而言，绩效评估的目的就是提高公共服务的质量、公众的满意度、部门效率和管理能力，建立和发展公共责任制，增强公众对政府部门的信任度。作为一种有效表达公共意志方式的政府部门绩效评估，其理念就是将公众的需求作为政府部门自身存在、发展的前提，同时也是政府部门改革的目标。绩效目标就是指对评估对象期望的结果，政府部门绩效评估则是以既定目标为标准，判断其评估结果是否达到预定目标的活动。因此，政府部门绩效评估指标体系设计的程序开始于部门实际管理结果与部门绩效目标间的比较，政府部门绩效评估一旦没有绩效目标的指引，就会失去方向，无法继续。对于整个绩效评估体系的运行而言，绩效目标具有引导作用，设计绩效评估指标体系就是将绩效目标转化为政府部门具体任务或指标。此外，绩效评估目标对绩效评估指标体系的设计具有重要影响作用。评估目标是整个政府部门绩效评估的出发点，决定着绩效评估的侧重点。对于同一个评估对象，当其所面对背景和所处的时期发生变化时，评估目标也应随之变化，而绩效目标不同也表示所设计的评估指标体系不一样。近些年，国内外许多学者和政府部门研究机构对政府部门绩效评估的目标要素进行了一些探讨和归纳。例如，美国学者詹姆斯·Q.威尔逊的观点认为，政府部门绩效评估应该包括五个要素，分别是责任、成本、公

平、效率和回应;美国公共生产力研究中心则认为绩效评估应包括生产力、效果、质量和及时四大要素。

(二)设计结构

从某种意义上说,政府部门绩效评估指标体系就是以评估目标为出发点,采用系统方法构建的由许多反映评估对象的具体指标组成的系统结构。一般情况下,以某个评估目标为出发点,为某一评估对象设置评估指标时,应考虑设置指标的数量、层级等相关问题。实际上,在绩效评估指标体系的设计过程中,指标的数量和层级应该有一个限度,并不是越多越好。指标设置的数量或层级太多,会使整个指标体系显得很混乱,并且还可能降低绩效评估的精度,增加评估的工作量,从而使整个绩效评估过程复杂化。因此,要想设计出合理、有效的指标体系必须要有一个简单、标准的指标结构。近些年,许多学者对绩效评估指标体系进行了一些研究和探索,取得了不少成果。例如,厦门大学的卓越教授设计了一个多维度绩效评估指标体系结构,如图 5-1 所示。

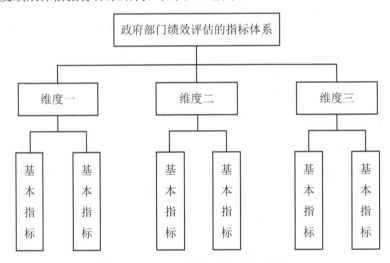

图 5-1 多维度绩效评估指标体系结构

从图中可以看到,维度位于整个指标体系的最高层。维度其实就是对评估范围类型的划分,通过维度的划分,整个评估层面显得更加有条理,评估标准的可比性更强,评估视角也变得更加集中。基本指标是指反映政府部门绩效水平的基本性指标,一般由评估对象的职能和主要工作转变而来。在指标体系中,维度规定着绩效评估的基本面,指标是评估的具体手段,指标是维度的延伸和直接载体。

(三)拟定指标

在整个绩效评估过程中,评估指标的设定最为重要,同时也是最难的,其具体内容包括确定评估指标和标准两个方面。要做到有效的选择评估指标就必须理解和掌握一些重要指标之间的关系,如外部指标与内部指标、数量指标与质量指标、客观指标与主观指标等。指标确定之后,还应合理设置评估标准,评估标准是整个政府部门绩效评估过程中的参照对象。一个真正合理的评估标准应符合信度和效度原则,其中,信度是指整个绩效评估的结果必须真实、可靠、值得相信，效度是指达到预期绩效目标的程度。我国政府部门绩效评估的标准主要包括以下三个方面：功能标准——针对政府部门满足社会公众需求属性设定的标准；行为标准——判断主体行为效能高低的标准；数量标准——以数量形式表现的标准，如效率比、投入产出比等。我国许多学者对政府部门绩效评估指标体系也做了一些实践方面的研究和尝试，取得了不少成果。例如，卓越教授曾对县、市政府进行绩效评估试点研究，并且建立了一套关于政府部门绩效评估的指标体系，该体系主要包括四个维度，即制度建设维度、作风建设维度、运行机制维度以及业务实绩维度。这套指标体系除设计了四个维度外，还在每一维度下设定了许多具体的基本指标，构成一套完整的政府部门绩效评估指标体系。

（四）设定权重

权重是指评估对象不同侧面的重要程度的定量分配，即对各因素在总体评估中的作用加以区别。事实上，没有重点的评估算不上客观的评估。在政府部门绩效评估指标体系中，不同维度的评估指标和同一维度下的不同评估指标对评估对象所起的作用不同，即不同指标对最终评估结果的影响程度不一样。在设定绩效评估指标权重时，应对绩效评估指标体系中所有的评估指标进行比较、分类，以它对评估对象影响程度的大小为依据，采取有效方法，分别给各指标赋予权重。设置完具体指标权重后，还应对各权重进行一致性检验。具体检验思路为：根据各指标的相对重要性构建判断矩阵，计算矩阵的最大特征值，求出一致性比率，最后根据比率大小判断权重值是否合理。

第三节 我国政府绩效管理指标体系

近年来，随着经济全球化的发展，国家间、地区间的竞争日益激烈，同时伴随着我国政治体制改革的推进和公民民主参与意识的增强，人们对政府绩效越来越关注，要求开展政府绩效评估的呼声日益高涨。在学术界，随着新公共管理理论在我国的传播，政府绩效评估逐渐引起学者们的关注。目前，政府绩效评估研究已经成为学术研究的热门领域。而指标是一种反映事物内在性质的量化确定手段，将隐晦的政府绩效通过量化的形式，即指标来展现绩效评估结果不乏是一个好方法。政府绩效评估指标体系是开展政府绩效评估的前提，是从事政府绩效评估研究不可回避的课题。

一、我国地方政府绩效评估指标体系的具体设计

地方政府绩效评估指标体系是保证地方政府绩效评估科学性、有效性的基本前提，它体现了政府绩效评估的内容，是测量政府绩效的标尺，反映政府的职能和行为目标。到目前为止，学者们围绕构建科学合理的地方政府绩效评估指标体系进行了多方面探索，取得了一定的成效，提出了一些地方政府绩效评估指标体系的具体设计。这些设计有共性，也有差异，反映了指标设计者所持有的不同视角和价值取向。

（一）绩效领域（一级指标）的确定

由于政府活动涉及的领域极为广泛，政府绩效也必然体现在各个领域之中。虽然人们

对地方政府绩效领域的识别和认定的看法存在较大差异,但主要存在的还是共性的看法。绩效领域的表述各异,所包含的范围也有所不同,但基本上都包括经济发展、社会稳定、公共服务、环境保护等,区别在于:有的把教育科技领域单列,而有的则把它归入公共服务领域;有的专门列出了政治绩效或行政管理绩效,而有的则没有列出。虽然大多数学者把经济发展纳入政府绩效评估指标,但也有人主张在对地方政府绩效考核时取消 GDP 指标,而把顾客满意原则和效率原则作为政府绩效评估的价值尺度。

政府部门绩效评估指标体系的发展经过了由重经济指标到重满意度导向的发展。传统的政府绩效评估指标体系往往重经济成果,而忽视民生、生态、社会发展指标。这使得地方政府形成片面追求经济高增长的工作作风,忽视了人民政府"以人为本"的价值取向。党的十六大以来,我国也明确提出建设服务型政府的目标。这说明政府绩效导向开始强调公众满意度导向,绩效考评不再仅仅是自上而下的单向考评,而是注重公众参与及公众考评。

将公众满意度引入政府绩效评估的指标体系经历了"以他为主"的学习阶段到"以我为主"的应用阶段。20 世纪八九十年代,西方国家相应建立起顾客满意度指数模型并形成指标体系,以此来测评公众对政府的满意度,进而改善政府绩效,如瑞典、美国、英国等。1989 年,瑞典建立起世界上第一个顾客满意度测评指标模型(瑞典 SCSB 模型),该模型以顾客对产品的价值感知和期望作为满意度的先导变量,并将顾客投诉和顾客忠诚作为满意度的结果变量,但是该模型仅运用于企业领域,公共部门的满意度测评模型研究始于英美。美国的 ACSI 模型是当前运用最广的满意度评估指数模型,该模型于 1994 年提出,1998 年修正,认为感知质量和顾客期望都会影响顾客满意度,前者越低于后者则满意度越低,进而形成顾客抱怨并影响顾客信任。由此可知,缩小感知质量与顾客期望的差距是提升顾客满意度的关键。

1999 年,我国启动了顾客满意度指数的测评工作。现阶段,大部分学者在借鉴西方经典的满意度测评指标体系的基础上,根据我国公共部门的特点对相关变量进行调整和应用,已经形成了涵盖公共部门各个领域、具有特色的满意度测评指标体系,包括公共服务领域、社会保障制度、电子政务、区域教育等。在引进经典满意度测评模型的过程中,清华大学根据中国市场的特点,率先提出了中国顾客满意度指数模型(CCSI 模型),该模型适合于市场情境下的满意度测评,如增加"品牌形象"作为顾客满意度的原因变量。而后相关学者在美国 ACSI 模型的基础上,通过调整变量,构建我国公共服务顾客满意度指数模型。该模型认为感知质量与顾客期望的落差形成感知价值,并进一步影响顾客满意度。总之,相关学者在满意度测评模型的中国化应用上形成了丰硕的研究,如 CCSI 模型、PSPSI 模型等,并对每一个变量指标进行分解,形成涵盖一级指标、二级指标的政府绩效公众满意度指标体系。

尽管公众满意度测评模型经过了近二十年的发展,但是在绩效评估中引入公众满意度指标体系仍然存在诸多不足。首先,自从主观指标跻身绩效评估指标体系以来,主观评估的效度问题、主客观评估的契合性问题一直是争论的焦点,如何使主观评估更具效度、如何实现主客观评估的平衡将成为研究重点。其次,公众满意度测评是一项极具专业性的活动,而当前技术手段仍有待加强。满意度测评应尽可能避免主观倾向,保证绩效评估的科学性。再次,公众满意度测评缺乏科学的理论指导及法律保障。目前各国已经以法律形式建立了绩效评估指标体系，但我国却未有法律法规，这使得绩效评估全过程缺乏科学性及可信度，增添了随意性。最后，政府与公民的意识改变还应加强。这一方面表现在政府应进一步树立"顾客意识""人民公仆"的观念，以"人民为本"的价值取向改善政府服务；另一方面，公民也应增强积极参与绩效评估的意识，督促政府真正做到"执政为民"，真正使公众满意度原则成为政府绩效评估的根本价值尺度。

（二）绩效指标（二级指标和三级指标）的具体设计

绩效领域确定之后，具体指标的选择和指标权重的确定便成为绩效指标体系设计的关键，关系到绩效评估工作的科学性、公平性和简便性。绩效指标的差异不仅体现在绩效领域（一级指标）的不同，还体现为在相同的绩效领域人们所设计的绩效指标之间也存在着不同，这反映了人们关注焦点的差异和对不同指标重要性认识的差异。

在其他的绩效领域，人们所确定的具体指标和分配的指标权重也存在着不同程度的差异。在相同的绩效领域采用不同的绩效指标进行评估，结果肯定是不同的。因此，人们试图寻找最佳的政府绩效评估指标体系，但这种努力并不能使人们达到认识上的一致。由于政府绩效评估本身的复杂性使人们的认知总是存在这样或那样的偏差，人们在政府绩效评估指标上观点的差异将长期存在。正是由于在政府绩效评估指标体系上存在着这种多样性差异，人们才可能通过比较、分析和综合，进而获得对政府绩效评估指标体系更全面和更科学的认识。

二、我国地方政府绩效评估指标体系的现状

（一）我国地方政府绩效评估指标体系取得的成就

我国地方政府绩效评估指标体系的研究在众多学者的努力下取得了一定的成就，初步改变了以前的评估指标宏观抽象、结构单一的缺陷，评估指标逐步走向科学化、全面化、具体化、综合化。

（1）地方政府经济评估指标由单一经济指标逐步转变为经济、政治、社会、环境等多元综合指标。改革开放以来，随着我国把工作重点转向以经济建设为中心，对政府工作成绩的考核曾长期集中于经济发展指标，以经济发展指标作为绩效评估指标的价值导向导致国内曾刮起过一阵"GDP崇拜之风"，各地经济发展成为政绩评价和官员职位提升的主要依据，经济发展的好坏决定了重要官员是否能够成功晋升。然而，这种用单一经济指标评估政府绩效的方法带来了诸多弊端。一是使官员重经济发展，而忽视社会其他方面的进步。在经济发展的同时，社会公共事业没有同步发展，经济与社会公共事业的发展差距越来越大。二是专注于经济发展，而忽视了环境保护。依靠过度开发自然资源来获得暂时的经济发展，却没有充分考虑环境问题，为了单一的经济发展而导致环境被严重破坏，从而在日后的环境保护方面投入更多的成本，得不偿失，可持续发展的后劲不足。目前，这种状况已经得到改变，地方政府绩效评估已由单一的经济绩效评估转变为以科学发展观为指导的全面的多元综合指标评估。

（2）政府绩效指标由单一的现状考核指标转变为同时重视政府发展潜力指标。现状考核指标只是考核政府已经做了什么，取得了哪些成绩，而发展潜力指标则关注未来政府能

力的发展前景。凡事都应该以发展的眼光看待问题，这样才科学、全面，而政府绩效指标亦是如此。比如在原国家人事部"中国政府绩效评估研究"课题组提出的中国地方政府绩效评估指标体系中，把政府绩效指标分为影响指标、职能指标、潜力指标三类，不仅考核当前政府职能的履行情况，还考核未来政府能力的发展潜力。在该指标体系中，潜力指标分为人力资源状况、廉洁状况、行政效率三个方面。

（3）政府绩效评估指标由重视结果指标转向综合考核过程指标和结果指标。早期的政府绩效指标只考核结果而不考核过程，考核过程受到忽视，给某些地方政府造成了"过程不重要"的假象，从而导致一些地方政府"为达目的不择手段"，违反行政、损害行政的行为屡见不鲜，甚至为取得所谓"政绩"而损害社会公共利益，使政府这样的公共组织失去了存在的真正意义。为了校正这种偏差，在设计政府绩效评估指标体系时，不仅要考核结果，还要考核政府的工作内容和工作方式，保证绩效评价结果与考核过程的一致性，做到不厚此薄彼，以同等的眼光看待考核结果和考核过程，以确保地方政府做正确的事和正确地做事。

（4）政府绩效评估指标由单一的外部指标走向内部指标与外部指标的综合。早期的政府绩效评估着重评估政府活动对社会、经济、文化各领域产生的效果和影响，并不去关注政府内部的运作过程，忽略了实施行政工作的政府内部情况。由于缺乏对政府内部运作过程的绩效评估，政府内部的人浮于事、官僚作风、效率低下等问题长期得不到有效解决，当然政府工作无法得到效率高、效果好的结果。综合评估内部指标和外部指标不仅有助于解决政府内部的效率问题，而且有助于在政府行为与外部绩效之间建立逻辑联系，在从外部指标评估绩效的同时也从内部制约绩效评估对象的工作运作模式，镇压官僚作风、避免人浮于事、改善效率低下等工作问题，以便更准确地评估政府绩效。

（5）在政府绩效指标的设计过程中广泛运用先进的方法和技术，增强了绩效指标的科学性。比如运用平衡计分卡技术来设计政府绩效评估指标，运用德尔菲法、主成分分析方法、层次分析方法等来确定绩效指标和指标权重等，都取得了较好的效果，使政府绩效指标具有科学性。

（二）我国地方政府绩效评估指标体系存在的不足

虽然我国地方政府绩效评估指标体系的研究取得了一定的成绩，但从当前的研究现状来看，还存在着很多不足。

（1）绩效指标过于宽泛，对政府的职能缺乏准确界定。政府职能规定了政府应该做什么和应该发挥的功能，政府行为必须有助于实现其职能，而不能超越其职能范围，因此，设计政府绩效评估指标必须以政府职能为基础，着重评估政府职能的实现程度和效率，而不能把一切社会责任都推向政府，这样只会降低政府职能的实现程度和效率，虚化政府职能。比如，有学者把"非公经济比重"和"居民文化娱乐消费支出比重"列入政府绩效评估指标，然而，政府的职能是为各种所有制经济主体创造公平竞争的环境，而不能因所有制性质不同而对"非公经济"特殊照顾；虽然政府有义务推动社会文化事业的发展，但"居民文化娱乐消费支出"完全是居民自身的消费权利，政府无权加以干预，这样的处理办法很明显属于超越了政府职能范围的政府行为，被过分宽泛地看待。因此，"非公经济比重"和"居民文化娱乐消费支出比重"并不能恰当地评估政府的绩效水平。可见，只有深入分析政府职能的真正内涵，明确政府职能范围，才能准确确定政府绩效指标。

（2）我国地方政府绩效评估指标体系大多缺乏对政府活动与经济社会发展之间的相关关系的深入分析与探讨，而倾向于把经济社会发展的一切成果都归于政府绩效。政府只是促进经济社会发展的诸多因素之一，经济的发展当然有一部分原因是来源于某些地方政府采取了正确的、顺应当下社会背景的并且有效的举措或者是推行了刺激经济、发展经济的政策，但同时也不能忽略经济社会发展与政府活动之间的相关关系而一并将成果归于政府绩效，这样只会夸大政府绩效而忽略经济发展的真正驱动因素，从而使政府绩效失去活性，经济发展也将失去支持其长久发展的动力。因此，必须具体考察政府活动与经济社会发展之间的相关关系，仔细分析其内在的要因，进而才能科学评判政府活动的绩效水平，准确分析并认识到政府活动的绩效的优势和不足，而不能把一切经济社会发展成果都纳入政府绩效之中。这就要求政府绩效评估指标要把政府行为和经济社会发展成果共同纳入评估范畴，既要评估结果，又要评估政府活动过程，并且在政府行为与结果之间建立逻辑联系。

（3）我国地方政府绩效评估指标体系对行政成本关注不够，没有把效果与成本结合起来加以考虑。政府活动是要耗费成本的，绩效评估指标仅考察政府活动成果不可能得出科学的结论。行政成本的投入必须得到相应的效果产出。许多学者设计的政府绩效评估指标体系中根本没有行政成本方面的指标，有些对于行政成本的考察很不科学。比如有学者把"政府开支占国内生产总值比重"作为一个逆向指标，即指标值越高，政府绩效越低。但这极有可能导致地方政府为了提高"政府绩效"而削减公共事业开支，减少公共服务提供的数量，降低公共服务的品质从而导致本末倒置，本应进行公共服务的政府却减少了公共服务。实际上，我们关注的应该是政府的行政运行成本，而公共事业开支的多少与政府绩效高低之间并没有直接联系，我们应把公共事业开支与其所发挥的功能进行综合考察才能对政府绩效做出判断。

（4）我国地方政府绩效评估指标体系过于关注存量指标，而忽视增量指标。在学者们所设计的地方政府绩效评估指标体系中，大多关注对政府绩效现状的测评，而忽视对绩效改进程度的测评。实际上，现有的政府绩效水平都建立在政府绩效"历史"水平的基础上，只有通过一定量的堆集才能形成质变。政府绩效评估指标体系亦然，过分关注存量指标而忽视增量指标的做法是片面的，一套完备的政府绩效评估指标体系必须兼顾增量指标与存量指标，不可厚此薄彼。因此，对某一时期政府绩效水平的评估应着重评估在这一阶段政府绩效水平的改进状况。比如，国内生产总值、财政总收入、基尼系数、人均居住面积等都属于存量指标，对于评估某一时期的政府绩效水平而言并不是恰当的指标，只有考察这一时期通过政府的努力在这些领域所取得的进展，才能比较准确地评估政府在这一时期的绩效水平。

（5）我国地方政府绩效评估指标体系普遍缺少维护社会公平、推进政治民主与行政公开、促进公民参与、改善政府与公民关系等相关领域的指标。可以说，维护社会公平和提供公共服务是我国政府的核心使命，也是政府合法性的基础，是政府绩效评估指标不容回避的领域。所以在政府绩效指标体系的设计中必须考虑到政府本身的使命诉求，必须将维护社会公平、推进政治民主与行政公开、促进公民参与、改善政府与公众关系等相关领域的指标也一并考虑进来。虽然社会公平度、行政公开和民主化程度、公民参与度、政府与公民关系等指标均不易测量,但这正是理论研究者和实际工作者需要努力解决的问题。

三、我国政府绩效评估指标体系的完善

分析我国地方政府绩效评估指标体系研究的状况,既要看到已经取得的成果,也要充分认识到存在的不足。今后,为了进一步推进我国地方政府绩效评估指标体系研究,可以从以下几个方面做出努力。

（一）准确定位政府社会功能

开展政府绩效评估并不是要求政府做的事情越多越好,而是推动政府做好自身职责范围以内的事,既不能逃避职责,也不能超越职责范围。政府应该在自身职责范围内开展工作,尽自身的职能,只有这样才能保证政府工作的高效和有效。因此,政府绩效评估指标的确定必须依据政府职能,既不能忽略某些职责,也要避免运用政府职能以外的指标来评估政府绩效水平。

（二）明确政府活动与经济社会关系

政府行为与经济社会进步之间存在着复杂的关系,有时候,经济社会的进步主要是由政府行为所推动,而有时候,政府却只在其中起到很微小的作用。在前一种情况下,因为政府行为推行的新政策、新主张顺应发展潮流,从而刺激并促进经济发展的,经济发展的主因可以明确是政府行为,所以用这种经济社会进步作为政府绩效评估指标尚不为过;但在后一种情况下,却会导致政府绩效评估结果偏离实际情况,导致政府绩效评估结果失真,从而使信息反馈阶段也失去了意义。比如,许多学者都把"劳动生产率"作为地方政府绩效评估的指标之一,虽然劳动生产率与政府效率有一定关系,但与企业的规模、企业所在的行业领域、企业的技术进步和企业管理水平等存在着更为密切的关系。我们不能直接把劳动生产率的提升作为判断政府绩效水平提升的依据,而应具体分析劳动生产率提升的真实根源。

（三）将行政成本纳入绩效指标体系

绩效是对投入、产出、效果三要素综合评定的结果,缺一不可。对于政府绩效而言,投入就是指政府成本。由于政府的公共性特征,政府投入的成本一般都来自政府无偿收取的税收,因此,政府很少具有成本意识。然而,对于行政成本的研究又至关重要,因为行政成本投入与产出结果之间紧密连接。研究政府成本,不仅要研究政府的行政运行成本,还要研究政府资金投入的领域和资金分配结构,这对于正确分析政府在社会各领域的功能至关重要;研究政府成本,不仅要研究政府自身所投入的成本,还要研究政府行为所导致的其他社会主体成本的增加。

（四）把公平和谐作为重要考核指标

把社会公平和社会和谐纳入地方政府绩效评估,关键在于如何评估社会公平与社会和谐。正确评估社会公平和社会和谐首先要求正确认识社会公平和社会和谐,包括正确认识它们的含义和它们的功能。社会公平和社会和谐体现在公民的政治生活、经济生活、文化生活和社会生活的众多层面,因此,评估社会公平和社会和谐还需要在各领域确定合适的

可测评的具体指标以体现社会公平和社会和谐的程度，政府是否对促进社会公平与社会和谐担当起应有的责任应被作为政府绩效评估的重要指标。

（五）将政务公开作为评估重要指标

政府是人民的政府，政府必须服务于人民并设法赢得人民的支持。政务公开是政府获得人民信任的前提，因为只有政务公开，将政务的过程和内容可视化，公众才能直接参与到监督政府的工作中来，才能更有效地监督政府，也才能够从政府那里获得及时和优质的服务。政府与人民的关系体现为政府与人民之间的互动：政府服务于人民，人民参与政府过程。在地方政府绩效评估中，政府与人民的关系最终体现为人民对政府的信任和支持的程度。

政府绩效管理中，政府绩效评估的指标体系构建是一个极具科学性与专业性的过程。政府绩效评估指标的设定，直接影响着政府绩效评估的结果，也直接影响着政府未来发展的方向。因此，我国亟须建设一个较为完善的科学的政府绩效评估指标体系。目前，我国政府绩效评估体系的构建还停留在地方政府的创新阶段，也就是说，在中央政府层面上，并没有较为详细的政府绩效评估指标体系。一方面给我国地方政府绩效评估体系提供了巨大的创新空间，另一方面也给我国地方政府绩效评估指标体系的构建带来了一些问题，例如缺乏一些硬性的指导原则等。因此，在我国中央政治集权和地方财政分权的背景下，我国地方政府通常会将政府绩效指标评估体系构建为利于自己晋升与发展的指标体系，因此如何解决这一问题成为构建我国地方政府绩效评估体系的重要一步。

总之，我国地方政府绩效评估的指标体系在近些年呈现出多元化的发展倾向。绩效指标体系的设定也从原来的单一指标逐渐转变为更加先进、科学、透明化的指标体系。但我国地方政府绩效评估指标体系还存在着诸多不足，例如绩效指标过于宽泛，绩效指标体系没有将效果与成本相结合，过分关注存量指标，而忽略了增量指标，过分关注经济领域，而忽略了其他领域，等等。尽管这些年来"五位一体"以及多元发展的指标已经被提出，但是经济因素仍是作为地方政府官员以及地方政府内部发展的一个首要因素，构建系统、科学、全面的政府绩效指标体系仍然任重而道远。

本章小结

政府绩效评估是由许多环节所组成的综合体系，其环节主要有：说明评估的要求与任务、确定评估目的与对象、确定各种指标和标准并依此进行绩效评估、比较绩效结果与目标、分析并报告绩效结果、运用评估结果改善政府管理等。因此，政府绩效评估体系大概包括以下五部分：绩效评估目标体系、绩效评估指标体系、绩效评估标准体系、绩效评估执行体系和绩效评估反馈体系。其中，绩效评估指标体系是绩效评估体系的核心和关键环节。绩效评估指标体系是指评估对象全部因素的集合，绩效评估指标体系可以使评估从目标判断转化为对每项指标的测定。在我国地方政府绩效评估指标体系设计的研究中，学者们常用的方法和技术主要有演绎法、平衡计分卡技术、德尔菲法、信度和效度检验、主成分分析方法、层次分析方法等。政府部门绩效评估指标体系构建的基本原则包括公平公正原则、系统全面原则、客观可靠原则、连续稳定原则、硬指标和软指标相结合原则等。

关键词

政府绩效评估　政府绩效评估指标体系　层次分析方法　指标权重

 复习思考题

1. 政府绩效评估指标体系构建有哪些方法？
2. 政府绩效评估指标体系构建应该遵循哪些原则？
3. 国内的政府绩效评估指标体系构建处于什么样的现实状态？
4. 政府绩效评估指标应该与政府的哪些功能相契合？
5. 未来我国政府绩效评估指标体系构建会向哪些方向倾斜？谈谈自己的理解。

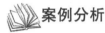 **案例分析**

河北省邢台市用绩效指标管好政府"钱袋子"

记者从河北省邢台市财政局获悉，今年邢台市将全面实施预算绩效管理改革，建成全方位、全过程、全覆盖的预算绩效管理体系。截至目前，已完成市级公共安全示范领域的公安、检察、法院、司法等8个示范单位整体支出绩效目标指标体系，确定了农、林、水、组织、宣传、发改等领域45个市级部门示范项目绩效目标指标体系。

"以前，邢台市预算绩效管理主要在项目层面开展，属于微观层面。这次改革，将政府收支、部门预算收支全面纳入绩效管理，包含一般公共预算、政府性基金预算、国有资本经营预算、社会保险基金预算等所有财政资金，突出全方位、全过程、全覆盖要求，是个重大突破。"市财政局预算绩效科相关人士表示。

市财政局陆续出台实施绩效目标管理、绩效评估、绩效监控等16项配套制度办法，从操作层面对预算绩效管理进一步细化和规范。按照科学合理、细化量化、可比可测、宁多勿缺的原则，围绕市委市政府重点工作任务、部门职责、行业发展规划，从运行成本、管理效率、履职效能、社会效益、可持续发展能力和服务对象满意度方面制定部门整体绩效目标；从数量、质量、时效、成本、效益等方面制定示范项目绩效目标指标。其中，公安、检察、法院、司法等8个市级公共安全示范单位整体支出构建了共性指标283项和个性指标1091项，农、林、水、组织、宣传、发改等领域45个市级部门示范项目构建了个性指标801项。

资料来源：郭文静. 河北省邢台市用绩效指标管好政府"钱袋子"[N]. 邢台日报，2020-7-14.

思考题：

1. 河北省邢台市推行的预算绩效指标体系建设中，体现了对绩效评估指标体系进行改善的哪些举措？这些举措应如何运用到政策绩效评估指标体系改革中？
2. 邢台市的预算绩效指标体系建设的现有举措中是否仍存在不足？若有，如何改进？

第六章 政府绩效管理模式与方法

本章学习目标

- 掌握平衡计分卡方法
- 掌握标杆管理法
- 掌握目标管理法
- 掌握关键绩效指标法
- 掌握360度反馈评估法
- 了解目标与关键成果法（OKR）
- 了解基于公共服务标准化的ISO 9000政府质量管理

引入资料

宿州市委市政府召开目标管理绩效考核情况通报会

2019年5月27日上午，宿州市委、市政府召开目标管理绩效考核情况通报会，盘点分析全市2018年度省政府目标管理绩效考核和2019年一季度省政府经济运行情况考核结果，进一步找出差距、查准根源，补缺补差、迎头赶上，为推动全市经济高质量发展奠定基础。市委书记出席会议并讲话。市人大常委会主任、市政协主席、市委副书记等市领导出席会议。市委常委、常务副市长主持会议。

会上，常委副市长通报了宿州市2018年度省政府目标管理绩效考核结果和一季度省政府经济运行季度考核指标得分情况，解读了2019年度省政府对各市政府目标管理绩效考核及省政府调整完善经济运行季度考核机制等两个文件精神。市直有关部门分别就考核工作做表态发言。

市委书记在讲话中指出，加强对2018年度省政府目标管理绩效考核和今年一季度省政府经济运行情况考核结果的盘点分析，是要正视问题差距，剖析问题根源，认真对照省政府目标管理绩效考核体系新变化、新要求，深刻查摆自身思想上、作风上、工作上存在的突出问题，找准病根，对症下药，持续推动全市经济高质量发展。

市委书记强调，要聚焦重点，补齐短板，全面做好抓产业、强县区、扩投资、抓城乡、优环境等重点工作，推动全市各项工作上水平、上台阶。要进一步健全调度机制、沟通机制、约谈机制和奖惩机制，全力以赴抓推进，全程问效抓落实，确保全市各项工作迎头赶上、争先进位。

常务副市长在主持会议时指出，要迅速传达会议精神，压紧压实各方责任，深刻反思，认真分析查找症结。要全面检视，靶向施策，仔细对照考核指标，加强对本部门本行业运行情况的动态分析，全力以赴补齐短板。要卧薪尝胆，奋起直追，坚决打赢翻身仗，为推动全市经济社会高质量发展奠定扎实基础。

资料来源：宿州市委市政府召开目标管理绩效考核情况通报会，https://www.ahsz.gov.cn/zwzx/zwyw/69857037.html。

思考：政府开展绩效考核评估的作用是什么？

第一节 基于战略的绩效评估模式——平衡计分卡

20世纪90年代,罗伯特·卡普兰和戴维·诺顿发表了一篇名为《平衡计分卡——驱动绩效的衡量指标》的文章,标志着平衡计分卡(balanced score card, BSC)的诞生。平衡计分卡是将组织的战略从财务、客户、内部流程、学习与成长四个维度,转化为可执行可衡量的一种绩效管理体系。随着西方公共部门新公共管理思想的渗透,平衡计分卡也开始作为一种政府绩效管理工具出现在公共管理领域中。

一、平衡计分卡的主要内容

(一)平衡计分卡的主要思想

平衡计分卡以提升组织战略执行能力为出发点,以组织的战略为核心,将组织战略目标逐层分解转化为各种具体的、相互平衡的绩效考核指标体系。平衡计分卡为应对需求而不断推陈出新,经过一段时间的融合发展,逐渐成为系统较为完善、功能效果完备的战略及绩效管理工具,广泛应用于企业、政府、军队、非营利机构等各类组织的管理实践当中。

平衡计分卡中的目标和评估指标来源于组织战略,它把组织的使命和战略转化为有形的目标和衡量指标。在平衡计分卡的客户方面,管理者们确认了组织将要参与竞争的客户和市场部分,并将目标转换成一组指标,将模糊的工作指导方向具象化,从而在工作指导方面做出卓越的成效。如市场份额、客户留住率、客户获得率、客户满意度、客户获利水平等,都能对一段时期内的工作效果及工作结果做出评估,并指出工作中存在的优势与不足。在平衡计分卡的内部经营过程方面,为吸引和留住目标市场上的客户,满足股东对财务回报的要求,管理者需关注对客户满意度和实现组织财务目标影响最大的那些内部过程,并为此设立衡量指标。在这一方面,平衡计分卡重视的不是单纯的现有经营过程的改善,而是以确认客户和股东要求为起点、满足客户和股东要求为终点的全新的内部经营过程。在平衡计分卡的学习和成长方面,确认了组织为实现长期的业绩而必须以长远发展的、动态的视点来进行对未来的投资,包括对雇员的能力、组织的信息系统等方面的衡量。组织在上述各方面的成功必须转化为财务上的最终成功。产品质量、完成订单时间、生产率、新产品开发和客户满意度方面的改进只有转化为销售额的增加、经营费用的减少和资产周转率的提高,才能切实达到组织的根本目标,才能为组织带来利益。因此,平衡计分卡在财务方面列示了组织的财务目标,并衡量战略的实施和执行是否为最终经营成果的改善做出贡献。平衡计分卡中的目标和衡量指标是相互联系的,这种联系不仅包括因果关系,而且包括结果的衡量和引起结果的过程的衡量相结合,最终反映组织战略。

(二)平衡计分卡的设计

平衡计分卡的设计包括四个维度:财务、客户、内部流程、学习与成长。这四个维度分别代表组织的三个主要利益相关者:股东、客户、员工。每个维度的重要性取决于维度的本身和指标的选择是否与组织战略相一致。其中每一个维度,都有其核心内容。

1. 财务维度（financial perspective）

财务维度以传统财务会计的专业术语如投资报酬率、收入增长率等为基础，对战略的有形成果进行可视化处理，提供了组织工作实施成功与否、组织目标达成与否的判断依据。财务业绩指标可以显示组织的战略及其实施和执行是否对改善组织盈利做出贡献。可以说，平衡计分卡在财务维度上的最终目标就是实现利润最大化，确保股东价值的持续提升，而财务目标通常与获利能力有关，其衡量指标有营业收入、资本报酬率、经济增加值等，也可能是销售额的迅速提高或创造现金流量，所以平衡计分卡的设计中必须包含财务维度的要求。财务维度是平衡计分卡模式中必不可少的重要一环，财务维度上的指标要求可以很好地衡量组织内部的投入与产出情况，具体可通过收入增长和生产率改进这两个战略来改善组织的财务绩效。公共组织亦是如此。通过公共组织对财务维度的考量，实现公共组织利益的最大化。无论是企业还是其他组织，甚至是政府这样的公共组织，财务目标都是其重要的绩效考核指标，具体体现在两个方面。第一就是收入增长战略，如通过销售新开发产品或是发展全新的客户来不断增加收入；也可以加强顾客因消费而取得的服务的感受，保留现有顾客资源的二次消费欲望，进而持续增加收入。第二就是生产率改进战略，通过改善成本结构或者提高资产利用效率，以期降低直接或间接成本的使用率、避免成本投入环节产生多于成本的浪费，或更有效地利用现金流资产和有形资产来减少为了实现既定的业务水平而要求消耗的固定成本部分。

2. 客户维度（customer perspective）

在平衡计分卡的客户维度中，管理者确立了其业务单位的目标客户和市场，以及业务单位在这些目标客户和市场中的衡量指标。客户维度以客户的价值取向为出发点，定义了组织战略所选择的客户价值主张。所谓客户价值主张，就是组织通过战略评定分析，在完成界定细分化市场和目标客户群体的工作基础上，为目标客户群体提供一整套针对竞争对手的一种战略模式，该模式通常以客户需求为导向或引导刺激客户产生产品需求为导向。客户维度指标通常包括客户满意度、客户保持率、客户获得率、客户盈利率，以及在目标市场中所占的份额。客户维度使业务单位的管理者能够阐明客户和市场战略，从而创造出出色的财务回报。客户维度上的要求，反映了企业的服务意识。

3. 内部流程维度（internal process perspective）

企业的内部流程包括经营、创新和售后服务三方面，衡量指标包括产品经营时间、成本、质量、新产品研发时间、损益平衡时间、成果转化能力、产品退货率、维修周期、客户付款时间等。在这一维度上，管理者要确认组织擅长的关键的内部流程，这些流程帮助业务单位提供价值主张，以吸引和留住目标细分市场的客户，并满足股东对卓越财务回报的期望。

4. 学习与成长维度（learning and growth perspective）

它确立了组织要创造长期的成长和改善就必须建立的基础框架，确立了未来成功的关键因素。平衡计分卡的前三个层面一般会揭示组织的实际能力与实现突破性业绩所必需的能力之间的差距，为了弥补这个差距，组织必须投资于员工技能的提升、组织程序和日常工作的理顺，这些都是平衡计分卡学习与成长维度追求的目标，如员工满意度、员工保持率、员工培训和技能等，以及这些指标的驱动因素。

二、平衡计分卡在政府绩效管理中的应用

由于政府部门独有的公共性和非营利性，平衡计分卡模型在政府绩效管理中的应用必然与在企业绩效管理中的应用不同。因此，平衡计分卡在政府绩效管理活动中需要进行特殊的理论说明。

1. 财务维度

没有财务维度，平衡计分卡就不完整。在政府部门平衡计分卡中，财务维度的目标是：如何在满足预算约束条件下为顾客创造价值，并且是不以营利为目的的。在中国政府部门中，该维度表现在政府成本上。政府成本包含了两个层面：非财务层面与财务层面。非财务层面即政治成本，政府部门在为公众提供公共产品时，必然要考虑到公众即顾客的需求，而顾客对政府的满意与信任也定会为该级政府的政治成本累积增加筹码。财务层面为经济成本，即以最低成本提供服务。加强政府部门财务管理就是加强经济成本的控制、管理。政府组织的财务是一种受托责任，必须加强内部管理；加强部门预算控制，建立健全会计制度，依法办事，有效预防腐败，继而实现财务维度的目标。

2. 客户维度

在政府部门平衡计分卡模式中，客户维度得到提升。从政府的根本使命出发，更受关注的是组织的客户，而不是财务利益相关者。因此，组织必须确定其服务对象以及如何最好地满足他们的需求。在我国，人民群众就是政府的客户。中国各级政府部门是否真正做到立党为公、执政为民，是否有效地回应和满足了公众的需求，是否真正维护了公众利益，等等，都是客户维度所要评估的政绩。

3. 内部流程维度

政府部门的内部流程不仅在于选择、评估那些能够满足顾客需求并最终实现使命的流程，而且良好有序的政府管理内部流程是保证政府绩效水平优良的关键。如果政府部门内部运作流程失范，长此以往，势必会导致政府部门滋生腐败现象，损害公共利益，辜负社会公众的期望。

4. 学习与成长维度

随着全球化、信息化的发展，迫切要求政府实现管理创新。政府管理创新的核心力量来自政府本身，政府应使自己保持与外部行政生态环境在物质、人员、信息、文化等方面的良性互动，使之具有更强的学习能力、适应能力和应对危机的管理能力，以实现政府的自我革新与自我发展。

平衡计分卡来源于企业的绩效管理，但是通过上文分析我们发现，平衡计分卡对于政府绩效管理领域也同样适用。从建设服务型政府、学习型政府的角度来看，平衡计分卡的顾客维度、内部流程维度、学习成长维度与政府改革的目标高度契合。然而需要注意的是，将平衡计分卡运用到政府绩效管理领域时，要注意公共部门与私人部门的本质区别，始终将公众利益放在首位。

第二节 基于"最佳实践"的绩效评估工具——标杆管理法

标杆管理法（benchmarking management）由美国施乐公司于1979年首创，是指组织通过学习组织内部或外部的最佳实践，并将之推广到组织各部门，以获得绩效大幅提高的一种管理方法。标杆管理法较好地体现了现代知识管理中追求竞争优势的本质特性，因此具有巨大的实效性和广泛的适用性。如今标杆管理法已经在组织的战略制定、库存控制、质量管理、市场营销、成本控制、人力资源管理和新产品开发等方面得到了广泛的应用，并不断拓宽新的应用领域。其中杜邦、通用、福特、IBM等知名企业在日常管理活动中均应用了标杆管理法。而在中国，像海尔、李宁、联想等知名企业也通过采用标杆管理法取得了成功。

一、标杆管理法的基本内容

标杆管理又称基准管理，其本质是不断寻找最佳实践，以此为基准不断地测量分析与持续改进。标杆管理是创造模板的工具，它可以帮助企业创造自身的管理模式或工作模板，是实现管理创新并获得竞争优势的最佳工具。

标杆管理法经美国生产力与质量中心对其进行系统化和规范化，定义为：标杆管理法是一个系统的、持续性的评估过程，通过不断地将企业流程与世界上居于领先地位的企业相比较，以获得帮助企业改善经营绩效的信息。具体来说，标杆管理法是企业将自己的产品、服务、生产流程与管理模式等同行业内或行业外的领袖型企业作比较，借鉴与学习他人的先进经验，改善自身不足，从而提高竞争力，追赶或超越标杆企业的一种良性循环的管理方法。通过学习标杆企业，企业重新思考和改进经营管理实践，创造自己的最佳实践模式，这实际上是模仿、学习和创新的过程。标杆管理法的基本原理就是将自身的关键业绩行为与最强竞争对手或那些在行业中领先的、最有名望的企业的关键业绩行为进行比较与评估，分析这些基准企业绩效的形成原因，在此基础上建立企业可持续发展的关键业绩标准及绩效改进的最优策略。标杆管理法的本质是一种面向实践与过程的管理方式，基本思想就是系统优化、不断完善和持续改进。标杆管理法可以突破企业的职能分工界限和企业性质与行业局限，它重视实际经验，强调具体的环节、界面和流程，因而更具有特色。同时，标杆管理法也是一种直接的、中断式的渐进管理方法，其思想就是企业的业务、流程、环节都可以解剖、分解和细化。企业可以根据需要去寻找整体最佳实践或者优秀部分来进行标杆比较，或者先学习部分再学习整体，或者先从整体把握方向再从部分具体分步实施。

标杆管理法蕴含着科学管理规律的深刻内涵，较好地体现了知识经济时代现代管理中追求竞争优势的本质特性，因此具有巨大的实用性和广泛的适用性。

二、标杆管理法的操作步骤

作为一种技术方法,标杆管理法在不同的组织及其实践中,并没有一个统一的过程和步骤。施乐公司的罗伯特·开普(Robert C. Camp)是标杆管理法的先驱和最著名的倡导者,首创了经典的标杆管理法的实施步骤。他将标杆管理活动划分为五个阶段,每阶段又由两到三个步骤组成。① 计划。确认对哪个流程进行标杆管理;确定用于作比较的公司;决定收集资料的方法并收集资料。② 分析。确定自己目前的做法与最好的做法之间的绩效差异;拟定未来的绩效水准。③ 整合。就标杆管理过程中的发现进行交流并获得认同;确立部门目标。④ 行动。制订行动计划;实施明确的行动并监测进展情况。⑤ 完成。处于领先地位;全面整合各种活动;重新调整标杆。

由于不同行业、不同企业有不同的衡量标准,因此标杆管理法的具体实施内容要因行业与企业而异。通常的标杆管理法实施步骤大致如下。

(一)确定标杆企业和标杆项目,并确定标杆目标

标杆项目的选择会因标杆类型的不同而不同,也会因企业优势和劣势的不同而不同。分析最佳模式与寻找标杆项目是一项较为烦琐的工作,需要开发一套对标研究策略。其中包括:实地考察并收集标杆数据;处理、加工标杆数据并进行分析;与企业自身同组数据进行比较,进一步确立企业自身应该改进的地方,必要时还需要借助"外脑"咨询和外部专业数据库。在大量收集有关信息和相关专家参与的基础上,针对具体情况确定不同的标杆目标。比如,可以在企业内部寻找绩效好、效率高的部门作为标杆目标,也可以在行业内寻找其他先进企业作为标杆目标,甚至将不同行业的先进企业作为标杆目标。另外,在分析对比同行业中的企业时,我们不仅需要参考行业第一,而且还要参照一些与自身相近的企业来全面而准确地确定威胁与机会、优势与劣势,从而制订出可操作的、可实现的分步实施目标。

(二)制订具体计划与策略

这是实施标杆管理法的关键:一方面要创造一种环境,使企业中的人员能够自觉和自愿地进行学习与变革,以实现企业的目标;另一方面要创建一系列有效的计划和行动,通过实践赶上并超过标杆目标,这是创造企业核心竞争力的关键所在。因为标杆本身并不能解决企业存在的问题,企业必须根据这些具体的计划采取切实的行动来实现既定的目标。

(三)比较与系统学习

将本企业指标与标杆指标进行全面比较找出差距,分析差距产生的原因,然后提出缩小差距的具体行动计划与方案。在实施计划之前,企业应当培训全体员工,让员工了解企业的优势和不足,并尽量让员工参与具体行动计划的制订。只有这样,才能最终保证计划的切实实施。而且标杆管理往往会涉及业务流程再造,需要改变一些人惯有的行为方式,甚至涉及个人的利益。因此,企业方面要解除思想上的阻力,可以创建一组最佳的实践和实现方法,以赶上并超过标杆对象。

（四）效果评估与改进

实施标杆管理法是一个长期的渐进过程。在每一轮学习完成时都需要重新检查和审视对标杆研究的假设和标杆管理的目标，以不断提升实施效果。标杆管理法只有起点没有终点，企业应当在持续学习中不断把握机遇与提升优势，避免危机并发扬优势。

三、标杆管理法在政府绩效评估中的应用

由于标杆管理法的引入，使得政府绩效评估方法发生了很大的变化。

（一）政府绩效评估标准的变化

标杆管理法中的"杆"指绩效评估的基准目标，也叫最佳实践。在传统的政府绩效评估中，通常是与本系统本行业的历史绩效和预算等做纵向内部的比较，范围有限，不可能对政府工作做出正确的评价。标杆管理法强调以行业内或系统外的最佳实践作为衡量标准，使政府在进行绩效评估时就可以与全国范围内任何具有最佳绩效的部门进行比较，拓展政府绩效评估的比较范围，促使其着眼于本部门的长远发展。

（二）政府绩效评估指标的变化

标杆管理法中的"标"即度量指标，指能够准确反映组织绩效的一套指标体系及相对应的作为标杆用的一套基准数据。传统的政府绩效评估体系往往侧重于经济指标，而对于公共行政所要达到的多元目标中的其他目标关注度不够，例如，一些旨在满足公共需要的社会问题的解决方面。评估指标不是政府职能的全部，影响了评估的准确性。而标杆管理法的指标体系比较全面，除了经济指标，还包括社会管理、环境保护、公共服务、危机处理等指标。而且标杆管理法还尽量用具体的数据准确地反映政府部门的行政绩效。

（三）政府绩效评估方法的变化

从根本上说，绩效的高低与否，实际上是与其他组织比较而言的。在标杆管理法中，在每一个实施阶段结束后都把结果与确定的标杆相比较，找出差距，进行阶段性的总结评估，以对下一阶段的方法做出调整，直至最后达到标杆水平，确定更高的标杆。在标杆管理法中比较和评估完全融为一体，通过比较实现评估，以评估促进更高水平的比较。

（四）政府绩效评估程序的变化

实施标杆管理是一个不断学习的过程，在每一轮学习过程中，需要重新检查和审视标杆管理目标，甚至寻找"新的标杆"。标杆管理法的引入，意味着政府在每一次评估完成之后，还必须要针对新情况、新要求持续进行标杆管理活动，确保"最佳实践"不断升级，使绩效评估过程成为一个循环反复的过程，从而确保政府绩效的持续改善。

四、应用标杆管理法进行政府绩效评估应注意的问题

（一）清楚标杆管理法的运用条件

标杆管理法的运用是有条件的，例如它的评估指标都是一些量化指标，如果政府的活动成果可以量化，那么以标杆管理法为基础进行绩效管理就是可行的。否则，标杆管理法

在实施的过程中就有一定的难度。因此，政府运用标杆管理法之前，要对自身的工作程序、发展现状以及价值取向有一个清晰的认识，从而确定是否能使用标杆管理法。确定使用后，还要对标杆管理项目的广度、深度、时间、资源以及项目中涉及的相关参数进行详尽的描述，以保证在整个程序中能合理运用标杆管理的相关方法。

（二）认清标杆管理法的局限性

标杆管理法虽然是当代政府进行绩效评估时运用的一种较为先进的方法，在国外实践中已得到广泛运用，但和其他的管理方法一样，标杆管理法并不是"万能药"，它也有局限性。具体表现在以下两方面。首先，指标的确定虽然比较灵活、全面，但随意性较强，易导致指标体系的繁杂，使评估成本加大，对评估人员的素质更是要求颇高。其次，它毕竟源于企业的绩效管理，在引入政府绩效评估后，仍摆脱不了对管理主义的强调，片面追求组织绩效。而对于政府和公共组织来说，绩效并不是唯一追求的目标，还存在其他的目标，政府也承担很多无明显绩效的公共产品的提供，因此，在这种情况下，运用标杆管理法进行绩效评估，容易使组织忽视政府的公共性本质，使公共性受损，这是应该引起高度重视的。

（三）重视标杆管理法的创新性

从标杆管理法的特点和流程可以看出，标杆管理法是一个模仿和创新并举的过程。模仿是获得短期生存条件的最经济有效的手段，而创新才是获得长期竞争优势最根本的途径。标杆管理过程是一个学习的过程，这种学习如果只是全盘复制，政府部门不仅会丧失竞争优势、无法从根本上提高自身核心竞争力和行政效率，更是会失去自身个性和价值。只有在学习中结合自身的特点进行变革和创新，才能最终超越对手，成为优胜者。因此，在政府绩效管理中，需要将学习模仿和创新结合起来，才能真正发挥标杆管理法的作用。

五、标杆管理法在政府绩效管理中的成功应用案例

俄勒冈州位于美国的太平洋沿岸，是美国重要的高科技中心和金融中心，也是美国州政府中运用标杆管理法最成功的典例。20世纪80年代，为了扭转低迷的经济形势，由州长授权，州政府有关部门在对州内外环境进行细致与全面的现实性评估基础上，总结出自身存在的优势和不足，并于1989年6月制定了"闪耀俄勒冈"一号战略规划。

"闪耀俄勒冈"一号战略规划源于一个关于未来20年俄勒冈发展的可实现的愿景，同时清晰地阐述了反映这个共同愿景的具体发展目标：① 提高居民的收入，使平均收入水平等于或者超过全国平均水平；② 减少贫困居民的数量；③ 稳定俄勒冈州的就业水平；④ 充分刺激就业扩张，以适应劳动力参与率的提高和较小幅度就业率的增长；⑤ 维护和强化俄勒冈州的宜居水平；⑥ 提高俄勒冈州居民的读写、数学和科学技能以及工作技能，如倾听、沟通、问题解决、与人合作。

为了促进"闪耀俄勒冈"计划的有效实施，州政府分别于1990年和1996年成立"俄勒冈州进步委员会"（Oregon Progress Board）、"闪耀俄勒冈计划州长特别任务小组"（Governor's Oregon Shines Task Force）。两个机构发布了"闪耀俄勒冈"二号战略规划作为对"闪耀俄勒冈"一号战略规划略微单薄评估体系的补充，建立了新的核心战略目标：

第一,为全体俄勒冈州人提供优质工作;第二,安全、互助、全民参与的社区;第三,健康、可持续发展的环境。该战略规划一直沿用至今。在战略规划提出的核心战略目标基础上,俄勒冈州又建立标杆指标体系,将这三个核心战略目标分为经济、教育、公民参与、社会支持、公共安全、人造环境、自然环境等七个标杆领域。在上述七个标杆领域里,俄勒冈州进步委员会举行为期一周的听证会,广泛听取各相关利益团体关于标杆有效性的意见,采纳了由数据分析师工作小组开发的标杆验收标准,又明确了大约 90 个标杆指标。另外,俄勒冈州进步委员会还建立了两个额外的进展指标列表,即标杆发展列表和补充指标列表,这些具体的标杆指标共分为 91 项。为了增进政府绩效衡量的准确性,有些标杆指标得到了进一步细分,例如,研究与发展指标,又分为学术研究发展指标和工业研究发展指标。通过指标分类和细化,最终形成了 158 个标杆指标。这也标志着俄勒冈州建立起了一个比较完整的绩效管理体系。

为保证标杆指标可以适时评估政府绩效,俄勒冈州进步委员会定期审查和完善标杆指标。该进步委员会每年会根据每一标杆指标对政府工作进行评价,并列出各项指标在全美 50 个州的排名,便于衡量政府绩效并提出相应的改进措施。以稳定出口为例,俄勒冈州拥有多样化的国际贸易伙伴,为了保持俄勒冈州经济的独立性,避免过分依赖某一主要贸易国,以减少经济的不确定性因素,该标杆指标主要指与非主要贸易伙伴出口交易额所占总出口贸易额的百分比。调查显示,2000 年至 2006 年的变化比较平缓,比重都接近或稍高出 60%;2006 年至 2007 年这两年最高,平均达到 65%;而从 2008 年则开始出现下降趋势,2009 年仅有 54.4%,是 10 年以来最低值。俄勒冈州自实施"闪耀俄勒冈"并利用标杆管理衡量和改进绩效以来,经济实力和城市综合竞争力显著提升,这与州政府在绩效管理方面的不断努力是分不开的。

标杆管理的本质是设置基准进行相对化的比较管理。其在企业绩效管理领域和政府绩效管理领域都得到了很好的实践。需要注意的是,标杆管理的核心是设置标杆。而对于中国情境下的政府绩效管理来讲,选择合适的比较标杆成为我们需要关注的重点问题,由于改革开放初期,双轨制带来的问题使得区域经济、社会服务发展不平衡成为我国发展的重要问题。因此,不同地域之间如何选择标杆去进行设定是值得思考和研究的。

第三节 基于使命的绩效评估工具——目标管理法

目标管理(management by objectives,MBO)源于美国管理学家彼得·德鲁克(Peter F. Drucker),他在 1954 年出版的《管理的实践》一书中,首先提出了"目标管理和自我控制的主张"。目标管理是通过将组织的整体目标逐级分解直至个人目标,最后根据被考核人完成工作目标的情况来进行考核的一种绩效考核方式。在开始工作之前,考核人和被考核人应该对需要完成的工作内容、时间期限、考核的标准达成一致。在时间期限结束时,考核人根据被考核人的工作状况及原先制定的考核标准来进行考核。

一、目标管理的基本内容

目标管理的基本内容是动员全体员工参加制定目标并保证目标实现,即由组织中的上级与下级一起商定组织的共同目标，并把其具体化展开至组织各个部门、各个层次、各个成员。组织内每个单位、部门、层次和成员的责任和成果相互密切联系，在目标执行过程中要根据目标决定上下级责任范围，上级权限下放，下级实现自我管理。在成果评定过程中，严格以这些目标作为评价和奖励标准，实行自我评定和上级评定相结合。以此最终组织形成一个全方位的、全过程的、多层次的目标管理体系，提高上级领导能力，激发下级积极性，保证目标实现。

综上所述，目标管理在组织内部建立了一个相互联系的目标体系，而这种体系把员工有机地组织起来，使集体力量得以发挥，同时目标管理的实行就意味着组织管理民主化、员工管理自我控制化、成果管理目标化。于是目标管理事实上是一种总体的、民主的、自觉的和成果的管理，这也正是目标管理的魅力所在。

二、目标管理的基本操作

目标管理的具体做法分三个阶段：第一阶段为目标的设置；第二阶段为实现目标过程的管理；第三阶段为总结和评估所取得的成果。

（一）目标的设置

目标的设置是目标管理最重要的阶段，这一阶段可以细分为四个步骤。

（1）高层管理预定目标，这是一个暂时的、可以改变的目标预案。既可以由上级提出，然后同下级讨论；也可以由下级提出，提交上级批准。无论采用哪种方式，必须共同商量决定。另外，领导必须根据企业的使命和长远战略，估计客观环境带来的机会和挑战，对该企业的优劣有清醒的认识，对组织应该和能够完成的目标心中有数。

（2）重新审议组织结构和职责分工。目标管理要求每一个分目标都有确定的责任主体。因此预定目标之后，需要重新审查现有组织结构，根据新的目标分解要求进行调整，明确目标责任者和协调关系。

（3）确立下级的目标。首先下级要明确组织的规划和目标，然后商定下级的分目标。在讨论中上级要尊重下级，平等待人，耐心倾听下级意见，帮助下级确定一致性和支持性目标。分目标要具体量化，便于考核；分清轻重缓急，以免顾此失彼；既要有挑战性，又要有实现可能。每个部门的分目标要和其他部门的分目标协调一致，支持本单位和组织目标的实现。

（4）上级和下级就实现各项目标所需的条件以及实现目标后的奖惩事宜达成协议。分目标制定后，要授予下级相应的资源配置的权力，实现权责利的统一。由下级写成书面协议，编制目标记录卡片，整个组织汇总所有资料后，绘制出目标图。

（二）实现目标过程的管理

目标管理重视结果，强调自主、自治和自觉。这并不等于领导可以放手不管，相反由于形成了目标体系，一环失误，就会牵动全局。因此，领导在目标实施过程中的管理是不可或缺的。首先，上级需要先进行定期检查，利用双方经常接触的机会和信息反馈渠道自然地进行；其次，要向下级通报进度，便于互相协调；最后，要帮助下级解决工作中出现的困难问题，当出现意外、不可测事件严重影响组织目标实现时，也可以通过一定的手续，修改原定的目标。

（三）总结和评估

达到预定的期限后，下级首先进行自我评估，提交书面报告；然后上下级一起考核目标完成情况，决定奖惩；同时讨论下一阶段目标，开始新循环。如果目标没有完成，应分析原因总结教训，切忌相互指责，以保持相互信任的气氛。

目标管理实际上是各种类型的组织中最常用的绩效管理方法，无论是作为企业的私人组织，还是作为社会方面的公益组织，或是作为公共部门的政府组织，目标管理都是各类组织中特别常见的绩效管理手段，目标管理重视目标总结与评估。但对于政府绩效管理来讲，过程与目标同等重要。目标管理的卓越性在于其对"目标"或"结果"的重视，但其对"过程"的忽视也使得目标管理有着厚此薄彼的特征。公共服务的提供以及政府行政行为的表达都体现了过程的重要性，因此在进行目标管理过程中，应该适当地分解目标以达到过程融入目标当中的效果。

三、目标管理对政府的适用性

目标管理产生于企业，取得良好效果后被引用到政府管理中。企业是自主经营、自负盈亏的社会经济组织，而政府是执行国家权力、进行政治统治并管理社会公共事务的机关，与企业单纯追求高效率、高利润的简明目标不同，政府组织结构的复杂性、管理的公共性以及行政权力的权威性都使得政府管理活动更加复杂化。因此，目标管理在政府中的应用必须与政府组织结构、政府性质以及行政权力运行相适应。首先，目标管理的实施流程应与政府组织结构相契合。政府结构决定着其工作任务如何分配，如何进行分工协作，它是执行公共管理职能的基本体制。学界通常按照纵向和横向两个角度划分为层级关系和协作关系。这种纵向和横向的结构划分是为了划分各部门、各层级政府部门的管理权限和管理职能，更好地进行社会管理和提供公共服务。目标管理的过程要求组织有明确的边界，强调组织结构和个人的职责范围，而这恰好契合了政府整体结构。其次，目标管理强调人的职业精神、责任意识和自我实现，而政府管理公共性的一个重要的体现就是强调行政人员的公共性，即公共性应是政府行政人员的职业态度、观念和信仰，强调行政人员的敬业精神和责任意识。二者对职业精神和责任意识的强调相吻合。最后，目标管理强调制定目标过程中各级成员的共同参与，而政府决策的发展趋势是下放权力，提倡参与，共同协商公共事务，二者的决策模式相呼应。

第四节 关键绩效指标法

关键绩效指标（key performance indicator，KPI）是衡量组织战略实施效果的关键指标，它将组织的战略目标分解成可操作的指标体系，这样可以使组织战略转化为组织内部的过程和活动，以不断提升组织的核心竞争力。

一、关键绩效指标法的基本内容

关键绩效指标是通过对组织内部流程的输入端、输出端的关键参数进行设置、取样、计算、分析，来衡量流程绩效的一种目标式量化管理指标，是把组织的战略目标分解为可操作的工作目标的工具，是组织绩效管理的基础。KPI 可以是部门主管明确部门的主要责任，并以此为基础，明确部门人员的业绩衡量指标。建立明确的切实可行的 KPI 体系，是做好绩效管理的关键。KPI 是用于衡量工作人员工作绩效表现的量化指标，是绩效计划的重要组成部分。

KPI 法符合一个重要的管理原理——"二八原理"。在一个组织的价值创造过程中，存在着"80/20"的规律，即 20%的骨干人员创造组织 80%的价值；而且在每一位员工身上"二八原理"同样适用，即 80%的工作任务是由 20%的关键行为完成的。因此，必须抓住20%的关键行为，对之进行分析和衡量，这样就能抓住业绩评价的重心。

KPA（key process area）意为关键过程领域，这些关键过程领域指出了组织需要集中力量改进和解决问题的过程。同时，这些关键过程领域指明了为达到该能力成熟度等级所需要解决的具体问题。每个 KPA 都明确地列出一个或多个的目标（goal），并且指明了一组相关联的关键实践（key practices）。实施这些关键实践就能实现这个关键过程领域的目标，从而达到增加过程能力的效果。KRA（key result areas）意为关键结果领域，它是为实现组织整体目标、不可或缺的、必须取得满意结果的领域，是组织关键成功要素的聚集地。

二、关键绩效指标法的操作步骤

建立 KPI 指标的要点在于流程性、计划性和系统性。首先，明确组织的战略目标，并在组织会议上利用头脑风暴法和鱼骨分析法找出组织的业务重点，也就是组织价值评估的重点。然后，再用头脑风暴法找出这些关键业务领域的关键业绩指标，即组织级 KPI。

其次，各部门的主管需要依据组织级 KPI 建立部门级 KPI，并对相应部门的 KPI 进行分解，确定相关的要素目标，分析绩效驱动因数（技术、组织、人），确定实现目标的工作流程，分解出各部门级的 KPI，以便确定评价指标体系。

接下来，各部门的主管和 KPI 人员一起再将 KPI 进一步细分，分解为更细的 KPI 及各职位的业绩衡量指标。这些业绩衡量指标就是员工考核的要素和依据。KPI 体系的建立和测评过程本身，就是统一全体员工朝着组织战略目标努力的过程，也必将对各部门管理者的绩效管理工作起到很大的促进作用。

指标体系确立之后，还需要设定评价标准。一般来说，指标指的是从哪些方面衡量或评价工作，解决"评价什么"的问题；而标准指的是在各个指标上分别应该达到什么样的水平，解决"被评价者怎样做，做多少"的问题。

最后，必须对关键绩效指标进行审核。比如，审核这样的一些问题：多个评价者对同一个绩效指标进行评价，结果是否能取得一致？这些指标的总和是否可以解释被评估者80%以上的工作目标？跟踪和监控这些关键绩效指标是否可以操作？审核主要是为了确保这些关键绩效指标能够全面、客观地反映被评价对象的绩效，而且易于操作。

每一个职位都影响某项业务流程的一个过程，或影响过程中的某个点。在订立目标及进行绩效考核时，应考虑职位的任职者是否能控制该指标的结果，如果任职者不能控制，则该项指标就不能作为任职者的业绩衡量指标。比如，跨部门的指标就不能作为基层员工的考核指标，而应作为部门主管或更高层主管的考核指标。

三、关键绩效指标法在政府绩效管理中的应用

波士顿是美国马萨诸塞州的首府和最大城市,被认为是美国最古老、最有文化价值的城市之一,它所采用的绩效管理 BAR(Boston about results)系统是将城市发展目标与 KPI 紧密结合的典型。BAR 系统的最终目标,是保证波士顿居民能够在各个领域享受到最好的公共服务。为了实现此目标,各部门持续不断地衡量其在战略优先领域所取得的成果。同时,部门负责人与分析师以及高级市政领导一起寻求绩效改进的机会,一旦发现即协调解决问题、商讨对策。正是在这种持续评估、监测和改进的努力之下,城市服务得到了持续改善。

下面以警察局为例说明 KPI 在 BAR 系统的运用。

波士顿警察局的战略目标包括三项:① 案件解决数量最大;② 尽可能缩短服务电话的延迟时间;③ 预防和减少犯罪与暴力事件。每个战略目标都会有与之相关的若干 KPI,以案件解决数量最大化为例,它所需衡量的几项关键指标为总犯罪案件数、案件解决比例、财产犯罪案件数、暴力犯罪案件数、枪击案件总数、致死枪击案件数以及非致死枪击案件数。同一战略目标中若干 KPI 表现状况的总和,即反映了有关部门在这一方面的表现。数据显示,波士顿警察局在三个战略目标领域都实现了绩效目标。

我们同时也注意到,曾经出现在 BAR 系统中的行政指标和预算信息已被取消。BAR 系统的绩效报告公开在政府门户网站中,以供市民随时下载和浏览。市民也可以随时在网站留言,会有专门的市政绩效高级经理回复有关内容。BAR 系统的设计与实施体现了波士顿政府为改善公共服务所付出的孜孜不倦的努力。2011 年,波士顿在《亲子杂志》(*Parenting Magzine*)所发布的 2011 年美国最适合家庭生活的城市中排名第三,充分展示了它在公共服务领域的不俗表现。

第五节 360 度反馈评估法

360 度反馈评估法(360-degree feedback appraisal)又称全方位评估或多源反馈评估法,是一种综合上下级、同事、客户及自我评价的一种全方位、多维度的考核方式,因评价的角度不同,指标所占的权重也不尽相同。这种方法最大的特点在于,上级对员工的评价不再是评价员工绩效的唯一信息,而是结合组织内部和外部与员工相关的多方主体来获取多种角度的反馈。

一、360 度反馈评估法概述

360 度反馈评估法也称为全方位反馈评价、多源反馈评价等。总之,这是一种让评估主体跳出以单个主体评估为主要视角的方法,采用一种从不同层面的人员中收集评估信息,从多个视角对被评估对象进行综合反馈评估的方法。通常多元主体由与被评估者有密切关系的人组成,如评估者的上级、同事、下级和内、外部客户等,然后将这个过程中收集到的较为全面的评估结果聚集汇总,由专业人士根据专业知识进行评估结果的科学化,最后为反馈提供切实的来源依据,以期达到帮助被评估者改变行为,提高能力水平和绩效的目的。

（一）360 度反馈评估法的历史渊源

360 度反馈评估法最早是由美国著名学者艾德沃兹和艾文（Edward & Ewen）于 20 世纪 80 年代在对一些企业组织的不断发展进程进行研究中，首度提出的全新视点的反馈评估方法。由于 360 度反馈评估法体现了组织调查（organization survey）、全面质量管理（total quality management）、发展回馈（development feedback）、绩效评估（performance appraisal）以及多元评估系统（multisource assessment system）等多个组织绩效原则，不但符合"公开、公平、公正"的管理精神，更符合时代的潮流与趋势，因此，360 度反馈评估法越来越多的在绩效评估反馈中被采用，在 1993 年登上美国著名的《华尔街时报》（Wall Street Journal）与《财富》（Fortune）杂志，之后迅速在美国乃至全球范围产生轰动，掀起一股组织绩效管理的浪潮。越来越多的组织、企业、政府都相继运用 360 度反馈评估法来加强绩效管理工作的效率和效果。在 21 世纪初，已经达到了将近 100%的财富 500 强企业，包括 GE、宝洁、惠普、3M、北电网络、杜邦、摩托罗拉、IBM 和福特等公司，都已经采用了 360 度反馈评估法。据一项对美国企业较大规模的调查显示，65%以上的公司在 2000 年采用了这种多面评估的评定体系，比 1995 年的调查结果 40%上升了许多。

（二）360 度反馈评估法的具体内涵

360 度反馈评估法区别于传统反馈评估方法。传统的绩效评估系统往往立足于目标管理之上，以目标管理思想为出发点进而深化发展出来的，可以说目标管理是传统绩效评估系统的核心所在。不可否认，目标管理确实有许许多多的优点，它能作为传统绩效评估系统的核心一定有其不可忽视的重要作用，但是随着动态的绩效评估思想在高速发展的现阶段社会中越来越成为潮流趋势，绩效评估系统也必须具有这种相应的发展变化的思想。但目标管理的相对静态的管理办法导致其缺少对组织内部其他成员的考虑。上级真正观察注意到下级工作的有效时间其实相当少，上级只注重下级工作完成的结果，而下级也只注重工作是否能按时完成，缺少活力。在绩效反馈实务过程中，多数情况都是上级不能给下级的工作过程和成果进行充足的反馈，除了一些具体指标的完成情况，基本上都是出于反馈被忽视或反馈无法得到充分实现的工作状态。由此可见，上下级之间的"非正式关系"往往对下属工作的绩效评估起不到积极的作用。重结果而轻行为过程是这种上下级工作关系所导致的必然后果，这种关系也极易导致员工不惜代价地去追求所谓"工作目标"的短期硬指标，从而忽视了许多有利于长远目标实现的行为。360 度反馈评估法则从多个视角对评估对象进行综合反馈评估，极大地避免了目标管理导向给组织长远发展所带来的不良结果，从多个角度来反映下级员工的工作，使结果更加客观、全面和可靠，特别是它对反馈过程的重视，使评估具有为绩效工作"照镜子"的作用，提供了相互交流和学习的机会。

360 度反馈评估系统可以说是一个完整的、功能齐全的"系统工程"，它不止是一个简单地反馈评估工具，还可以定义并确定评估目的和评估方式，并依据多元绩效评估的信息来源对绩效评估进行反馈，再根据反馈进行事后培训等环节。纵观整个 360 度反馈评估系统的输入、加工和输出过程可知，360 度绩效反馈过程更加注重员工发展和组织学习的目的。

由此也可以得出 360 度反馈评估法具有以下四个优点。

（1）打破了在传统的目标管理中形成的固化的上下级工作关系，可以避免传统评估中评估者容易发生的"个人偏见""评估过程存在盲点""光环效应"等不利于评估反馈的情形。

（2）一个人想要影响多个人是困难的，但是多个人的影响力度是加倍的。管理者可以从下级员工中获得更加准确的评估信息，利于反馈工作的进行，同时这样较为全面的反馈信息也有助于评估对象提升多方面的能力。

（3）可以反映出不同评估者对于同一评估对象不同的看法和观点。

（4）有助于防止评估对象急功近利的行为，规范评估对象的管理工作。

360度反馈评估法并非没有缺陷与短处，在运用360度反馈评估法的实践中不难发现，它也存在着以下缺陷。

（1）评估成本高。当一个人的评估对象从一个增加至多个时，评估所花费的时间、精力都将大幅度上升，评估工作量加大，成本上升伴随的问题便是成本投入与效果产出是否能达到既定要求，如果不加重视则很可能导致成本超过评估所带来的最大价值，入不敷出。

（2）评估培训工作难度加大。与评估成本相同，评估对象的增加也将在很大程度上加大评估培训工作的难度。在360度反馈评估系统中，所有员工既是评估者，同时也是被评估者，评估者与被评估者的一体化对于评估标准的要求则更加细化，而要对组织中所有员工进行评估制度的培训工作，其难度之大可想而知。

（3）极有可能成为某些员工发泄工作中产生的私愤的路径。由于人无法保持时时刻刻的理智，很多时候会意气用事，加上某些员工不正视上司及同事的批评与建议，将工作上产生的问题视为个人情绪，在做出评估结果时"加油添醋"，导致评估失去真实性、客观性，评估成为泄愤的途径，评估结果亦失去价值。

二、360度反馈评估法的具体操作

（一）明确实施条件

360度反馈评估系统是一项相对复杂的评估系统，因此，被采用的360度反馈评估系统必须是可靠、有效的，而可靠、有效的系统必须具备以下前提条件。

（1）要合理有效地实施360度反馈评估必须得到高层管理人员的支持，没有高层管理人员的支持作为前提，评估系统很难有效运行。由于360度反馈评估系统存在的主要目的就是提高组织绩效，以完成组织战略目的为宗旨，所以高层管理人员必须承认360度反馈评估的地位以增强其实施的有效性，并且必须明确提出反馈评估所要达到的目标以及评估活动与组织战略、核心竞争力之间的关系。同时，在实行反馈评估的起步阶段，处于系统之下的人们常常对其持有一种防御、谨慎的态度，所以在实施全新的评估方法时容易受到质疑与来自人们心中的抵触阻力，难以突破人们的心防，反馈评估系统难以得到全面有效的实施。但是，如果能得到高层管理人员的公开支持及明确的推行态度，则很容易自上而下地为人们进行心理建设，消除心理抵触，减少新型反馈系统的推行阻力，有利于新系统推行过程的顺利进行。

（2）要全面充分了解360度反馈评估法，包括评估的目的、参与者和如何进行评估。例如，360度反馈评估法的特性特点、评估的目的、为什么要进行评估、有哪些参与者、反馈评估的结果是什么、为了保证反馈评估的顺利实施还需要哪些科学技术上的支持、组织结果需要做出哪些方面的调整等问题，都是在实行 360 度反馈评估法之前必须明确的问题。

（3）为了成功推行并实施 360 度反馈评估系统，必须做的前提工作就是努力营造一个 360 度反馈评估的氛围。这项前提工作起着不可忽视的重要作用，但是在推行实施新型评估系统的实务中可以发现，这项前提工作总是遭到忽视，草草了事，甚至存在直接跳过的情况。这项前提工作如果得到有效的进行，则可以使所有相关参与人员都能切身相信新型的反馈评估系统的反馈评估能力，相信反馈评估系统的评估结果将会在未来被用于个人和组织的发展之上并且会取得不可小觑的正向作用，而且对于所有相关参与者而言，该评估方式因具备良好的保密性及有用性，故极具公平、公正特性。这项前提工作对于 360 度反馈评估这样的新型反馈评估系统而言，具有极大的、不可忽视的推进力。

（4）要有足够的开放性。在实施 360 度反馈评估系统之前必须尽量做到让每个成员都能够敞开心扉，愿意接受别人的评估也愿意对别人进行评估并提出自己的看法和意见。良好的氛围是开放的基础，没有良好的氛围作为前提保障，开放将是无稽之谈。只有让良好的氛围使每一个员工都感受到公平、正面、积极，员工们才会自主自愿地提出自己的真实想法，接受别人提出的意见和建议，360 度反馈评估系统的实施才能变为可能。

（二）确定评估主体

当所有的前提工作都得到充分的实行时，还有一个不可忽略的、对于 360 度反馈评估系统而言极为重要的项目——确定评估主体。评估主体并非单一的，而是多元的。除被评估者本人和其直接主管以外，为了保证采集样本具有代表性，所抽取的被评估者的上级、同事、下属及外部顾客各个部分均应不少于 3 个人。理论上评估主体的数量越多，最终得出的绩效评估结果就越真实、有效、完善，但并非一味地越多越好，过多的评估主体会导致评估成本投入增加。关于评估成本投入的问题于前文已提及，此处不再赘述。

在确定评估主体的过程中同样需要备受重视的是对评估主体的培训。其主要目的是避免评估结果因受到评估主体主观因素的影响而产生非客观性，进而导致评估结果失真、失效。通过培训，评估主体能够熟悉并正确使用 360 度反馈评估法，从而保证评估过程的准确性和有效性，为 360 度反馈评估提供前提保障。

（三）正式评估阶段

为了有效实施并推进 360 度反馈评估体系而进行的前提工作都做完之后，应将视点落在正式评估阶段。正式评估阶段有两个比较重要的内容：一是实施 360 度反馈评估，二是统计并报告评估反馈的结果。对于实施 360 度反馈评估而言，应分别由上级、同事、下级、相关客户和本人按照各个维度标准来进行评估。各个部分因其特殊性而具有的不同维度将会从 360 度的视角对评估对象进行评估，取得的信息较为全面，评估结果较为真实、可靠。在评估过程中，除上级对下级这一关系的评估信息无法得到有效保密外，其他几种评估关系在实施过程中应尽量采取匿名方式，以做好信息保密工作，保护评估主体的保密权利。基于对大量研究结果的关注可知，在匿名评估的评估方法之下，人们往往愿意提供更为真实有效的评估信息，可以确保信息来源的优质性。因此，采用匿名评估的评估方法，有利于评估主体做出真实、可靠、客观的评估结论，在一定程度上消除影响评估结果有效性、真实性的阻碍，所以必须严格做到维护评估主体的匿名权利以及对评估结果报告的保密。

在统计并报告结果方面，提供 360 度反馈评估报告的时候必须注意对评估主体匿名需要的保护，除此之外，同样重要的一点就是确保其科学性。例如，评估的过程中，各类评估主体的人数应以 3 至 5 人为底线，如果某类评估主体少于 3 人，那么必须将其归入其他类，不可以以一个独立的评估主体类别来呈现评估结果。

（四）反馈辅导阶段

向被评估者提供反馈和辅导也是一个非常重要而不可忽视的阶段。360 度反馈评估法存在的最终目的就是为被评估者提供一个全面的、有效的、能真正帮助被评估者自身发展、提高绩效的反馈信息，所以信息反馈阶段对于 360 度反馈评估来说，重要性不言而喻。而辅导过程可以让反馈阶段能够有效地进行从而不停留于表面层次。360 度反馈评估法通过区别于传统目标管理为价值导向的评估反馈方法，使得评估者可以了解到来自上级、同事、下级、自己以及客户等一系列多元的评估反馈信息，从而使被评估者可以更加迅速、全面地了解自身的优势与劣势，而不再以片面、主观的视点来评析自己，更加清楚地认识组织和上级对自己的期望以及目前切实存在的差距。

当组织第一次采用 360 度反馈评估法这种新型的评估反馈系统时，最好请专家或者技术顾问开展一系列的反馈辅导谈话，以提供专业知识、技术的支持，指导被评估者如何去阅读、理解并解释 360 度反馈评估的结果并对其进行灵活利用，以期推动 360 度反馈评估法的成功实施。同时，在反馈辅导阶段，也要注重个人发展计划的制订。所谓个人发展计划，就是基于 360 度反馈评估法的评估结果，为满足被评估者的发展需要而制订的具有对象针对性的个人发展行动计划，从而帮助被评估者，在最大程度上发挥使用 360 度反馈评估法的先进性，实现使用 360 度反馈评估法的价值与意义。

第六节　目标与关键成果法

目标与关键成果法（objectives and key results，OKR）是一种新型的管理工具，源自于英特尔公司，是公司中的各个组织部门协同制定管理目标的一种工具。后来，OKR 被约翰·杜尔（John Doerr）引入谷歌公司使用，1999 年 OKR 在谷歌发扬光大。2014 年，OKR 被引入中国，很多大型的互联网企业，如百度、腾讯、字节跳动等都开始运用 OKR 进行公司的管理。

一、目标与关键成果法的理论来源

目标与关键成果法由英特尔公司的安迪·格鲁夫（Andy Grove）创造，后来由约翰·杜尔带到谷歌公司并发扬光大。目标与关键成果法帮助谷歌公司实现了高速的经济收益以及管理上的良性反应。相比较传统的绩效指标方法，如 KPI、平衡计分卡、目标管理法、标杆管理法等，OKR 表现出创新且高效的管理效果。实际上，OKR 是目标管理法的进化。目标管理法注重管理目标的实现，注重绩效考核的结果与目标相结合；而 OKR 则着重于将组织绩效与个人绩效以及目标管理相融合，它是一种由组织内的个人、各个组织共同制定组织目标的一种管理方法。这一方法虽然给谷歌公司、英特尔公司以及国内的一些大型互联网公司带来了新型的管理思想与管理理念，但它并不能够解决所有管理问题。在政府绩效管理领域，OKR 也在近几年被逐渐研究并尝试使用，其绩效管理实践还有待探索。

二、目标与关键成果法的基本特点

目标与关键成果法在企业管理中起了很大的作用，它帮助企业实现了组织绩效目标与个人目标的结合，帮助组织实现长足良性的发展。这是由它的特点所决定的，下面我们将对目标与关键成果法的基本特点做相应的阐释。

（一）重视组织绩效目标与个人绩效目标的有机结合

组织绩效目标的实现离不开组织中的个体，因此重视组织绩效目标与个人绩效目标，便成为管理中的重要一环。但现实的情况是，无论是目标管理、标杆管理还是平衡计分卡等方法，都不能将组织绩效目标与个人绩效目标进行有机的结合。而目标与关键成果法作为一种新型的管理工具与手段，提供了将组织绩效目标与个人绩效目标相结合的一种方式。从组织中的个人角度来看，重视组织中员工个人的绩效以及个人的目标，会调动员工的工作积极性，使整个组织能够通过员工紧密地连接在一起。目标与关键成果法所重视的是团队成员之间的合作关系。通过团队中各个成员的合作，将个人目标与团队总目标相联系，将个人绩效与组织绩效相联系，从而达到激发员工创造力的作用。通过不断地协商，使团队目标与个人目标实现有机融合，这利于团队中各成员的发展，也利于组织整体的发展。

（二）集中注意力关注重大决策目标的制定

目标与关键成果法的第二个特点就是将注意力集中在重大的、困难的绩效目标上面。无论是企业还是政府，抑或其他组织，组织资源与组织精力都是极其有限的。如何将有限的资源与精力分配到各个组织目标上是组织需要做的重要决策。当然，不能将所有的组织资源平均分配给每一个组织绩效目标。组织绩效目标有轻重缓急之分，所以目标与关键成果法的第二个特点就是将注意力集中，关注重大决策目标的制定，这有利于组织战略方向的稳定与组织整体目标的实现。与传统的绩效管理方法不同，目标与关键成果法将组织资源与组织精力聚焦于组织的核心目标上，这样做有两个优点：第一，可以将有限的资源分配到重要的组织目标上，有利于重大组织目标的实现；第二，可以将组织从众多的目标实现中解放出来，避免造成众多目标给组织带来负担的情况。

（三）定量目标与定性目标的高效结合

在众多的绩效管理实践中，大家经常会讨论一个问题，这个问题就是定量目标与定性目标，应该把哪一个放到主要位置？定量目标有着规范化的管理方式，但是单单追求定量目标，将一切都量化，就会陷入机械的管理模式中，而过于重视定性目标，则会使管理陷入一种艺术而非科学的境地。为了平衡定量目标与定性目标之间的关系，解决管理学中的这个难题，目标与关键成果法给出了很好的解决思路。这也恰恰是目标与关键成果法的特点之一，将定量目标与定性目标相结合，并加以规范化设计，可以有效解决定性的弊端与定量的弊端所带来的问题。

（四）关注长期战略目标的制定

目标与关键成果法更加注重长期目标的设定与实现，长期目标可以看作是组织发展的战略性目标。虽然众多组织管理者都对长期目标给予高度的地位与高度的重视，但是在实施过程中，长期目标的长期性与困难性，往往使组织中的管理者忽略掉长期目标，而只注重短期目标的实现。目标与关键成果法相较于其他的绩效管理工具，更多的是注重长期目标的制定与实现，也就是说它鼓励组织中的个体在制定目标的时候，向着长期目标迈进，着眼于未来。这与其注重组织目标与个人目标相结合的特点有着密切的关系。在组织过程中，个人往往注重短期目标，而组织为了适应个人的短期目标，也常常会忽略长期目标的制定与实现。因此，当组织目标与个人目标相结合时，对个人目标有着长期目标的要求，就可以使整个组织的目标向长期目标看齐。

（五）较高的管理透明度

近些年，随着各种企业管理的需要，扁平化管理逐渐被各个组织所应用。扁平化的组织管理模式可以节省管理资源，促进信息的有效传递。但是这种新型管理模式得以实现的前提是，组织中的管理活动需要具有较高的透明度。较高的管理透明度有利于组织中信息的有效传递，也利于个人目标与组织目标的有效结合。以我国为例，无论是政府部门还是企业等其他组织，都十分注重信息公开与管理透明。而目标与关键成果法则为组织管理提供了透明的方法，解决了很多组织管理上的问题。例如解决了组织中个体间的互相猜忌，解决了信息闭塞带来的效率低下问题等。较高的管理透明度使得组织中的个人更好地认同组织长期目标并根据组织的长期目标制定出适合自身发展的个人目标，从而达到个人目标与组织目标完美融合的平衡状态。

三、目标与关键成果法实施的基本步骤

前面介绍了目标与关键成果法的理论来源与基本特点，下面介绍目标与关键成果法的实施过程与基本步骤。目标与关键成果法的实施主要包括组织部门目标的设定、个人目标的设定、明确关键成果并执行、定期回顾这几个部分。

（一）组织部门目标的设定

根据组织战略，制定组织部门的目标时要遵循"具体性""有挑战"等原则，而且组织目标的制定不可以是组织决策层的独断专行，必须与组织中的员工进行充分的沟通，并达成一定程度上的共识。

（二）个人目标的设定

组织中的个人目标需要员工与部门领导协商设定。目标设定过程中，需要注意以下几点：第一，目标的设定应该少而精，避免太多目标带来的失去焦点的情况；第二，通过定期的关键成果检验目标完成情况；第三，个人目标的设定一定要依据组织的长期目标，而长期目标的设定需要与个人协商，即目标的设定要遵循一个先自下而上再自上而下的过程。

（三）明确关键成果并执行

将个人目标与组织目标明确成可以衡量的关键成果，是设定目标后的首要任务。也就是说，将目标明确成任务，再将任务细化成关键成果。通俗来讲，就是为了完成目标必须做什么。这些任务必须是具体的、可行的，并且是具有难度的。在明确关键成果之后，接

下来需要的就是具体的执行过程。

（四）定期回顾

在执行完成后，需要进行定期的回顾与反馈来对完成的任务与目标进行审核。通过定期的反馈，实时跟进组织目标的完成情况。这样的定期回顾过程，可以通过月度、季度会议来实现，同时可以对不合适的目标进行及时的调整与更换。

第七节 基于公共服务标准化的 ISO 9000 政府质量管理

随着 20 世纪 90 年代质量管理理论以及国际贸易的不断发展，许多企业为了确保展品质量、选择和控制供应商，纷纷采取制定内部标准的方法，将质量要求统一于质量管理体系之中。其中 ISO 9000 族标准是国际标准化组织（ISO）在 1994 年提出的概念，当时为适应产品、资本流通与消除技术壁垒的需要，由国际标准化组织质量管理和质量保证技术委员会主导，调动各国专家参与，在总结各国管理经验的基础上制定。与此同时，世界范围的政府再造运动如火如荼，持续提高政府产品供应和服务质量与市场领域的质量管理理念如出一辙，ISO 9000 质量管理体系为政府改革与政府再造运动提供了适时的工具支撑。[①] ISO 9000 自诞生以来，广泛应用于各国政府绩效管理领域的实践之中。例如，英国政府将 ISO 9000 质量管理体系推荐为政府部门"提高公共服务质量并达致最佳"可采用的四种质量管理项目之一。20 世纪 90 年代中期，美国有接近一半的政府部门引入了 ISO 9000 质量管理体系标准。马来西亚政府从 1996 年开始启动 ISO 9000 质量管理体系计划，大部分的政府部门都建立和运行了基于 ISO 9000 标准的管理体系。

一、ISO 9000 质量管理体系的基本内容

政府提供服务的质量可以通过"结果"加以衡量，但是"过程"同样也是衡量政府服务质量好坏的重要因素。有些服务项目，纯粹的服务结果是不易衡量的，服务的评价贯穿在整个服务过程中。ISO 9000 质量管理体系的一个基本原理就是过程管理的思想，政府导入 ISO 9000 的一个重要功能就是感受和学习过程管理，通过过程管理实现优化，达成质量提升。过程管理可以通过不断细化来实现优化，导入 ISO 9000 质量管理体系，政府机关通过内部深入分析，寻求过程因素，合理细分节点，保证控制状态。按照程序化原则，通过目标导向作用，促使政府管理体系运行的整体优化。过程管理还可以通过重新设计来实现优化，政府部门导入 ISO 9000 质量管理体系，普遍进行了流程再造，从服务出发，按照便民原则，重新设计办事程序，科学规范各个环节，使岗位明确、职责清晰、有章可循、有规可依，确保每一项工作都满足"5W1H"（即 what、who、when、where、why、how），以提高行政效能。在组织关系上，运用 ISO 9000 质量管理体系的系统方法思想，把组织管理体系看作是相互关联、相互作用的过程网络，明确岗位职责权限，注意政府内各部门、各项工作间的相互关系，建立科学、严密的岗位衔接和协同体系，形成有效的权力分解和制衡机制，理顺关系，规范管理，协调有效，提升质量。在人力资源方面，运用 ISO 9000

[①] 卓越，刘洋. 基于公共服务标准化的 ISO 9000 政府质量管理[J]. 新视野，2013（4）：62-66.

质量管理体系的全员参与思想，把组织目标的实现与参与过程联系起来。参与的过程也就是学习的过程，在学习中不断提升自己。通过学习标准，行政人员深入理解岗位职责，细致研究工作的科学性和规范性，不断提升业务素质；在学习中不断创造价值，通过学习、消化、理解标准文本，行政人员可以制定出符合实际的文件体系和具体的实施细则。

二、ISO 9000 质量管理体系的基本原则

从发布第一版标准以来，ISO 9000 质量管理体系作为一个族标准已经为 154 个国家的包括企业和政府部门在内的 670 400 个各种类型的组织所使用。质量管理体系得以有效运行的基础是 ISO 9000 族标准的建立和执行。ISO 9000：1987 标准发布以后，很快得到了世界各国工业界或其他行业的广泛认同和推广，掀起了 ISO 9000 热潮。之后，经过 ISO 9000：1994 标准，发展到今天的 ISO 9000：2000、ISO 9000：2008 和 ISO 9000：2015，完成了从质量保证体系到质量管理体系的升华。

ISO 9000 质量管理体系的基本原则如下：第一，以顾客为关注焦点。组织依存于顾客，因此组织应当理解顾客当前和未来的需求，满足顾客要求并争取超越顾客期望。第二，领导作用。领导者确立组织统一的宗旨及方向，他们应当创造并保持使员工能充分参与实现组织目标的内部环境。第三，全员参与。各级人员都是组织之本，只有他们的充分参与，才能使他们的才干为组织带来最大化的收益。第四，过程方法。将活动和相关的资源作为过程进行管理，可以更高效地得到期望的结果。第五，管理的系统方法。将相互关联的过程作为系统加以识别、理解和管理，有助于组织提高实现目标的有效性和效率。第六，持续改进。持续改进总体业绩应当是组织的一个永恒目标。第七，基于事实的决策方法。有效决策建立在数据和信息分析的基础上。第八，与供方互利的关系。组织与供方是相互依存的关系。互利的关系可增强双方创造价值的能力，从而实现双赢的局面。

三、ISO 9000 质量管理体系在中国政府绩效评估中的应用

ISO 9000 质量管理体系虽然源于企业，但在 ISO 9004：2000《质量管理体系 业绩改进指南》的附录 A "可适用本标准的例子"中，行政管理被单列为一类。此外，ISO 还于 2005 年发布了《IWA4 质量管理体系——在地方政府中采用 ISO 9001：2000 指南》，从而将企业质量管理体系与政府质量管理体系结合在一起。

我国在应用 ISO 9000 质量管理体系的过程中，呈现出了由点及面的态势。质量技术监督局是我国负责推广应用 ISO 9000 标准的行政主管部门，在中央层面，出入境检验检疫局和质量技术监督局合并为国家质量监督检验检疫总局。因此，这两个部门最先接触 ISO 9000 标准，最先受到国外现代化管理工具的洗礼，因而也是最先尝试建立 ISO 9000 的行政部门。深圳市质量技术监督局在国内率先引入 ISO 9000 认证，2009 年 8 月，河南检验检疫局获得了中国质量认证中心颁发的 ISO 9000 质量管理体系认证证书，成为河南省首家获得 ISO 9000 认证证书的政府机关。江苏检验检疫系统在所有所属机构通过 ISO 9000 认证的基础上，开始实施以整个系统为单位的质量管理体系认证模式。有关部门的创新努力使其经验在同行业中迅速传播。我国政府部门导入 ISO 9000 质量管理体系在推进方式上有三个具体的特点。一是执法部门、条管部门响应最快。浙江省地税系统也是国内应用 ISO 9000 质量管理体系较早的部门，此外，公安局、工商局、环保局、海关等部门也形成建立 ISO 9000

质量管理体系的行业氛围。二是一级政府整体性的推进初具规模。2001 年开始，浙江省绍兴市政府办公室开始导入 ISO 9000 质量管理体系，并获得第三届中国地方政府创新奖。2003 年开始，广东省江门市在全市市直机关导入公共部门 ISO 9000 质量管理体系。大连市政府、北京市海淀区政府和成都市金牛区政府等都是较早整体通过质量管理体系认证的政府部门。三是地区特色较为明显。以地区来划分，实施 ISO 9000 管理体系的行政部门主要集中于发达地区、大中城市。江苏、广东、浙江、山东等省的政府部门在推行 ISO 9000 标准方面走在全国前列。

四、应用 ISO 9000 质量管理体系进行政府绩效评估应注意的问题

2009 年，题为《我国 2000 多政府部门通过 ISO 9000 质量认证》的新闻被中国质量新闻网评为十大质检新闻。[①]我国政府部门在引入 ISO 9000 族标准后，实际运行存在不少问题。2008 年一份对江门市直机关工作人员的问卷调查分析显示："在政府工作人员中，45.3%的人认为 ISO 文件与行政工作实际不相吻合；约 55%的人不了解 ISO 体系，认为该体系对本人工作无意义；只有 26.9%的人参与了 ISO 文件的制定，参与的积极性并不高；53.9%的工作人员认为导入 ISO 体系后，工作效率无明显变化。"[②]

（一）标准转换问题突出

尽管 ISO 9000 标准对各种行业具有普遍适用性，但其毕竟源于企业，一些术语和程序无法与行政管理中的术语和方法一一对应，在引入时应该准确理解 ISO 9000 质量管理体系中的术语、程序和要求，将其与政府工作中的具体问题联系起来，尤其要注意地方政府作为公共部门的各种特性。例如，政府的天然垄断地位以及政府顾客与企业顾客的区别，而不应生搬硬套，全盘接受。

（二）体系与实际脱节

目前，我国许多地方政府热衷于 ISO 9000 质量管理体系的认证，但是，很多部门仅仅把质量管理体系作为一项政绩工程，用来提升政府形象和对外宣传，不在以人为本方面下功夫。很多政府部门只把质量认证作为一个技术过程，委托咨询公司来包装，获得认证之后便疏于管理和持续改进，从而使许多基层工作人员对质量管理体系的认识不到位；在进行具体的实际工作时不执行体系标准，不编写体系文件，仍按照原来的老路走，导致了严重的"两张皮"现象，使实际工作与质量管理体系相脱节，失去了建立和实施质量管理体系的意义，降低了质量管理体系标准在政府工作人员心目中的威信和地位。

（三）政府工作人员热情不高

组织人员出现这种消极的态度源于以下几种原因：第一，在组织变革时期，员工的行为被要求进行或多或少的改变，这时，有一些员工会在不同程度上表现出对变革的抵制。而这种抵制会阻碍组织变革的进程，甚至导致变革的失败。出现这种抵制变革的现象，也是因为员工对推行新的制度产生理解、接受、能力、执行上多种障碍。第二，组织推行 ISO

---

① 李军，邓乔国，桑晓明. 江门市直机关 ISO 体系运行效果分析[J]. 五邑大学学报（社会科学版），2010, 12（1）：75-78.
② 卓越，刘洋. 基于公关服务标准化的 ISO 9000 政府质量管理[J]. 新视野，2013（4）：62-66.

质量管理体系并没有建立健全的激励和约束机制，大多数人存有侥幸心理，认为执行与不执行结果都一样，执行没有奖励，不执行也不会被处罚，并没有建立将体系实施情况与个人薪酬待遇直接挂钩的长效机制，组织成员工作潜能未能被有效激发。

（四）专业技术人才匮乏

我国目前的贯标工作大都由专业咨询公司承担，咨询人员大都依承以往企业贯标的要求配备，知识结构、工作惯性决定了他们不可能在短期内真正理解公共管理、吃透公共精神。以往的 ISO 9000 质量管理体系强调顾客导向，认为服务的对象是顾客，但政府是公共服务的提供主体，为公民提供公共服务。政府面对的服务对象包括上级机关、下级机关、内部各部门、外部一切与本部门发生业务往来的单位和个人，公共服务的影响远远超出了 ISO 9000 质量管理体系规定的顾客，公民与顾客的关系绝对不是一个简单的术语转换问题。例如，ISO 9000 过程管理的管理体系是基于戴明循环思想而设计的，根据 ISO\IWA4：2005 的精神，"产品"也指政府提供的服务。它的经典表述方式是 PDCA 循环，即策划（plan，根据顾客的要求和组织的方针，为提供结果建立必要的目标和过程）、实施（do，实施过程）、检查（check，根据方针、目标和产品要求对过程和产品进行监视和测量，并报告结果）和行动（action，采取措施，以持续改进过程业绩）。如果只是将"顾客"改成"公民"，将"产品"改为"服务"，就认为政府与企业提供服务的循环过程转换完毕，未免太简单化了。

第八节 几种绩效评估模式的比较

前面我们了解了政府绩效评估的几种具体模式，分别是平衡计分卡、标杆管理法、目标管理法、关键绩效指标法、360 度反馈评估法、目标与关键成果法以及基于公共服务标准化的 ISO 9000 政府质量管理。这七种绩效评估方法各有异同，共同构成了政府绩效管理的主要工具，现就这几种具体的模式进行对比分析。

一、平衡计分卡

平衡计分卡强调指标集合的战略影射和系统属性，即每一个指标都应该能够证明与政府绩效战略目标之间的联系，并且与其他指标存在若干因果关系。它是一种绩效衡量工具，强调双方的共同发展。具体优点如下。

（1）克服财务评估方法的短期行为。
（2）使整个组织行动一致，服务于战略目标。
（3）能有效地将组织的战略转化为组织各层的绩效指标和行动。
（4）有助于各级员工之间的沟通和对组织目标的理解。
（5）利于组织和员工的学习成长和核心能力的培养，实现组织长远发展。
（6）提高了组织整体的管理水平。

然而，将平衡计分卡运用到政府绩效评估中同样存在诸多不足。
（1）非财务指标难以衡量建立。
（2）不能指导管理者如何提高绩效以达到预期的战略目标。

（3）保持平衡计分卡随时更新与有效需要耗费大量的时间和资源。

平衡计分卡所强调的战略影射要求将财务、顾客、内部流程、创新和学习等方面的指标进行因果关系的明确，但任何指标影响的多指向性会把因果关系影射变成非常复杂的网络。如果用一头牛来做比喻，平衡计分卡要求将一头牛分解后将定义的各个部分连接起来还是一头活牛，因此执行难度较大。

二、标杆管理法

标杆管理法在公共部门绩效考核实践中，越来越能发挥它的显著作用，这主要得益于标杆管理的以下特点。

（1）标杆管理是促进组织持续改进的工具。通过与标杆的比较，可以明确本组织所处的地位，以及管理运作中需要改进的地方，从而制定适合本组织的有效的发展战略。

（2）标杆管理是促进组织成长为学习型组织的工具。学习型组织就是在不断地自我否定、去粗取精、博采众长的过程中成长起来的组织。标杆管理的另一个重要作用就是，组织可以通过标杆管理方法克服不足，增进学习，成为学习型组织。

（3）绩效指标体系的设计更加关注于满足顾客需要。顾客满意导向是目前公共部门绩效考核的发展趋势。标杆管理强调的不仅仅是满足组织外部的顾客需求，而且也强调内部顾客的需求。也就是说，它要求打破各部门的限制，用绩效指标体系将各个部门和环节联系起来，从而达到提高组织绩效的目的。

（4）激发组织中的个人、团体和整体组织的潜能，充分发挥他们的潜力。通过与标杆比较，了解存在的差距，标杆管理给个人、团队和组织提供了一个很好的提高潜力的机会。

标杆管理法如果不能被很好地理解和运用，也会产生一些问题，因此，在实际应用中应注意以下问题。

（1）标杆管理法中的标杆是指有利实践，但不一定是最佳实践或最优标准。公共部门采用标杆管理法中的标杆是为了改善自身的管理、服务和效率，找出自身存在的差距，创造性地改进和优化实践，而不是让组织和员工感到自卑，丧失信心。所以标杆的选取很重要，尤其将其应用于薪酬和考核体系中时更应慎重，它犹如一把双刃剑，既可提高自己，也可刺伤自己。

（2）标杆管理法中的标杆有很大的选择余地。公共部门可以通过各种调研手段，寻找有助于实现自身战略目标的标杆。为此，要突破职能分工界限，重视实践经验，强调具体的环节、界面和工作流程。同时，也可以对多种候选标杆进行有效分析和筛选，并根据需要进行相应的动态调整。

（3）该方法尤其注重不断地比较和衡量。标杆管理法的过程自始至终贯穿着比较和衡量，在比较和衡量的过程中，必然伴随着新秩序的建立、旧秩序的灭亡。为此，组织要强有力的培训和指导，并建立相应的机制来辅助超越标杆。

三、目标管理法

目标管理法的优点主要表现在用员工的自我控制取代传统的他人管理，充分发挥自身的潜能，主要表现在以下几个方面。

（1）责权明确。建立目标的过程是在相互协商的基础上完成的，这样建立的目标管理体系使组织内部充分关联,同时根据制定的具体工作目标,员工在目标管理体系中的职责被明确地划分,其人格目标和组织的整体目标相统一,更好地凝聚了团队力量,提高了工作效率。

(2)注重员工参与。目标的制定是上下级相互协商、相互交流、相互沟通的结果,这种氛围有助于消除相互之间存在的意见分歧,从而在组织内部形成空前的统一,也彻底激发了员工的工作积极性。

(3)注重结果。员工在一段时间内应当实现的既定工作目标不应当以行动变现来满足,要注重实际工作成果的取得,将其作为目标管理考核评定的重要依据。

(4)吸收任务管理、人本管理的优点。任务管理制定了工作的目标和实现目标的方法,员工按照标准的方法进行培训,按照标准的要求操作,这些都严重挫伤了员工的积极性和创造性。人本管理则强调上级对下级充分的信任,但过度放权会使工作目标的实现难以得到保证。而目标管理将二者的优点充分结合,组织在制定目标体系的同时,又将目标逐级分解到个人,对目标的具体实现方式、方法充分放手,从而提升了员工的主观能动性。

尽管目标管理法存在着上述诸多优点,但其自身在应用过程中还存在着些许不足,具体表现如下。

(1)原理和方法宣传不足。目标管理法的理论和方法看上去比较简单,但要在事件中真正把这些落到实处,无论管理者还是员工都应当具有比较清晰的认识:目标管理体系究竟是什么、如何在实际工作中发挥作用、考核评价如何开展、考核的结果如何更好地促进工作的开展……要回答这些问题就需要我们对目标管理法做更好的宣传。

(2)指导方针和目标理解不清楚。和其他的管理方法一样,各级人员如果在制定指导方针和目标时没有充分理解,那么就无法制定出切实可行的工作目标,更谈不上在实际中发挥目标管理的积极作用。

(3)目标难以落实。目标管理法首先应目标明确,但实际工作中,各级员工所指定的目标往往难以清楚地界定,这也使日后的考核工作开展起来困难重重。

(4)缺乏长远的目标规划。目标管理体系中所制定的目标一般为要完成的短期目标,往往缺乏长远的战略考虑。

(5)缺乏灵活性。要想让目标管理体系在工作中发挥作用,就应当制定明确和肯定的目标。目标应当经过细致、全面、深思熟虑的考量,不应随意变化。只有这样才能目的明确地、更好地指导工作的开展。但在实际中,随着时间的推移,未来的工作存在很大的不确定性,这些都需要对事先设定的工作目标进行不断的修正,以适应当前的形势需要,而这些工作往往耗费巨大的精力,严重降低工作效率。

综上所述,目标管理法在我国特别是在政府部门的实际应用中,还需要全社会的共同探索和完善,以便更好地发挥积极的作用。

四、关键绩效指标法

关键绩效指标法(KPI)把企业战略目标分解为具体目标,提取可量化的关键性指标,具有如下优点。

(1)目标明确,有利于公司战略目标的实现。KPI是企业战略目标的层层分解,通过

KPI指标的整合和控制，使员工绩效行为与企业目标要求的行为相吻合，不至于出现偏差，有利地保证了公司战略目标的实现。

（2）提出了客户价值理念。KPI提倡实现企业内外部客户价值，对于企业形成以市场为导向的经营思想是有一定提升作用的。

（3）有利于组织利益与个人利益达成一致。策略性地指标分解，使公司战略目标成为个人绩效目标，员工在实现个人绩效目标的同时，也是在实现公司总体的战略目标，达到两者和谐、公司与员工共赢的结局。

关键绩效指标法的不足之处如下。

（1）KPI指标难以界定。KPI更多倾向于定量化的指标，但这些定量化的指标是否真正对企业绩效产生了关键性的影响，如果没有运用专业化的工具和手段，是很难界定的。

（2）KPI会使考核者误入机械的考核方式。过分地依赖考核指标，而没有考虑人为因素和弹性因素，会产生一些考核上的争端和异议。

（3）KPI并不是对所有岗位都适用。

（4）KPI强调对企业关键成功因素的理解和关注，认为过于全面和复杂的指标结合会产生高昂的设计和管理成本。

五、360度反馈评估法

与私营部门相比，公共部门360度反馈评估法的差异主要体现在评估主体多元化方面，除了自我评估，还增加了第三方组织评估、综合组织评估、社会公众评估等内容。其优点如下。

（1）满足了公共部门绩效评估的特性要求。公共部门绩效评估是一个综合的复杂过程，包含确定绩效目标、阐明评估的任务与目的要求、构建可量化的评估指标和评估标准、划分绩效等级、公布评估结果、运用评估结果等环节。从本质上说，政府的权力是由公众赋予的，最根本的目的是为了实现公共利益、维护公共秩序、为公众提供有效的公共服务。因此，判断政府活动效率的主体不应当仅仅是政府部门，其评估主体应该多元化。

（2）符合公共部门利益相关者多元化的需要。任何单一的评估主体要对政府绩效进行有效的评估都是不可能的，只有多元评估主体，即政府行为所涉及的相关利益各个方面都参与评估，才能有效、全面地进行绩效评估。只有公共行为所涉及的利益相关者都参与评估，将确定考评主体作为绩效评估其他环节的基础，借鉴私营部门360度多样化评估主体形式，并进行探索及研究，努力保障评估主体的科学全面，公共部门绩效评估才能有效、全面地进行，以实现政府管理的现代化、民主化和科学化。

（3）满足公共部门绩效评估客观性的要求。多元评估主体的优势在于：能够弥补政府内部评估的不足，增加政府绩效评估的客观性；能够完善公共部门绩效系统，提高政府的执政能力；能够合理界定政府与社会的界限，防止公共权力的过度扩张。

360度反馈评估法的不足之处如下。

（1）成为某些人发泄私愤的途径。

（2）考核成本高。当一个人要对多个同伴进行考核时，时间耗费多。

（3）考核培训工作难度大。组织要对所有员工进行考核制度的培训，因为所有员工既是考核者又是被考核者。

六、目标与关键成果法

目标与关键成果法（OKR）在发展过程中汲取了目标管理法的目标引导、促进职工参与和沟通的思想、关键绩效指标的关键指标设定和聚焦的思想、平衡计分卡的战略管理和组织协同思想，为组织领导者提供一种全新的管理思路。目标与关键成果法的优点如下。

（1）聚焦重点突破。OKR 的重要功能是识别最关键的任务目标，并通过量化的关键成果去衡量目标任务完成情况，以此推动工作的开展。OKR 通过定期的聚焦讨论，明确少量关键目标及其关键成果，引导组织和个人把有限的时间和精力放在最有价值的事情上，促进重点突破，实现跨越式发展。

（2）促进组织协同。政府组织的不同层级和部门之间存在较强的互补性，许多工作都需要多层级和多部门通过联动机制才能完成。通过制定目标及其关键成果的过程和其表现形式的透明性，OKR 可以最大限度地推动整个组织协同一致。现在实施 OKR 的组织都倡导整个组织内部的目标及其关键成果透明，组织内的所有成员都可以看到目标和关键成果及其完成情况，这既有利于组织成员乐于为组织做出可衡量的贡献，也有利于形成互相监督的有效氛围。

（3）动态监控和调整。OKR 利用周例会、月回顾和季度评估，对于确定的少量目标紧抓不放，并且不断评估外部环境的变化和目标及其关键结果的适应性。如果外界环境发生较大变化，原有目标及其关键结果设定已不适合现有环境，那么需要马上根据战略要求设置新的目标及其关键成果。这样的安排能够保持组织对环境变化的敏感性，促进组织与外部环境的有效互动，是组织激发活力、避免保守僵化的长效机制。

（4）有挑战性的目标激励。OKR 特别强调目标要具有挑战性，甚至认为经过努力最终可以实现 60%～70%的目标是具有最大激励作用的好目标。在政府工作中，目标具有挑战性能够引导公务员激发潜能、努力工作，通过不断创新方法和手段做好服务，做出可衡量的贡献。

（5）引导职工参与。OKR 强调由职工提出目标及关键结果，再与上级和团队研究确定。全员参与会激发基层工作人员的工作主动性和工作潜能。职工个人提出的具有挑战性的目标，反映了职工的愿望，是职工的组织承诺，是激发职工能动性的强大动力，在实施过程中，职工必然会全力以赴地争取实现目标、创造最佳业绩。领导者在整个过程中指导、监控，促进沟通、协调和认同。这样的做法正符合新生代公务员乐于参与、追求个人价值、积极主动、敢闯敢试和勇于拼搏的特点。

（6）促进责任担当。OKR 要求每位职工都明确自己的目标及其关键成果，并在组织范围内公开。这种方式不仅促进了职工之间的协调配合、互相启发，同时也促进了互相监督和自我监督，增强了职工的担当意识，督促职工努力实现自己的预期目标。职工的努力是组织实现目标的动力之源。OKR 很好地将组织的目标与个人的责任结合起来，大大提升了组织战略任务成功实现的可能性。

目标与关键成果法的缺点如下。

（1）对于员工与管理层的要求很高。OKR 要求员工根据组织大的业务目标分解成自己小的业务目标，并给自己确定挑战的目标，然后通过自主性完成工作。这就要求员工自我驱动的素质很高。另外，OKR 对领导层的要求也很高，因其中的一环就是大量的沟通讨论，令员工深入了解公司的走向与目标。

（2）OKR 的价值观倡导的独立自主以及批判性思维，这与我国传统文化存在一定的矛盾。OKR 起源于西方社会，其价值观倡导的是独立自主以及批判性思维，强调上下级之间的充分沟通与互动。而我国的传统文化讲究的是中庸、讷言、慎行，很多人信奉的是踏踏实实、埋头做事。所以在推行 OKR 时，不但要进行形式上的推行，更根本的是在组织文化上也要与之相适应。

七、基于公共服务标准化的 ISO 9000 政府质量管理

ISO 9000：2015 标准具有如下优点。

（1）体现质量管理大师的质量理念与管理思想。ISO 9000：2015 标准引入过程方法，致力于把"顾客满意，持续改进"落到实处。标准要求把顾客和其他相关方的需求作为组织的输入，通过产品实现、资源管理和过程监测来测评组织是否满足顾客或其他相关方的要求。

（2）适应组织所面临的新环境和组织自身的新特征。当今社会已由工业社会转向信息社会，经济体系已由工业经济转向以信息和知识为基础的服务经济。组织正面临着市场全球化、竞争激烈化、企业国际化、需求个性化的环境。ISO 9000：2015 标准通用性更强，是适用范围最广的国际标准之一，适用于生产所有产品和提供所有服务的所有行业和各种规模的组织。

（3）结构简化，可操作性更强。可操作性是标准得到推广和应用的基本条件之一。ISO 9000：2015 标准的结构得到简化，从而增加了可操作性。一方面提出了统一的标准结构，另一方面强调了质量体系有效运行的证实和效果，体现了新标准注重组织的实际控制能力、证实能力和实际效果。

政府部门实施 ISO 9000 质量管理方法时，在价值层面、技术层面、法制化、系统性等四个方面存在不足。

（1）在价值层面上，以质量和顾客为中心的服务质量意识没有完全树立起来。

（2）在技术层面上，政府部门在实施质量管理方法时大多全盘照搬，缺乏成熟的理论和实践指导。

（3）在法制化上，质量管理体系主要以部门领导的推动为主，而不是法制化的决定。

（4）在系统性上，我国的质量管理体系主要集中在几个领域，没有在所有政府部门真正实施起来。

本章小结

本章介绍了政府绩效管理的模式与方法，包括基于战略的绩效评估模式——平衡计分卡、基于最佳实践的绩效评估模式——标杆管理法、基于使命的绩效评估模式——目标管理法、绩效评估模式——关键绩效指标法、360 度反馈评估法、目标与关键成果法（OKR）、基于公共服务标准化的 ISO 9000 政府质量管理绩效评估法。

关键词

平衡计分卡 标杆管理法 目标管理法 关键绩效指标法 360度反馈评估法 目标与关键成果法 ISO 9000政府质量管理体系

 复习思考题

1. 平衡计分卡作为一种绩效管理工具，有哪些借鉴之处？是否需要加以改进？
2. 标杆管理法更适用于组织绩效的管理还是个人绩效的管理？
3. 简述360度反馈评估法的基本原理和优点。
4. 什么是OKR？OKR有哪些优点？
5. 思考基于公共服务标准化的ISO 9000政府质量管理的应用场景。

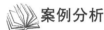 **案例分析**

安徽省人民政府印发《省政府部门目标管理绩效考核办法》

2018年5月安徽省人民政府印发了省政府部门目标管理绩效考核办法，具体内容如下。

一、考核对象

包括省政府组成部门、直属特设机构、直属机构、直属事业单位和其他机构（以下简称省政府部门），共48家。

二、考核内容

包括重点工作、基础工作、工作落实、工作评价和创先争优五个部分。

（一）重点工作（50分）。包括党中央、国务院及省委、省政府重大决策部署贯彻落实情况，省《政府工作报告》确定的年度目标任务等。其中，重点工作少于5项的部门，根据其"三定方案"和年度工作要点，增加考核内容。

（二）基础工作（20分）。包括公文运转、会议办理、信息报送、应急管理、政务公开、政务服务、网络社情民意回应办理、定点帮扶工作任务完成情况等。

（三）工作落实（20分）。包括党中央、国务院及省委、省政府组织的各类综合性督查、专项督查发现问题整改落实情况，省政府重要文件、重要会议落实情况，省政府领导批示和交办事项落实情况等。

（四）工作评价（10分）。包括省政府领导评价（5分）、群众满意度调查（5分）。

（五）创先争优（10分）。包括受党中央、国务院（含中办、国办）发文表扬或奖励（通报批评）情况，受省委、省政府问责情况，争取国家重要改革试点、重大项目、资金情况，主要经济社会发展指标在全国争先进位情况等，实行加（扣）分制。

实行人口和计划生育、社会治安综合治理、环境保护和节能减排、安全生产和重大安全生产事故风险、党风廉政建设、扶贫开发"一票否决"。

三、考核方法

（一）过程考核

将省《政府工作报告》确定的年度目标任务落实到省有关责任部门，纳入省政府信息处理系统、考核系统，按季度对各项目标任务完成情况进行考核评价。将基础工作和工作落实情况纳入省政府枢纽调度系统、文电处理系统、考核系统，根据各系统评分办法实时评分。

（二）年度考核

1. 工作评价

省政府领导评价，由省政府办公厅组织实施并提供评价参考依据。评价分"好""较好""一般""差"四档，分别按100%、80%、60%、20%折算计分。省长对所有部门进行评价，副省长、省政府秘书长对分管部门进行评价。省长评价权重60%，副省长、省政府秘书长评价权重40%。

群众满意度调查，由省统计局组织实施，评价分"满意""较满意""一般""不满意"四档，分别按100%、80%、60%、20%折算计分。

2. 创先争优

具体包括以下项目。

（1）获得党中央、国务院（含中办、国办）发文表扬或奖励情况。

（2）改革创新性工作被中央国家机关以正式文件向全国推广情况。

（3）争取中央深改组在我省开展重点改革任务试点及实施情况。

（4）各部门承担的主要经济社会发展指标在全国位次情况。

（5）争取纳入国家战略的重大项目（含重大平台）在我省布局情况。

（6）当年争取中央资金的规模和比例等情况。

（7）受党中央、国务院通报批评情况，受省委、省政府问责情况（扣分项）。

加（扣）分合计最高不超过10分，其中，每个加（扣）分项目最高加（扣）2分。

（三）稳增长贡献单项考核

主要考核省《政府工作报告》确定的主要预期目标完成情况，根据各部门对全省经济稳增长传导、指导、压实的实际效果，按季度进行考核评分。对达到或超过年度预期目标的部门，参照创先争优加分项目，在工作评价中予以加分；对未达到年度预期目标的部门，参照创先争优扣分项目，在工作评价中予以扣分。

四、考核程序

（一）汇总计分

（1）2019年1月15日前，省政府各部门向省政府办公厅提交有关"创先争优"加（扣）分项目证明材料；1月底前，省政府办公厅会同有关部门进行复核、确认、计分。

（2）2019年1月底前，省政府办公厅根据"安徽省人民政府考核系统"汇总各部门重点工作、基础工作、工作落实得分。根据省政府领导评价情况，计算各部门工作评价得分。

（3）2019年2月15日前，省统计局向省政府办公厅提供群众满意度调查、稳增长贡献单项考核评分；省监委、省卫生计生委、省综治办、省环保厅、省发展改革委、省安全监管局、省扶贫办向省政府办公厅提供"一票否决"情况。

（二）会议研究

省政府目标管理绩效考核领导小组办公室汇总省政府各部门考核情况，报领导小组会议研究、提请省政府常务会议审议。

五、结果运用

（1）目标管理绩效考核结果排名前25位、稳增长贡献单项考核排名前5位的部门，由省政府予以通报表扬。

（2）目标管理绩效考核结果排名后5位的部门，由省政府予以约谈。稳增长贡献单项考核季度评分排名后3位的部门，由省政府办公厅予以提醒；年度考核排名后3位的部门，由省政府予以约谈。

（3）考核结果纳入省管领导班子和领导干部综合考核。

六、组织实施

省政府部门目标管理绩效考核工作由省政府目标管理绩效考核领导小组统筹协调，领导小组办公室负责组织实施。

资料来源：安徽省人民政府关于2018年省政府部门目标管理绩效考核工作的通知，https://www.ah.gov.cn/public/1681/8265371.html.

思考题：

1. 安徽省发布的文件主要采用了何种绩效管理办法？这种方式有何特点？
2. 安徽省是如何进行方法的实践化操作的？

第七章 中国地方政府绩效管理典型案例

本章学习目标

- 了解甘肃省第三方政府绩效管理模式
- 了解陕西省"三位一体"政府绩效管理模式
- 了解哈尔滨市"4+1"政府绩效管理模式
- 了解青岛市"三民"活动政府绩效管理模式
- 了解厦门市思明区政府绩效管理模式
- 了解杭州市公民评议政府绩效管理模式
- 了解珠海市"万人评议政府"绩效管理模式
- 了解中山市"督考合一"政府绩效管理模式

第一节 甘肃省第三方政府绩效管理模式

甘肃省政府于2004年决定进行政府绩效评估,推行非公有制企业评价政府模式。其独特的第三方评估模式在学术界备受瞩目,被称为"甘肃模式"。从2004年开始,甘肃省将政府绩效评估工作委托给兰州大学中国地方政府绩效评价中心组织实施,开启了由第三方评估机构评议政府绩效的先河。因此,甘肃模式作为一种创新型政府绩效评估模式,其经验及创新做法值得进一步总结提炼。

一、甘肃模式的发展背景

甘肃模式具有独特的发展背景,具体来看,主要表现在以下两个方面。

(一)非公有制经济的发展和甘肃发展落后之间的矛盾

改革开放使我国的非公有制经济实现了飞快的发展,是推进我国现代化进程的重要一步。然而,由于地理位置等诸多因素,作为我国的西部省份,甘肃省比其他东部沿海省份的发展要落后很多。因此,促进非公有制经济发展成为甘肃省政府的工作重点。为提高经济产值,甘肃省政府转变传统观念,认为经济发展落后与政府内部的绩效管理有关,即政府内部较为封闭传统的管理思想导致了经济发展环境不良,这是甘肃模式产生的背景之一。

(二)甘肃省政府管理制度与政府管理观念的创新

为提高经济发展水平,甘肃省政府进行了一系列的创新型管理举措。2001年,甘肃省政府组织了一次以营造良好投资环境、建设环境、创业环境为目标的大讨论。通过此次讨论,甘肃省政府的管理思想得到充分解放,之后政府积极采取各类措施,成立专门的工作领导小组,不断地将此次大讨论推向新的高度。以此次大讨论活动为契机,甘肃模式由此诞生。

二、甘肃模式的评估主体与评估对象

（一）评估主体

甘肃模式之所以成为国内诸多学者广泛研究的重要模式，主要因为其鲜明的第三方评估特征，即由兰州大学中国地方政府绩效评价中心作为主要评估主体，以第三方的视角对政府绩效进行评估。同时，评估主体还包括甘肃省内部分私有制企业以及上级政府部门。选取第三方视角进行政府绩效评估的优点如下。

（1）科研院校的科学性保证了评估结果的准确性。兰州大学中国地方政府绩效评价中心作为兰州大学的科研机构，掌握着较为完备的绩效评估方法与绩效评估理念，评估过程具有学术性、权威性、科学性，评估结果更准确，评估结果的分析更加具有说服力。

（2）评估主体与评估对象无直接利益关系，从而保障了评估公正性。兰州大学中国地方政府绩效评价中心作为甘肃模式中的绩效评估主体，与政府各个机构之间不存在直接的利益关系，因此可以做到评估过程透明化，评估结果公开化，便于各方进行有效的监督，第三方评估的公正性由此体现出来。

（二）评估对象

本次甘肃模式的评估对象设定为甘肃省的省市州政府以及省属的各个职能部门。具体涉及甘肃省的14个市政府、自治州政府以及省政府所属的39个职能部门。

三、甘肃模式的评估指标体系

甘肃模式的评估指标设计了四种不同的体系以及两份针对于不同对象的问卷，评估对象是市政府的职能部门以及省政府有关部门。同时根据不同的评估主体，设计不同的问卷（如上级政府的主管部门、相关企业、政府绩效评估专家）。其中每份问卷都按照评价体系设置成了不同的一级指标、二级指标与三级指标。

在省政府层面，甘肃省政府根据"职能发挥与政策水平、依法行政、政风与公务员素质、服务质量"四个标准设置为基本评估指标并由此构成省属职能部门的一级评估指标体系。而且，在省政府评估主体指标方面，一、二级指标全部相同，对于三级指标的设计则存在不同之处，它是针对这三类不同的评估主体的特征分别设置的。其中，企业评估依照省属职能部门二级指标的相关规定设计了40道题的调查问卷。从数量上来看，共有4个一级指标，9个二级指标，31个三级指标。

在市州政府层面，设置的一级指标主要由"职能履行、依法行政、管理效率、政府创新"四个基本评估指标构成。二级指标与三级指标主要是一级指标内容的细化和延伸，而且在市州政府评价主体指标方面，一、二级指标全部相同，而三级指标的设计却大不相同。三级指标是根据不同的评估主体来设计的，主要从专家、上级主管政府部门，以及企业这三个评估主体来设计不同的评估指标。从数量上来看，市州级政府共有4个一级指标，14个二级指标和40个三级指标。

甘肃政府绩效评估体系如表7-1所示。

表 7-1 甘肃政府绩效评估体系

评估对象	一级指标	二级指标	三级指标	评估主体
市州政府	职能履行	经济运行等 14 个	40 个	非公有制企业；省政府评价组；评价工作专家委员会
	依法行政			
	管理效率			
	政府创新			
省政府所属职能部门	职能发挥与政策水平	职能发挥等 9 个	31 个	
	依法行政			
	政风与公务员素质			
	服务质量			

注：根据公开资料整理制作。

四、甘肃模式的评估方式与评估程序

（一）评估方式

甘肃省政府绩效评估具体评估方式如下。

1．企业评估

各市州选取企业 200 家左右，通过问卷调查进行测评，占总分值的 70%。

2．评议委员会评估

评议委员会采用评分表进行测评，占总分值的 30%。

3．专题座谈

采取专题座谈方式听取意见，作为量化评估分析的补充。

（二）评估程序

1．明确评估主体

明确评估主体主要分为以下几个步骤。第一步，在甘肃省内随机挑选 500 家企业，并从中选出三家企业作为评估主体。第二步，从甘肃省的科研院所、高等院校、各类社会公益组织与社团组织中，选择十余名对政府绩效、政府经济有所研究的专家学者，由这些专家学者共同组成一个政府绩效评估委员会。由于甘肃模式的主要评估方式是第三方评估的模式，而第三方的主要主体是兰州大学中国地方政府绩效评价中心，因此第三步是由该中心来对评价的专门人员进行科学、专业的评估前培训，包括对政府绩效评估理论、政府绩效评估方法与操作规范的学习，对评估的模拟演示，等等，以便为正式的政府绩效评估做好准备。以上几个步骤就是甘肃省政府绩效评估中，明确评估主体阶段所做的工作。

2．发放和回收调查问卷

甘肃模式的第二个阶段为评估的具体操作阶段。第三方评估主体兰州大学中国地方政府绩效评价中心在正式进行政府绩效评估工作之前，会进行发放和回收调查问卷的活动。最初，该中心会派出 5 个工作小组，这 5 个小组会前往甘肃省的 14 个市政府，对之前选定的评估主体发放调查问卷，采用当场填写、当场作答、当场回收的形式，以保证问卷调查的有效性、真实性、客观性与公正性。

3. 召开企业和专家座谈会

在问卷调查与收集结束后,绩效评估开始进入座谈会阶段。在这一阶段,兰州大学中国地方政府绩效评价中心的人员会在第一时间将之前选定的各位专家和不同企业的代表组织起来召开座谈会,认真听取他们的建议和观点,将他们所反映的意见和建议作为此次调查的补充和调整。这些意见和建议在评价报告中占有重要的位置。总的来说,座谈会的目的是补充和了解调查问卷阶段未明确的问题,使评估结果更加准确。

4. 处理评估信息和数据

处理评估信息和数据阶段是由兰州大学中国地方政府绩效评价中心的工作人员完成的。这些工作人员多数是该中心的研究生,对于数据和信息的处理有着科学的处理方法与处理手段。首先,工作人员分为两组,一组负责对评估信息和数据进行录入,另一组负责对录入信息进行核对,以保证录入信息的准确性。其次,两组工作人员轮流作业,利用数据分析软件和模型来对录入的数据信息进行处理。最后,利用自己的专业知识对数据处理结果进行分析,得出相关结论。

5. 编写报告,公示结果

数据处理结束后,兰州大学中国地方政府绩效评价中心开始编写报告,政府审核通过后,将结果予以公示。具体操作如下:整理问卷调查中调查对象反映出来的问题,并加以分析、处理,得到相应的政策结论,然后参考专家座谈会所提出的建议和意见及主要内容,撰写评价报告,交由省政府绩效评估领导审核。例如,2004—2005 年度的政府绩效评估报告通过大众媒体以及政府网站、省政府报发布结果并召开新闻发布会进行信息公示。但是,2005—2006 年度的报告仅仅上报给领导小组审核,并未在电台、报纸、电视台、政府网站、省政府报发布,也未召开新闻发布会公布评估结果。

6. 及时反馈评估结果

甘肃模式的最后一个阶段是绩效反馈与评估的阶段。兰州大学中国地方政府绩效评价中心向政府递交政府绩效评估报告的同时,还对不同的指标根据之前设置的得分权重情况进行了指标打分。最后核算出不同政府、不同部门的指标得分情况和综合绩效水平。同时,将问卷中反映出来的各类情况,一并递交给各个被评价单位,以期做到政府绩效评估结果的积极反馈。除此之外,在 2005—2006 年度的政府绩效评估报告中,兰州大学中国地方政府绩效评价中心还对一些在问卷中发现的问题以及对数据分析后得出的问题进行了研究,并提出了一些政策建议,使绩效评估结果不仅得到反馈还能得到有效利用。

五、对甘肃模式的评价

甘肃模式开创了中国地方政府绩效评估的第三方评估模式,将非公有制企业和其他类型的企业纳入评估主体的范畴,是内部评估与外部评估的有机结合,一定程度上克服了传统内部评估的弊端。该模式的出现开创了中国第三方评估政府绩效的先河。甘肃模式优劣并存,下面对其优点和可借鉴之处以及劣势与不足处进行分析。

(一)甘肃模式的积极意义

1. 开创意义

甘肃模式是我国地方政府绩效管理中最早采用第三方评估的绩效评估模式,亦有学者将其称为兰州实验。甘肃模式在我国政府绩效管理中起着开创性作用，具有较高的开创意义。首先，甘肃省第三方评估的政府绩效管理模式丰富了我国政府绩效管理的具体实践，在甘肃模式开创之后，我国其他地方政府也开始效仿此模式。例如，继甘肃模式之后，广东省在全省范围内率先采取了对市县两级政府整体进行绩效评估的实验，而评估的主体也是独立的第三方；在这之后，福建省厦门市、湖北省武汉市也相继开展了第三方评估的政府绩效评估模式。因此，甘肃模式具有开创意义。

2. 科学意义

21世纪初，西方的绩效管理理念与管理方法逐渐被引入我国。我国政府的管理理念也逐渐趋向于科学化，倡导运用科学的理论与方法来对政府进行管理。政府绩效管理在政府管理中属于后起之秀，因此，甘肃模式的创立对我国之后的政府绩效评估模式具有科学性的启示意义。从甘肃模式的评估指标体系来看，甘肃模式的评估指标体系中既有定性的评价指标，又有定量的评估指标，而且指标设计过程中考虑了不同的评估主体，如企业组织、上级政府、相关专家等。最终的指标设计结果也十分细致。从甘肃模式的绩效评估指标体系设计中可以看出，甘肃模式的科学意义影响深远。

3. 客观公正意义

客观公正性也是甘肃模式中表现出来的一个重要的意义。由第三方机构进行政府绩效评估，是我国地方政府绩效评估跨出的重要一步。首先，第三方评估的模式本身已经具有较高的客观公正性的基础。第三方模式的评估主体是不会受政府部门影响的第三方独立个体或组织，因此能够较为公正地对政府的绩效做出合理的评估。其次，兰州大学中国地方政府绩效评价中心作为第三方评估主体，具有科学的研究方法与研究手段，因此，在技术层面上可以保证甘肃省政府绩效评估活动的客观性与公正性。综合这两个因素来看，甘肃模式具有客观公正的意义，为未来的各个地方政府绩效评估活动树立了一个兼具客观性与公正性的政府绩效评估标杆。

（二）甘肃模式的不足之处

甘肃模式作为一种全新的尝试，在我国政府绩效管理实践中具有一定的引领与开创作用，但也具有一定的局限性，主要表现在可持续性与制度化上面，具体如下。

1. 可持续性问题

甘肃模式的一大问题就是可持续能力不强，有些较好的方案并没有坚持落实下来，一些较好的细化操作也只是在首次评估之中被运用，如兰州大学中国地方政府绩效评价中心在首次对政府进行绩效评估中为政府部门提出相关的政策建议，而之后只有绩效结果的反馈，并无政策建议的部分。

2. 制度化问题

制度化保障是一个机制长久存在并落实的基础。本书认为，甘肃模式可持续性不强的原因是此模式缺乏制度化保障。对甘肃模式进行分析我们可以发现，该模式从评估主体到指标体系再到结果反馈都有着较为细致的规划，但是唯独在整体规划、制度要求上面有所欠缺，由此可见甘肃模式存在着制度化问题。

3. 理论引导问题

有关政府评估的理论和实践研究不足。我国学术界有关政府绩效评估的理论和实践起步较晚，还处于不成熟的状态。目前对政府绩效评估的基本概念、作用机理、操作原则、实施步骤等都还没有达成共识。很多地方政府把绩效组织评估与公务员考核混为一谈，政府绩效的不同层次也没有很好地区分，容易出现盲目跟风、过度炒作，一阵风等偏差现象，这也是甘肃模式在一定程度上缺乏可持续性的原因。

第二节 陕西省"三位一体"政府绩效管理模式

2007年，陕西省在全国首创了以建立年度目标责任、领导班子和领导干部、党风廉政建设考核的"三位一体"考核评价体系（以下简称"三位一体"）。"三位一体"是以年度目标责任考核为依托，按照科学发展、引领方向、转变作风、狠抓落实的总体要求，实行"一个考核主体，一套制度办法，三位一体考核，健全三个机制，抓好三个着力点"的全方位考核体系。陕西省的三位一体模式经过多年的实践，年度目标责任考核推动各项事业发展的总抓手作用得到了很好发挥，为全省科学和谐发展提供了坚实保障。"三位一体"模式作为全国首创的政府绩效管理模式，在当时甚至是现在都发挥着重要的作用。本案例将对陕西省"三位一体"模式进行阐述，并对其优点与不足进行评价。

一、陕西省"三位一体"模式概述

陕西省的政府绩效管理模式以"三位一体"而闻名。"三位一体"模式主要是指"一个考核主体，一套制度办法，三位一体考核，健全三个机制，抓好三个着力点"。具体来看，一个考核主体，就是以陕西省委省政府为统一的考核主体，成立专门的领导小组，下设相关绩效考核办公室开展工作，将原来分散的、名目繁多的各类考核归纳入一个考核体系，实行一个机构承担。一套制度办法，指的是陕西省委省政府制定下发的考核办法，即《关于促进科学发展观的年度目标责任考核暨领导班子和领导干部考核评价试行办法》，此办法共七章四十条，配套下发了考核操作细则50条、考核工作标准分值、加减分办法、民意调查、创新工作评估、与学习实践活动结合、纠正不正之风7个文件，建立了全省70个专项指标的评价标准体系，完成了80余个省直部门的目标任务分解表；"三位一体"考核，就是实行以工作实际考核为重点的被考核单位年度目标责任考核、领导班子和领导干部年度考核、党风廉政建设年度考核三者相结合的考核机制；健全三个机制，即科学的指标体系及形成机制、评价标准体系及操作机制、考核方法体系及运行机制；抓好三个着力点，就是用科学考核把工作政绩考实，依据考核结果把干部用准，推行考核制度把陕西发展好。

二、陕西省"三位一体"模式评估主体

在考核评估主体上，陕西省成立了以省委书记为第一组长，省委副书记、省长为组长的年度目标责任考核领导小组，领导小组办公室设在省委组织部，省委常委、组织部部长担任领导小组副组长兼办公室主任。省委主要领导亲自抓考核。各级都实行"一把手"负责制，领导亲自抓落实，确保了考核大力度推行。陕西模式的评估主体与杭州、青岛等模式不同，杭州模式与青岛模式把公民参与作为主要评估的主体。这样的考虑是为了扩大公

民参与，建设服务型政府。而陕西模式则把上级主要领导作为主要评估主体，这是为了确保政府绩效考核的顺利进行。但并不是说陕西省政府绩效评估过程中没有公民参与，在陕西省政府绩效管理与评估的实际操作过程中，也存在着一定的公民参与。在具体的考核过程中，也存在着民意调查、社会评价等环节，这体现了陕西省政府绩效评估主体的多元化。陕西省政府绩效考核领导小组承诺，坚持考评主体多元化，采取"下评上、民评官、基层评机关"等多种方式，充分保障群众对考评的参与权和话语权。因此，我们可以将陕西省政府绩效考核模式的主体定位为：以领导小组为主、公众参与为辅的政府绩效评估主体。

三、陕西省"三位一体"模式考核指标

陕西省给所辖的 11 个市区共设置了经济发展、社会发展、人民生活、环境保护、社会安全、党的建设六大项 19 个小项的考核指标，给 79 个省直部门设置了年度工作任务，即领导班子建设和反腐倡廉建设两大类考核指标。这些指标是根据省委工作要点、省政府报告，本着"跳起来摘桃子"的原则确定的，具体阐述如下。

在绩效考核指标体系理念方面，贯穿科学发展理念，注重全面发展低碳经济建设的情况，又关注社会发展的情况；注重协调发展低碳经济增长的数量，又关注经济发展的质量；注重机关干部目前已取得的成绩，又关注其对长远发展所做的贡献打下的基础。从这一特点可以看出，陕西省将绿色发展作为贯穿整个考核体系的一个理念。

在绩效考核指标权重划分方面，指标体系重点突出发展指标与和谐指标，其中经济发展方面的指标占总权重的 35%，和谐社会建设方面的指标占总权重的 29%，两项目合起来达到 64%，体现了陕西省政府对于经济发展与社会建设的重点关注。同时在考核指标体系中，生产总值、财政收入、城乡居民收入、节能减排、社会稳定五大指标是重点核心指标。

在目标任务分类设置方面，陕西省政府绩效考核指标兼顾了共性要求与个性特色。各市主要看社会经济发展情况，省直属部门主要看职能发挥与服务情况，杨凌示范区主要看功能示范作用是否到位。在激励加分和计算方法上也统筹考虑了不同类型地区的特点和情况，不搞一刀切。在全省总体形成市区、党群、政府工作部门、政府直属机构和事业机构四个考核方阵，考核时对省直属部门按照功能趋近、可比性强的原则，分成九类考核，按类排名。增加了考核的针对性、科学性，考核指标体系总体稳定，每年根据形势进行局部调整。比如 2008 年较 2007 年新增了民生八大工程、县域经济和非公有制经济等指标；2009 年，重点突出对国际金融危机保增长、保民生、保稳定的有关指标；2010 年重点突出了转变经济发展方式、发展低碳经济等指标。2011 年突出了改善民生、加强社会管理创新等指标。近年来将脱贫攻坚、群众增收、社会事业、扩大就业等作为考核的重要内容，把全面同步够格建成小康社会作为底线要求，出台扶贫绩效考核办法，完善生态环保指标，用生态文明建设的绿色标尺衡量绿色政绩等。

除此之外，陕西省还建立了健全的三级指标体系。省下达的是一级指标，各部门根据自身工作实际和主要职能研究对接，分解成二级指标，落实到各县处级单位，各县处级单位再细化，分解到人，形成三级指标，逐步分解细化，逐级签订责任书，各项工作做到件件有目标、事事有责任。对于省直属单位难于量化的目标任务，实行定量与定性考核相结合的方式，采用科学设置评价要点的方法予以考核。

四、陕西省"三位一体"模式考核方式

考核方式采取多维评价印证、充分发扬民主。在坚持平时考核的基础上,年终的考核主要实行"一会、三评、四印证",从多角度、多种办法综合考评。"一会"就是召开考核工作报告大会,通过工作报告大会来向上级主管领导汇报自己部门在一段时间内的政府绩效情况,如工作完成情况、目标职责履行情况等,这是从政府内部的角度来对政府进行绩效考核与评估。"三评"就是进行民意调查、社会评价和民主测评,这是从公众参与的角度来对政府进行绩效考核与评估。在开展民意调查方面,针对省直部门由省直机关工委从省级各部门工作、服务对象信息库中随机抽样 35 名代表参与测评,针对各市区由省统计局电话随机抽取 14 652 个样本问询调查;在开展社会评价方面,"两会"期间共组织 1026 名党代表、人大代表、政协委员对省直部门和各市工作进行评价;在开展民主测评方面,主要由机关干部和群众代表对领导班子和领导干部进行无记名测评,真实反映和评价领导班子、领导干部。2009 年,全省共评选出优秀单位 32 个,良好单位 56 个,一般单位 2 个,较差单位 1 个,对 847 名省管的领导干部进行了民主测评和综合评价。"四印证"就是个别谈话、查阅资料、实地核查和综合分析,在此基础上确定考核综合得分。

五、陕西省"三位一体"模式考核结果运用

在绩效结果的反馈与应用层面上,陕西省将考核结果与干部任用情况挂钩。省委把年度目标责任考核结果作为任用干部的重要依据,实行年度目标责任、领导班子和领导干部、廉政建设"三位一体"考核,建立了末位淘汰、优先使用、备案登记等配套制度,使考核与干部任用对接,考事、评人、用人有机结合。同时,将单位考核结果与单位绩效挂钩,也就是把组织绩效与个人绩效相联系。将单位目标责任考核的结果作为对领导班子的考核结果,领导干部个人考核结果与单位考核结果相挂钩,一把手正职单位考核结果占 80%、民主测评占 20%,副职单位考核结果占 70%、民主测评占 30%。单位没有被评为优秀的,主要领导干部不得被评为优秀。除此之外,省委组织部研究制定了年度目标责任考核与干部选拔任用相结合的实施意见,建立了考核成果转化应用和考核工作与干部任用相结合的配套制度,每年将考核结果及时移交各干部处,作为对领导班子定期研判的重要资料。从 2008 年开始,考核结果已经在陕西省干部选拔任用工作中使用,干部任免的考察材料中包括目标责任考核的情况和结果。年度目标责任考核排在末位的单位,领导班子要向省委写出书面报告,分析原因,提出限期整改意见。连续两年排在末位的单位,对领导班子进行适当调整,在领导干部中真正实行能者上、庸者下。2008 年至 2010 年,共对 10 个末位单位负责人进行了诫勉谈话,对 27 个一般单位负责人进行了提醒谈话,对 1 名省直部门领导给予免职处理。在 2015 年度全省目标责任考核中,省发改委获得优秀;在 2016 年度目标责任考核中,对 3667 万公民进行社会评价工作的电话访问调查;在 2021 年度目标责任考核中,对 35 个考核优秀单位给予表彰。

六、对陕西省"三位一体"模式的评价

陕西省政府绩效管理模式有其自身的特点。其首创的"三位一体"考核模式在我国政府绩效管理实践中,有着很重要的意义。例如,在设置专门评估机构、政府理念与指标体

系的融合上,陕西模式表现出其优越性。诚然,陕西模式也有一些不足,下面对陕西模式的积极意义与不足进行阐释。

(一)陕西模式的积极意义

1. 设计专门评估机构

在陕西省政府绩效管理模式中,政府设立了专门的绩效评估机构及专门的领导小组,从制度规范层面入手,进行政府绩效管理。通过设计专门绩效管理与评估机构,可以明确政府绩效管理与评估的责任主体,推动政府绩效管理与评估活动的顺利开展。设立制度化的专门的绩效评估机构,也是未来政府绩效管理与评估模式的发展趋势。陕西省在2007年就已经意识到这一点,这在当时甚至现在都具有一定的借鉴意义。除此之外,陕西省设立的绩效考核领导小组,其主要领导者和评估主体是省委省政府组成的领导小组。从领导者层级上可以看出陕西省对政府绩效管理活动的重视。上级领导主导下的政府绩效管理与评估活动有着效率高、执行快等特点。因此设置这样的专门绩效评估机构,并由重要领导担任政府绩效管理机构的主要负责人,可以很好地保证政府绩效管理的执行力度。除此之外,这种高度权力约束下的政府绩效管理与评估活动,可以促使政府绩效管理目标更加贴近组织战略目标,保证行政战略和国家战略的实施不出现偏差。

2. 政府理念与指标体系的融合

在地方政府绩效管理与评估的过程中,指标体系的构建是较为复杂且困难的。政府绩效评估的指标体系对于地方政府来讲,是不能一刀切且完全统一的。指标体系的建设需要对当地地方政府有充足的了解,将地方政府一段时期内的战略目标与发展理念融合到指标体系中。政府绩效考核的目的是通过考核发现政府组织中的不足,加以改进,从而高效地实现政府的战略目标。因此,将政府发展理念融合到政府绩效管理指标体系构建中,可以使政府发展方向不偏离最终的战略目标。陕西省政府绩效评估的指标体系在构建过程中很好地融合了当时政府的绿色发展理念,这是其他地方政府值得借鉴的。

(二)陕西模式的不足

1. 公众参与不足

前面已经提到陕西省政府绩效管理的评估主体,是由省委、省政府组成的绩效领导小组。在这个绩效领导小组的统一领导下,还存在着其他的一些公众参与。所以我们把陕西省政府绩效管理的评估主体定位为以领导小组为主、公众参与为辅的政府绩效评估主体。这种绩效评估主体固然能够提高绩效的推行力度,提高绩效考核的速度以及效率,但是并不能完全满足服务型政府建设的需要。杭州的万人评议政府模式以及青岛的三民活动模式,都提示我们在政府绩效管理和评估过程中应该注重公众参与和公众话语权。从合法性的角度来讲,政府需要对人民负责,因此在政府绩效管理过程中,需要把公民当作主要的评估主体。而陕西模式中,把领导小组作为主要的评估主体则是削弱了公民主体在政府绩效管理中的主要地位。

2. 个人绩效与组织绩效的问题

在陕西省政府绩效评估模式中,存在着个人绩效与组织绩效混淆的问题。在陕西模式中,对单位目标责任考核的结果可以作为对领导班子的考核结果,也就是说,将领导干部的个人绩效与单位的考核绩效相挂钩,这样做的初衷是好的,是为了督促相关政府部门的领导人员更加努力,既可以提升个人绩效,又可以提升单位绩效,然而这在一定程度上混淆了个人绩效与组织绩效的关系。这也是当今中国地方政府绩效管理中常常出现的问题,如何平衡个人绩效与组织绩效之间的关系,成为政府部门的难题。

3. 评估结果运用不足

陕西省政府绩效评估模式存在的另一个问题就是绩效评估结果运用不足。在陕西模式中,政府绩效评估的结果主要运用于人事考核以及奖惩激励方面,例如,设置末位淘汰、优先使用、备案登记以及干部考核等措施,除此之外,还制定了一些干部选拔任用的实施意见。从这些措施可以看出,陕西模式评价结果的运用主要是针对个人绩效,即使涉及组织绩效,也是为了满足评价个人绩效的需要而设计的。这就暴露出陕西模式在组织绩效评估方面的不足。只有处理好个人绩效和组织绩效之间的关系,让个人绩效和组织绩效都能运用评估结果,才能够很好地实现政府绩效管理目标。

第三节 哈尔滨市"4+1"政府绩效管理模式

2009年2月6日,中国人事科学研究院和哈尔滨市人民政府共同举行了"哈尔滨市政府绩效管理立法研讨会",来自国务院法制办、黑龙江省人大、中国人事科学研究院、中国行政管理学会、国家行政学院等机构的专家学者参加了此次研讨活动。各位专家一致认为,哈尔滨市制定的《哈尔滨市政府绩效管理条例(草案)》是目前我国政府绩效管理立法研究与实践探索的首创,具有很重要的时代意义与借鉴意义。同年6月,哈尔滨市出台了国内首部地方性政府绩效评估法规——《哈尔滨市政府绩效管理条例》。对我国政府绩效评估领域来说,哈尔滨模式起到怎样的作用,是我们重点探析的问题。

一、哈尔滨市"4+1"政府绩效管理模式概述

本书多次提到,制度化的要求与建设是政府绩效管理可持续发展的重中之重,而制度的建设与要求往往依托于法律法规。在这一背景下,哈尔滨市政府对其政府绩效管理与评估活动进行了地方性立法,力图在法律法规层面上使政府绩效管理与评估活动有所保障。这一模式与甘肃模式一样具有着开创性的意义。

相较于甘肃模式,哈尔滨模式的制度化特征较为明显。《哈尔滨市政府绩效管理条例》将政府绩效管理划分为四个主要阶段:绩效计划制订阶段、计划执行与日常监测阶段、绩效评估阶段、绩效考核结果运用与问责阶段。哈尔滨模式之所以被称为"4+1"模式,是因为其首次将自身建设纳入区、县(市)政府的绩效评估内容中,使之与政治建设、经济建设、社会建设、文化建设四方面内容构成"4+1"评估体系。这一体系改变了此前以GDP为核心考核干部的单一标准,从投入、产出、效果三个方面入手,综合评估各部门的效率、效能和效益,体现了建设服务型、效能型政府的要求,明确了政府绩效评估的法制原则。

二、哈尔滨模式的评估主体与评估对象

(一)评估主体

哈尔滨模式为多元化主体,评估主体由公众、政府部门自身、绩效考核机构三部分构成。

（1）公众一般通过满意度调查的方式来参与政府绩效评估。《哈尔滨市政府绩效管理条例》设立了一系列公开制度，为公众参与政府绩效评估奠定了基础。首先，政府在制订绩效评估计划时应当公开征求群众的意见，即政府无论是制订中长期计划还是年度计划都应当向社会公布，听取群众的意见，及时对绩效评估计划进行修改和完善，保证绩效管理的民主性。其次，经过批准的政府绩效管理计划应当向社会公布，便于群众进行监督。再次，政府绩效信息应当向社会公布。根据本条例，政府应当构建信息公开平台，方便群众及时查阅政府部门的绩效信息，为公众参与绩效管理提供便利条件。最后，本条例还规定了政府绩效评估的结果应当向社会公布，便于群众监督绩效评估的过程与结果。这些规定不仅为政府部门制订了详细的操作规则，还能帮助群众参与政府绩效评估，便于群众监督绩效评估与政府工作，及时发现政府部门存在的问题，构建高效化、服务型政府。

（2）政府各个职能部门会在评估过程中进行自身测评，对自身的表现与成就、不足和需要改进的地方进行主观的评价。实际上，政府部门身为直接的执行实施者，相较于其他主体而言，更为熟悉和了解自身的工作内容与工作效果。如果能够保证其对于自身的工作效果有客观的评价，那么让政府部门作为考核自身的主体是较为合理的。哈尔滨模式选择了政府部门自身作为政府绩效评估的主体之一，虽然其评价可能带有一定程度上的主观色彩，但在上级部门和群众的监督下，客观性会被逐渐放大，主观性会逐渐减小。

（3）绩效考核部门是哈尔滨模式的评估主体中最为重要的一部分，它是哈尔滨市政府设立的专门对各个政府部门进行绩效考核的机构。绩效考核部门起着统领、总结的作用。在具体的政府绩效考核过程中，绩效考核部门会综合前两个评估主体的评估情况，结合自身所了解的绩效情况，对各个政府职能部门进行最终的绩效考评。

（二）评估对象

哈尔滨模式的评估对象主要是各市一级、县一级政府部门以及省直属职能部门。对市直部门的评估：将已签订目标责任状的市直部门划归市委组织部负责进行评估，未签订责任状的市直部门仍由市委目标办、市政府目标办在市责任办领导下负责评估，市纪检委改善办负责对各市直部门《改善经济发展环境目标责任状》的评估。在实际执行操作中，以上述各责任部门人员为牵头主体，并充分发挥其对政府组织内部运转机制比较熟悉的优势，临时抽调党委、人大、政府和群团组织等各市直成员单位的内部工作人员，共同构成了对市直部门主要职能责任目标和共性责任目标进行绩效评估的主体。同时，还聘请市级离退休老干部和部分院校专家作为创新性加分项目的评估主体。综合来看，属于完全意义上的政府内部评估主体。

对区县班子的评估：由于所有区县（市）党政领导班子都按照统一要求签订了责任状，因此按照责任分工，对区县党政班子的绩效评估由市委组织部牵头负责，由市委组织部各部门人员为主要力量，抽调市直属部分单位负责组织工作的人员联合组成对区县（市）党政领导班子绩效评估的主体，共同代表市委、市政府对照年初制定责任目标以及各行政职能部门提供的数据，以上级对下级评估的方式执行具体的绩效评估。

三、哈尔滨模式的评估指标体系

哈尔滨模式的评估指标是按照市政府的目标来设计的。按照目标的性质可以划分为主要职能责任目标、主要共性责任目标和创新型工作目标三种。

（一）主要职能责任目标

主要职能责任目标是指政府部门的本职工作目标，这一目标的设计主要是为了考察各个政府部门是否正常有效完成自己的本职工作。按照哈尔滨市政府有关文件的要求，主要职能责任目标数应该在10到15个之间。具体目标包括省市级政府部署的工作任务，如省委省政府部署的年度任务，市委市政府做出的有关决定以及各种政策措施。

（二）主要共性责任目标

主要共性责任目标是指各个部门需要对上级的整体性规划任务所做的工作。例如，经济社会发展目标、经济社会发展、和谐社会建设目标和人民满意度目标等。这些目标下面还设置了各种二级目标，如在经济社会发展目标下，设置了地区生产总值、上划税收、地方一般性预算收入、出口总值等目标。除此之外，主要共性责任目标还包括市委市政府确定的纳入责任目标考核体系的专项工作，如棚户区改造、诚信政府建设等。最后，主要共性责任目标还包括市委市政府确定督办检查的常规性工作，如政务公开、法制建设、信访工作等。

（三）创新型工作目标

创新型工作目标主要是指各个部门所做的创新之处，这是哈尔滨市政府绩效评估指标体系中的加分项目。具体评估标准如下：对全市经济社会发展做出突出贡献的创新型工作；为哈尔滨市重点、难点问题提供创新型解决方案与解决思路的工作；为哈尔滨市民与基层群众解决生产生活难题的工作；工作模式的创新，使工作效率大大提高的创新，对其他部门有借鉴意义的创新。需要注意的是，上级政府已经在年初做出要求的工作目标不属于创新型工作目标。

四、哈尔滨模式的评估过程

哈尔滨模式的评估过程主要分为制定评估方案阶段、前期准备阶段、自我测评阶段、指标考核阶段、满意度测评阶段、综合评估阶段、建立档案阶段。

（一）制定评估方案阶段

制定评估方案阶段是由绩效考核部门制定年终的绩效评估工作方案，具体包括绩效考核机构对于整个政府绩效评估过程所做的整体性方案设计，其中包括绩效考核机构对本次政府绩效评估活动设计的具体评估流程与具体细节操作。

（二）前期准备阶段

前期准备阶段的主要事项是进行政府绩效评估的动员活动与前期准备活动。在这一阶段，需要对本次的政府绩效评估活动进行前期人力安排、物资准备、设备准备等，以保证本次评估活动的顺利进行。除此之外，还要在全市范围内对各个评估主体进行动员，宣传本次绩效评估活动，倡导公众参与和监督等。

（三）自我测评阶段

自我测评阶段是指政府部门依据既定的评估指标和评估标准，对绩效目标及职责的完成情况进行自我测评，撰写绩效自评报告并提交绩效管理机构。在这一阶段，需要对各个部门的自评过程进行严格监督，要求各个政府职能部门按照标准化的评估指标及标准来对自身在这一段时间的政府绩效完成情况进行客观评价，减少自身评价的主观性，以保证评价的真实有效、客观公正。

（四）指标考核阶段

指标考核阶段是指绩效管理机构组织有关部门和机构采集和整理评估信息，汇总并查访核实基础资料和数据，对被评估单位绩效指标完成情况进行考核评价。这一阶段的评估主体是政府部门设立专门的绩效评价机构，是绩效评价机构根据自己所了解的情况和资料对各个政府部门进行的绩效评估活动，并不会参考各个部门自身评价的内容和公众满意度调查的内容。

（五）满意度测评阶段

满意度测评阶段是由绩效管理机构，根据绩效评估内容设计服务对象测评表和社会公众问卷调查表，对被评估单位进行满意度测评。满意度测评阶段的主要评估主体是社会公众，不过要在政府绩效考核机构牵头组织下来完成本次满意度测评的调查，满意度测评的结果将作为政府绩效衡量的主要标准之一。

（六）综合评估阶段

综合评估阶段是指由绩效管理机构对自我测评、指标考核、满意度测评结果进行复核和分析，形成评估结论并且撰写评估报告。

（七）建立档案阶段

在这一阶段，专门的绩效评估机构会对之前的机构评价的指标测评结果、各个政府部门自我评价的自身测评结果以及公众参与的满意度测评结果进行归纳和整理。然后根据各个指标的结果来进行打分，再将这些量化的打分结果形成最终的评估结论，由绩效评估机构撰写相应的评估报告，将评估结果与评估报告建立相应的档案。

五、对哈尔滨模式的评价

相较于甘肃模式，哈尔滨模式有独特鲜明的特点，即制度化要求较高。这种在地方立法层面上的制度要求，使哈尔滨模式成为全国关注的焦点。哈尔滨市长曾说："要把政府绩效管理持续搞下去，就要解决绩效管理的内在动力，不再依赖于'一把手'推动。"目前，我国政府绩效评估中经常存在评估行为持续性不强的问题，本书也提到了甘肃模式的不持续性。而哈尔滨模式首先从地方立法的角度尝试为这一难题提供解决方案。除此之外，哈尔滨模式还有许多值得借鉴的地方，但作为一种创新的尝试，哈尔滨模式也存在着一些问题，下面将客观地分析哈尔滨模式的优劣，以期为我国其他地方的政府绩效管理提供经验与思路。

（一）哈尔滨模式的优势

1. 开创了地方政府绩效管理的立法先河

《哈尔滨市政府绩效管理条例》的出台，引起了全国范围的积极关注，因为它是国内首部关于政府绩效管理的地方性法规。它的出现标志着政府绩效管理与政府绩效评估逐渐走向法制化，为地方政府绩效管理与评估活动的持续性与长久性提供了制度化的保障。由于法律法规的强制性与严肃性，地方政府更加重视绩效管理与绩效评估，同时地方政府能够把政府绩效管理与政府绩效评估作为一个常态化的任务而不是一次号召性的活动。

2. 独特的"4+1"绩效评估模式

哈尔滨的"4+1"绩效评估模式，除了把正常的政治建设、经济建设、社会建设和文化建设纳入政府绩效考核范围之中，最具特色的是，它开创了将政府自身建设纳入政府绩效管理与评估过程的评估模式。这一创新，说明哈尔滨市政府已经意识到政府自身的学习与成长的重要性。政府作为提供公共服务与行政服务的机构并不是一成不变的，也需要不断地学习和成长来使自己充满活力。因此，哈尔滨市政府的做法恰恰反映了政府内部建设的重要性，这为其他地方政府的政府绩效管理与考核提供了新思路，更为建设高效服务型政府提供了新举措。

3. 把公众参与纳入政府绩效管理中

哈尔滨市政府将公众作为政府绩效管理与评估的主体之一，让公众对政府进行评价，这在当时是一个较为创新的举措。在政府绩效评估的过程中，公民的参与程度是较大的，并不是流于形式的"面子参与"。尤其哈尔滨模式中的立法行为，为公民参与政府绩效评估提供了法律支持与保障，拓宽了公民参与的渠道。这种民主化的公民参与意味着我国政府绩效管理与绩效评估开始走向法制化与民主化，也从侧面反映哈尔滨市政府建设服务型政府的决心与意向，以及当时政府管理中服务意识与服务理念的渗透。

（二）哈尔滨模式的不足

1. 率先立法的先天不足

《哈尔滨市政府绩效管理条例》是国内首部关于政府绩效管理的地方性法规，存在着一些立法缺陷。比如，有些制度设计较为粗糙，没有精细化的设计与要求，可操作性不强，等等。这些问题源于政府管理中就绩效管理立法方面的长期空白，由此可见，地方政府立法的创新实践在摸着石头过河的过程中存在着有待进一步破解的问题。

2. 缺少科学的评估团队与评估方法

与甘肃的第二方评估模式相比不难看出，哈尔滨模式在科学性方面有所欠缺。在甘肃模式中，评估主体是具有较高科学研究能力的高等院校，其中还有研究政府绩效领域的相关专家作为评估的智囊团。而哈尔滨模式虽然把公众参与放在很高的位置，但是却忽略了科学设计与科学评估的重要性。

3. 规定内容过于原则化

哈尔滨模式最突出之处就是采取了地方政府立法的创新模式，但立法在一定程度上也限制了哈尔滨模式的发展。因为法律法规的原则性规定较多，使得评估主体在评估过程中的可操作性受到一定程度的影响，可推广性受到限制。因此，对于哈尔滨开创的地方政府绩效立法的模式，也要辩证地认识与看待。

第四节 青岛市"三民"活动政府绩效管理模式

2016年1月，青岛市下发了《市政府决策落实第三方评估办法（试行）》，为政府绩效第三方评估提供了制度保障，标志着青岛市政府第三方评估进入一个新的阶段。其中，"三民"活动、代表委员议案落实评估等典型做法和形成的新机制，为政府绩效第三方评估的青岛模式提供了扎实的理论和实践尝试。"三民"活动政府绩效管理模式取得了良好的效果，公民参与度不断地提高，成为我国地方政府绩效管理模式中的经典案例。

一、青岛市"三民"活动概述

2009年年底青岛市委、市政府为鼓励公民积极参与政府绩效评估，提高政府工作能力，创造性地提出了"向市民报告、听市民意见、请市民评议"的"三民"活动。"三民"活动以市民为主要代表，广泛听取社会各界对市政府相关工作的意见和建议，组织政府部门向市民述职，市政府部门负责人报告本部门年度工作情况，市民代表对述职报告进行评议，通过第三方评估运作机制，不断改进工作、提高效率。"三民"活动中，由青岛市各职能部门负责人在市区主会场向全市人民做述职报告，现场情况经由网络平台向其余12个区市分会场做现场直播。在这个过程中，广大市民可以通过现场提问或者填写测评票、意见等方式了解更多政府工作情况，最后根据自己平时的观察、所体验到的服务、了解的情况等对政府工作进行打分、评议。2019年在青岛市政府部门"向市民报告、听市民意见、请市民评议"活动期间，市"三民"活动联席会议办公室对参与活动的10 000名市民代表进行了社情民意问卷调查，调查结果显示，市民代表对市政府工作的总体满意度为97.98%，较2018年度提高0.44个百分点；对改善民生工作的满意度为97.05%，提高0.25个百分点；对青岛市经济发展的满意度为96.83%，提高0.21个百分点；对未来经济发展的信心度为98.32%，提高0.25个百分点。2021年是青岛市连续开展"三民"活动的第十三个年头，结合疫情防控实际，活动延续线上"云述职、云评议、云征集"模式，同时选取部分社区设置线下分会场，将活动搬到市民家门口。从2009年开始，"三民"活动已经开展了十多年，有效地促进了政府与社会公众的良性互动，保障了公民的基本权利，对提高政府绩效起到重要作用。

二、"三民"活动的评估主体

"三民"活动，顾名思义是以市民为主导的政府绩效评估模式，主要评估主体包含市民公众。从整体来看，青岛市"三民"活动的评估主体呈现出多元化的趋势，涉及社会各界人士。这也反映了青岛市政府注重政府活动的多元参与，同时也间接地反映了我国政府治理理念开始向多元化治理、共同治理转变。具体来讲，根据"三民"活动中政府述职报告会所邀请的各类人员来看，"三民"活动模式的评估主体可以分为如下几类：公众、企事业单位、非营利组织、专家、社会各界人士、政府部门人员、上级人员。

公众主要由社区居民代表、自愿报名的各区市民代表、青岛市的个体经营者及新市民代表等构成。企事业单位、非营利组织人员由青岛市各个事业单位代表、部门企业代表、社会组织行业协会代表以及一些媒体代表等构成。专家是指由第三方督查评议专家参与评估，这些专家基本来自于各大科研院所或者各大高校，研究领域也都是与政府绩效相关的领域。社会各界人士来自于党代表、青岛市人大代表、青岛市政协委员、各个民主党派的代表、工商联、无党派人士等。

与哈尔滨模式类似，青岛市政府部门各区市内部也有代表，青岛模式中政府部门人员参与是为了从专业的角度有效进行自评和互评。上级人员主要包括中央、省驻青岛单位代表，特邀监察员，行风在线点评员，中央省驻青岛单位代表政务服务热线义务监督员等。

三、"三民"活动的评估内容与评估指标

青岛的"三民"活动在评估内容和评估指标方面有着大胆的创新。在具体的操作层面上，青岛市政府要求各个区分别建立各自的组织机构，并制定翔实的操作方案。

在评估指标体系方面，青岛市政府根据不同部门的职能设置情况与职责分配情况将 56 个部门加以整合，设置成 4 个不同的专题小组。这 4 个小组分别是：经济管理专题小组、行政执法专题小组、社会服务专题小组、内部综合专题小组，由不同的对象对这 4 个专题小组进行评估。除此之外，青岛市政府还设置了如"年度工作完成情况""职责履行情况"等 7 个不同的评估指标。

四、"三民"活动的实施程序

"三民"活动共分为三个阶段。第一阶段为启动阶段，主要完成网上市民意见征集以及市民代表报名工作；第二阶段为报告评议阶段，主要是市民代表评议各部门负责人现场的述职报告；第三阶段为办理总结阶段，主要是针对市民代表现场意见、建议的办理，网民意见办理以及优秀市民意见评选。具体实施步骤包括以下几个方面。

（一）筹备阶段

每年的 11 月上旬，青岛市政府开始研究并部署"三民"活动的实施，成立"三民"活动联席会议办公室，由联席会议办公室在青岛政务网及青岛市相关网站发出"三民"活动市民代表邀请函，并完成市民代表遴选、确定；组织 45 个年终公开述职的市政府部门的分组情况，并上报、审核市政府各部门负责人的述职报告材料；确定"三民"活动的主、分会场；同时，做好技术保障等前期筹备工作。

（二）征集网民意见、建议阶段

征集网民的意见、建议即"听市民意见"。每年 11 月上旬到 12 月上旬，网上意见征集栏目在青岛政务网的"三民"活动专题网页及微信公众号上开通，鼓励市民以实名的方式依据每年的主题向地方政府提出意见、建议。在 2017 年的"三民"活动中，市政府鼓励市民重点根据经济发展中的"双创"、融入"一带一路"，城市治理中以"建设美丽青岛三年行动"为主题向地方政府提出意见和建议。并且，同步意见、建议链接到各大网站及微信公众号，激励广大市民和社会各界广泛参政议政。

在 2021 年"三民"活动中，网上意见建议征集专栏在青岛政务网开通，市民可以实名

方式，重点围绕青岛市立足新发展阶段，贯彻新发展理念，融入新发展格局，加快推动高质量发展，完善社会治理体系，促进民生改善等方面建言献策。

（三）遴选市民代表阶段

在市民代表队伍中，除随机抽选和组织推荐相结合遴选的9800名市民代表外，市民还可以在青岛政务网"三民"活动专题网页中，就近选择所在区市的会场报名参与，活动将从报名市民中随机抽选200名市民代表参与。为进一步优化市民代表机构以及评估结果的客观性和准确性，2017年青岛市"三民"活动有针对性地根据每组述职部门的特点调整了市民代表的构成，如在发改委等与民生相关的部门，增加了居民、街道社区工作者等市民代表的比例，同时也提高了民营企业和小微创客等代表的比例。

2021年进一步优化代表构成，着重向市场主体和基层一线倾斜，提高企业代表，特别是民营企业和小微企业代表比例。优化调整后，企业代表人数由2020年的878人增加至978人，占代表总人数的比例由29.2%提高至30.6%。同时，新增镇（街）代表100个名额，覆盖青岛市全部镇街，让更多了解部门工作的基层工作者参与评议，使评议更具广泛性和代表性。

（四）安排各部门述职报告会阶段

安排各部门进行述职报告会被称为"向市民报告"，是"三民"活动的重头戏，要求市政府部门负责人分四组进行述职，述职活动持续两天，每组用时约半天，每个部门限时10分钟。主要由各部门"一把手"在主会场，集中向市民代表报告本部门全年的工作情况。部门述职信息主要包括四个方面，即部门职能、工作打算、业务目标、工作总结。除主会场之外，青岛市各区市设11个分会场，各区市组织市民代表收看由主会场通过视频直播的述职报告。全市市民可以通过视频点播观看、了解市政府各部门的工作情况。这种全面公开的述职报告方式，改变了传统的政府信息不公开、不透明的做法，真正体现了政府在阳光下运作，接受市民监督的特点。

（五）市民代表现场评议阶段

组织市民代表现场评议被称为"请市民评议"，即邀请市民代表评议市政府各部门的年度工作报告，公众的满意度是衡量政府各部门绩效的度量准则。市民代表根据各部门的述职内容，同时基于日常对各部门的了解，以无记名的方式填写并提交评议表，经第三方汇总统计，评估结果计入市政府各部门全市综合考核成绩的社会评议指标中。同时，在"三民"活动期间，"三民"活动联席会议办公室再次对参与活动的1万名市民代表进行社情民意问卷调查。"请市民评议"的环节重构了青岛市政府与公众之间的关系，树立了公民的主体地位，有利于责任型政府的构建。活动结束后还会评选出优秀的市民意见，政府将这些有价值且具有可操作性的意见纳入下一年度的政府工作计划。截至2021年，青岛市"三民"活动已举办13年，取得了良好的效果，同时也正在逐渐改变地方政府绩效评估中地方政府"既是运动员又是裁判员"的双重角色的情况，不断地建立和完善"三民"活动的相关制度体系和评估标准，推动政府绩效评估向"政府主导—公众参与"的多元化结构的模式发展。

五、青岛模式的绩效结果反馈与应用

青岛模式在政府绩效结果反馈和应用上,主要采用的是奖惩结合的方式,其中奖励包括物质奖励与精神奖励。同时,为了明晰权责分配,奖惩机制是落实到个人的。青岛市政府规定,获得物质奖励的人数是绩效评估结果优秀的区市、部门单位按照参加年度绩效评估的公务员总人数的20%计算。除此之外,青岛市政府还规定"评价结果实行'四挂钩'原则,与干部使用、评先树优、绩效工资、机构编制调整、随机抽查相挂钩,作为其年度考核、教育培训、选拔任用的重要依据"。

根据青岛市政府对于绩效评估结果的运用,我们发现青岛市政府绩效管理结果运用的内在逻辑。青岛市政府通过对结果的解读,将责任落实到个人。通过这种个人绩效激励方式,实现组织绩效优化的最终目标。但是,评估结果包含的信息量十分巨大,仅仅将此作为奖惩激励的依据,可以说在一定程度上浪费了评估结果这个宝贵资源。

六、对青岛市"三民"活动模式的评价

青岛模式作为我国地方政府绩效管理模式中的经典案例,有着很多优点,但是"三民"活动还存在一些隐蔽的缺点与问题,值得我们去发掘和探讨。

(一)青岛模式的可借鉴之处

1. 使地方政府意识到群众参与的作用

青岛模式使群众参与政府绩效评估切实可行,且能够真正发挥群众作用。从"三民"活动的命名也可以看出,青岛市政府将公众参与放在了一个较高的位置。更重要的是,青岛模式有着精细的制度安排与制度保障,保障公众的话语权能够如实地表现在对政府的绩效评估中。公众体验是政府绩效考核的重要一环。公众作为政府服务的根本享有者,其看法具有举足轻重的地位。在我国其他地方政府绩效评估中,虽加入公众评估,但并没有为公众的参与制度提供保障,因此青岛模式值得其他地方政府借鉴和学习。

2. 第三方评估模式要具有细化的制度安排

公众、专家以及社会各界人士参与,由于没有权力支配和利益关系,很容易被忽略,抑或形同虚设,因此,必要的制度安排与保障十分重要。青岛市政府在绩效评估过程中下发了《市政府决策落实第三方评估办法(试行)》,为政府绩效的第三方评估模式提供了必要的制度保障,从制度层面对"三民活动"的有效性提供了相应保障。

3. 青岛市"三民"活动具有较强的可持续性

地方政府在绩效管理与绩效评估方面的创新,是近些年来政府绩效管理领域的一股浪潮。而作为创新型的绩效管理与评估模式,其可持续性饱受诟病,很多地方政府的创新型绩效管理模式仅仅是昙花一现或者是跟风式的运动。青岛市的"三民"活动在可持续性上起到了很好的模范带头作用,也进一步说明了制度保障的重要性。从2009年至2021年,青岛市"三民"活动已经逐渐实行了13年,相比较甘肃模式,青岛的"三民"活动政府绩效管理模式更值得其他地方政府进行学习。

（二）青岛模式的不足之处

1. 绩效评估结果利用情况有待改善

虽然青岛模式对第三方评估提供保障，为公众参与提供支持，但是绩效评估不仅仅是评出结果优劣即可结束的一个模式。评估的结果也不应该仅仅作为奖惩信息的来源。评估的过程重要，但评估结果的运用对青岛市的发展更为重要。从青岛市"三民"活动的整体布局来看，"三民"活动发挥的作用显得有些头重脚轻。绩效评估结果没有得到很好的利用。绩效评估的结果应该用在地方政府各个部门的政策改善、行政效率提高与服务意识增强上。地方政府绩效评估不能是为了评估而评估，而是为了改善地方政府服务而评估。这既是青岛市"三民"活动模式表现出来的问题，亦是我国大多数地方政府在绩效评估过程中表现出来的问题和缺陷。

2. 绩效评估过程消耗成本高

如今我国已经进入信息化时代，绩效评估可以利用大数据技术融媒体工具。青岛市"三民"活动模式的评估过程，尤其是安排政府部门进行述职报告与公众评议的环节，需要大量的人力物力安排与资金来源，消耗的成本较高。如果能够充分利用大数据技术和融媒体工具，可以使绩效评估过程的成本大大降低。利用新型技术手段，寻求政府绩效管理与政府绩效评估的低成本操作与高效益效果是未来我国政府绩效管理的新方向。

3. 主体是否过于多元的问题值得探讨

青岛市"三民"活动以其多元化的主体参与，尤其是市民参与而闻名。但是，政府绩效管理与政府绩效评估过程中是否真的需要如此多的评估主体是一个值得思考的问题。应该以何种标准确定地方政府绩效管理与绩效评估的评估主体，目前还没有定论。青岛市"三民"活动涉及的主体有普通市民、企事业单位、非营利组织、专家、社会各界人士、上级政府以及地方政府本身等。在诸多的评估主体中，以哪些主体的评估为主要依据？是否有些评估主体根本没有发挥其主体作用？这些都是青岛市政府"三民"活动中隐藏的没有得到解答的问题。主体多元化是否一定就能够客观公正地反映出青岛市政府绩效的实际情况？这些问题也都是值得探讨和思考的。这也促使我国其他地方政府在进行绩效管理与绩效评估时进行新的思考，即到底如何确定地方政府绩效评估的评估主体。

第五节 厦门市思明区政府绩效管理模式

一、思明模式的发展背景

厦门市思明区认真审视和思考加入 WTO 对政府部门带来的挑战和机遇，从 2001 年开始，为加强机关效能建设、深化公共部门绩效管理体制改革，就责任政府、公平政府、服务政府等多种实现形式进行了反复探索与分析，致力于打造一个"事要办好、钱要花少、人民还要满意"的绩效型政府。2004 年，思明模式已具雏形，评估模式已经基本形成。2005 年，思明区政府正式将评估制度化，推进绩效评估管理体系向纵深发展。

《2021 年度思明区绩效管理工作方案》实行评估等次差异化，严格控制优秀比例，按照党群和政府部门最后两名、街道最后一名不能评为优秀的办法进行等次确认。同时修订了绩效指标考评办法，进一步修改、完善、细化指标考评办法，进行量化考核，减少绩效评估的自由裁量权。

二、思明模式的评估对象

2001年，厦门市思明区政府开始进行绩效改革，根据不同的时间段，对不同的公共部门进行了绩效评估，逐步推进政府绩效改革实践。

2001年，思明区效能办根据绩效评估实践办法，从不同的工作对象中随机抽取100名调查对象，包括直接行政相对人50人、社区群众代表40人、相关部门代表10人，通过发放《群众满意度调查表》的方式，将调查结果纳入每一个被评估单位的年终考核总分当中。2002年，思明区公共部门绩效评估体系自同年7月开始运行后，当年针对5个被评估试点单位发出了500份调查表。自2003年起，思明区绩效评估实践逐步扩大到对20个区直部门工作绩效进行评估，回收调查表900份。2004年，采用网上群众评估和委托民间机构实施问卷调查相结合的方式评估群众满意度指标。行政相对人通过登录思明区政府网站对被评估部门打分。由被委托的民间机构将被评部门分为对外服务部门、对内服务部门和兼具内外服务职能的部门，并分别采用由外部相对人评估、内部相对人评估以及由30%内部相对人和70%外部相对人结合进行评估的方式。其中，外部相对人从居民、企业中进行抽样，内部相对人则从相关事业单位工作人员中抽样。网络评估数据汇总占群众满意度指标权重的10%，民间机构评估得分占权重的90%。最终将群众满意度指标折算分数后计入被评部门的绩效考评总分。2005年更是将原先一年一度的群众满意度调查逐步扩大为每月一次的日常性调查。

2016年，思明区分别对10个街道办事处的就业和社会保险等配套指标的完成情况进行实地的综合考评，采取集中听取工作汇报、现场查阅台账及档案资料、抽查社区工作、抽取社区考评对象等方法，并进行工作人员的业务技能测试（包括面试和上机考试），对各街道的工作进行充分的评估。优化正反向激励：从严控制正向激励加分事项；加大市对区反向结果运用力度；在察访核验中，加大扣分比重；为民办实事项目加分由30分减到5分。优化公众评议办法：在公众评议中增加社区评议机关项目，提高基层对绩效管理工作的参与度；在机关互评中设置优良比例，加强公众评议分数的公平性、合理性，进一步传导压力。

三、思明模式的评估手段

（一）开发网络化的绩效评估管理系统

各个评估主体可以通过办公网络对相关评估指标进行"背靠背"的实时评估，减少评估操作环节，绩效评估系统全程均可在互联网上操作。随着电子政务平台的不断发展，思明模式结合电子政务建设、服务型政府建设，将绩效评估模块放置到网络平台，社会公众可以在政府外网实时查询和了解政府各部门绩效状况，努力做到了信息公开与公民参与。

（二）建立和完善调查对象储备机制

广泛收集各部门行政相对人的名单和联系方式，按照部门情况、相对人的类别、分布区域三个方面进行整理汇总、备案成册，建立行政相对人储备库，以便后续绩效评估流程顺利开展。这一举措有利于在进行满意度调查时直接选取相对人资料，让调查对象与被评单位对号入座。

四、思明模式的评估指标

思明区政府与厦门大学卓越教授领导的项目组进行合作，发挥双方优势，通过对国内外绩效评估理论与模式的提炼和总结，对一轮绩效评估的对象展开实地调研。根据座谈会、调查问卷、个别访谈所收集的一手资料，结合评估对象至少3年以上的传统考评的历史数据，最终按照3个维度、6种主体的原则选择试点对象和构建评估指标。整体的评估指标构建以CAF框架为基本思路。CAF模型包括促进和结果两大要素，共涉及9大标准，其中：领导力、人力资源管理、战略与规划、伙伴关系和资源、流程与变革管理属于促进要素；员工结果、顾客/公民结果、社会结果和关键绩效结果属于结果要素。9大要素构成了公共部门绩效评估的9个一级指标，27个二级指标。

思明模式将9个一级指标与27个二级指标进行提炼，根据评估准备阶段形成的指标体系框架，筛选和确定通用部分指标。其中，通用部分指标以过去评估中所采用的符合绩效评估指标体系原则和要求的传统指标为主，包括根据肯定性指标和否定性指标相结合的原则所设定的评优否决指标和其他一些负向指标。此外，还包括通过前期广泛群众调查得到的群众满意度指标，以及从思明区政府对机关单位的共性要求中提炼出来的其他通用指标，构建了属于思明框架二级指标的内部员工评价指标。同时，还根据试点评估对象的不同职能和具体情况，分别设计各自的业务实绩指标，如表7-2所示。

表7-2　厦门思明模式政府绩效评估指标表

一级指标	二级指标
领导力	有清晰的战略目标
	内部各机构职责分工明确
	领导以身作则，发挥表率作用
执行力	对区政府决策及工作的落实情况
	对区政府绩效评估方案的态度
	对各项工作定期审查，总结整改情况
管理力	重视职工培训和成长，听取职工意见
	财务管理和知识管理
	与其他部门的沟通协调情况
员工满意度	认可单位发展目标的价值追求
	参加单位组织活动的积极性
	办公氛围和行政出错率

五、对思明模式的评价

思明区作为厦门市的中心城区，在努力发展经济和社会各项事业的同时，也愿意承担改革和发展先行先试的责任并研发了公共部门绩效评估系统。该项目已经获得2003—2004

年度"中国地方政府创新奖"。思明区以政府自我改革为主驱动力,以高效全面参与为外在动力,有力、有序、有效地推进了公共部门绩效评估的实施。

纵观思明模式,有以下几个亮点。

(一)思明模式的亮点

1. 绩效评估指标多元化、层次化

思明区公共绩效评估系统的开发和运用,体现了以人为本的服务理念,将群众满意作为考核部门工作的重要指标,督促公共部门在日常工作中牢固树立服务意识,改进工作作风,提高工作效率。

2. 绩效评估工作日常化

思明模式改变了传统行政考评于年底组织多项大规模检查评比的评估模式,将绩效评估统一于日常的管理活动当中,避免了行政资源的极大浪费,也增加了绩效评估的实际效果。

3. 公共部门绩效指标制度化

思明模式确定了相对稳定的公共部门绩效指标和标杆,解决了被评估部门由于考评指标不固定而盲目按照临时性目标开展工作的问题,极大程度上消除了被评估部门准备各种检查材料时弄虚作假的现象,利于各部门依照评估指标和标杆的要求安排工作计划。

4. 公共部门绩效考评电子化

思明模式独创了政府绩效评估的电子化系统。该系统技术先进,为国内其他地区公共部门绩效评估电子化建设树立了标杆。该系统软件在需求分析、数据库设计、程序见面、功能实现和数据分析上全面创新,管理合理、操作简便,具有极强的适用性和可推广性。绩效评估主体可直接通过系统端口利用电子政务基础数据库,实现政务信息的实时分析与评价,实现由政务信息录入到公共绩效评估结果的瞬时完成与动态更新。

(二)思明模式的不足

除了亮点突出外,思明模式在具体实践中仍存在一些不足。作为一种自我评价模式,思明模式不可避免地具有很强的政府主导色彩,由于受到自我认同等心理因素和利益驱动的影响,这一评估模式具有一定的局限性,评估结果和公众、企业的感受存在一定差距。

第六节 杭州市公民评议政府绩效管理模式

近些年在政府绩效管理的创新实践浪潮中,我国一些地方政府相继开展了万人评议政府的新模式。在众多万人评议政府的案例中,杭州市公民评议政府绩效评估模式发展较为完善,具有持续性较强、影响力较广的特点。因此本案例从杭州市公民评议政府活动出发,着重介绍杭州市政府绩效评估的特点。

一、杭州市政府绩效管理模式的背景

杭州市政府绩效管理模式经历了多个发展阶段,最终形成现在的公民评议政府模式。20 世纪 90 年代,随着目标管理法在全国范围内的广泛流行,杭州市也开始了以目标管理法为主导的政府绩效管理模式。1992 年,杭州市政府在机关管理中引入了目标管理责任考核制度,旨在提高杭州市政府的行政工作效率。步入 21 世纪,随着服务型政府理念的不断

深入,在杭州市建设服务型政府的背景下,目标责任制考核逐渐发生变化。2000年,杭州市政府在市直属单位开展了"满意评选"活动,倡导公民参与,对政府部门、党政机关进行满意度的测评。但是在这一时期,目标责任制的考核并没有中断。随着我国各个地方政府绩效管理与绩效评估实践的兴起,杭州市政府试图在目标责任考核制和民众满意度测评的基础上加以改进,增设领导考评的部分,形成了三位一体的考核机制。随后几年,杭州市政府开始成立专门负责政府绩效管理的机构并不断改进,逐渐形成可持续的、常态化的政府绩效管理与评估模式。

二、杭州模式的评估主体

首先,杭州模式的评估主体较为多元化,评估主体主要涉及市民、企业、党政机关、社会组织等。这与青岛"三民"活动政府绩效管理模式中的多元化主体类似。根据2016年杭州市社会评估主体分布情况来看,评估主体主要包括市民代表(占比61.6%)、企业代表(占比7.39%)、社会组织代表(占比11.89%)、社会监督代表(占比2.77%)、市党代表(占比2.77%)、市人大代表(占比2.35%)、市政协委员(占比2.45%)、区(县)领导代表(占比2.90%)、区(县)机关代表(占比5.86%)等9类群体。

其次,杭州模式的评估主体是以公众外部参与为主要导向的。从上述数据中评估主体所占比例的分配情况来看,根据是否是政府内部人员,可以把所有的评估主体大致分为两大类。第一类是政府内部参与主体,包括市党代表、市人大代表、市政协委员、区(县)领导代表、区(县)机关代表。第二类是政府外部参与主体,包括市民代表、企业代表、社会组织代表、社会监督代表。从数量占比可以发现,在杭州模式的评估主体中,政府外部参与占比远远大于政府内部参与占比。这体现了杭州模式具有注重公众外部参与的导向,这种导向有利于建设一个客观、公正、透明的政府绩效评估体系,从一定程度上可以避免政府部门做出操纵结果的行为。在杭州政府推行的社会评价活动中,确保参与是地方政府官员的建设性经验。公民参与政府绩效评估是地方民主的重要表现形式之一。

三、杭州模式的评估指标体系

杭州市政府绩效考核指标体系的设计充分体现了政府职能转变的发展方向和要求,体现了政府提高公共服务的能力和质量要求,遵循稳定性与动态性相结合、共性与个性相结合、显绩与潜绩相结合、定量与定性相结合、内部考核与外部评价相结合五个基本原则。以"创一流业绩,让人民满意"为宗旨,采用"3+1"的模式,涵盖了社会评价、目标考核、领导考评和创新创优(特色创新)四个方面,以及全方位、多维度的旨在面向市直单位和区、县(市)实施的综合考核评价。在指标体系的权重分配与设置上,其中社会评价占比50%、目标考核占比45%、领导考评占比5%、创新创优项目(特色创新)采取加分激励。

具体来看,杭州市政府绩效评估中的社会评价包括综合评价与专项评价。综合评价是指公民通过部门总体满意度指标对所有部门进行直接评价,也就是说公民对于杭州市政府的整体印象进行评价和打分,直接评价可以看作是杭州市市民对于杭州市政府绩效的一个直观的总体性评价。专项评价是指以政府具体的行政事项为判断基础进行评价,即通过对这一年度中重点行政工作事项进行评价的同时,对其相互关联的单位进行连带的间接的评价。专项评价的直接评价对象实际上不是政府组织,而是专门的行政活动。评估主体通过对行政活动完成情况与完成质量的评价，来间接对行政事项的责任主体进行评价。除此之外，杭州市绩效考评在不断实践的过程中探索创新，从而实现了政府绩效评估中的相互融合：一是针对不同的侧重点进行的综合评价及专项评价相结合，使其能够更加灵活高效地理解评价结果；二是按照不同的评价方式进行的线上社会评价与线下社会评价的结合，满足了不同评估主体的差异化需求。

四、杭州模式的评估过程

（一）评估主体的选择阶段

评估主体的选择是杭州模式的第一阶段。在诸多的地方政府绩效管理与绩效评估实践中，杭州模式的评估主体选择具有借鉴意义。随着杭州政府绩效考评的不断推进，评估主体的范围及数量不断扩大，2017年，杭州市政府绩效评估线下通过分层抽样，主要分层涉及杭州市市民、企业以及各类社会组织。在市民层面上向11 700名各阶层的市民代表发放社会评价表；在企业层面上，向4700余家企业通过邮寄的方式送达社会评价表，其他固定层面的评价代表则通过各组织单位进行发放。从人数比例上来看，外部公众（企业代表、市民代表及网民）的数量占全部评估主体的77.2%。其中，企业代表、市民代表占抽样人数的68.6%，涉及的层级还包括市党代表、市人大代表、社会组织代表、市政协委员、区县（市）领导代表、社会监督代表、区县（市）机关代表以及行政服务大厅代表。由此可见，政府绩效评估主体的选择范围在不断扩大，同时外部公众的参与比例也在不断地扩大。

（二）评估数据的收集阶段

评估数据的收集是杭州模式中较为灵活的一个阶段。在此阶段，杭州市政府表现出了对新型手段的积极利用，主要采用以线下调查为主、线上为辅的收集方式。线下评估数据收集主要通过组织力量，按随机抽样、上门入户调查以及邮寄等方式发放社会评价表。线上社会评价结果自2016年起直接计入社会评价总分，市直评估数据收集单位继续通过电话通信平台，实施网上社会评价，区、县（市）网上社会评价也在2017年首次实现三大通信公司全覆盖。另外，随着互联网技术的不断发展，网站等也成为信息发布的重要阵地，杭州绩效评估信息在"绩效杭州网"、"中国杭州"政府门户网站、"杭州网"以及"绩效杭州"公众号上同步，以进行线上满意度数据的收集。

（三）评估结果的公开阶段

评估结果的公开，主要是指绩效管理机构将绩效评估的结果，通过各种途径传达给绩效责任单位、绩效管理的各方参与者和公民，主要通过新闻发布会、参评单位年度综合考评结果网站等进行发布。同时，在政府绩效评估过程中，通过网站、公众号等实时地进行阶段性结果的公开，如综合考评社会意见报告、创新创优提报项目的公示以及结果公布等。杭州市自2005年至2021年每年都会公开发布年度社会评价意见报告，该报告也是社会评价这一环节中公开程度最高的文件，最初主要汇总市直单位的社会评价意见内容。自2017年开始，将区、县（市）的社会评价意见内容也纳入其中，进而形成了共同面向市直单位以及区、县（市）单位的社会评价意见报告。社会评价意见报告中的主要内容既包括当前社会评价的特点、热点分布，也包括对年度意见整改情况进行的概括性说明，比如，《2021

年度杭州综合考评社会评价意见报告》的"十大热词"分别是:"共同富裕""亚运筹办""交通治理""社区善治""疫情防控""教育'双减'""安居杭州""数字变革""亲清关系""区划调整"。

(四)评估结果的应用阶段

绩效评估最终的结果是通过综合考评的分数对参评单位的绩效结果得分进行等级划分,以确定优胜满意单位、先进单位、达标单位、成绩显著单位、工作先进单位、合格单位等,并针对具体的情况设置"重点工作奖""进步显著奖""创新奖""意见整改成效显著奖"等多个单项奖。同时,对社会评价过程中收集到的意见进行深入分析,对公众提出的意见较多以及社会普遍反映的问题予以重视,并列入相关业务部门的重点整改项目。让绩效评估结果得以应用,从而达到提升绩效的目的,具体做法包括日常改进、意见整改、治理诊断、效能建设、创新创优等。

五、对杭州模式的评价

杭州市政府绩效管理模式能够持续数年,必然存在其优越性和可借鉴之处。作为政府绩效管理中的实践,杭州模式也存在一些缺陷与不足,下面逐一进行阐述。

(一)杭州模式的优点

1. 评估可持续性强

杭州模式的特点是可持续性较强。由于政府换届、内部阻力较大和外部公众质疑,一些地方政府绩效评估的模式都是昙花一现,而杭州模式在这样的情况下,却体现出评估的可持续性,且公民在政府绩效评估中的参与度始终没有减弱消失。评估的可持续性是现今多数地方政府甚至是中央政府面临的重要问题。本书将可持续性不强的原因分为两个:第一,政府层面上对于政府绩效管理活动的不重视,把政府绩效管理当作一场倡议性的政府活动,因此出现了"搞了一次就不搞"这样的问题;第二,之前的政府绩效评估模式存在诸多缺点,因此政府在面对新的政府绩效评估模式的优越性时主动抛弃了之前的政府绩效评估模式。反观杭州模式,其成功的原因在于很好地解决了这两个问题。首先,杭州市政府对于政府绩效评估的高度重视,使得政府绩效管理与评估模式得以持续;其次,杭州市政府的绩效管理与评估模式虽然也存在问题,但是杭州市采取的模式是不断增设改进而不是直接摒弃。值得一提的是,杭州市于 2015 年通过了《杭州市绩效管理条例》,并于 2016 年 1 月开始施行,使得绩效考评工作有法可依。由此,杭州模式保持稳定持续发展的原因可见一斑。

2. 评估模式透明度高

较高的透明度与民主化参与也是杭州政府绩效评估模式重要的特点之一。不论是经审定后的年度绩效目标,还是绩效目标进展情况、职责履行的考核评估,抑或是社会评价意见、重点整改目标,都通过"杭州考评网"等渠道实时向社会公布绩效动态,为公民提供查阅、了解和监督的机会,促进相关重点工作的整改。

3. 设计专门的政府绩效管理机构

杭州市政府于 2006 年设立了杭州市综合考评办公室,后来又于 2012 年设立了杭州市绩效管理委员会办公室。这些组织层面上的设计，存在着诸多优点。第一，上文已经提到，杭州市政府绩效管理与评估模式的可持续性较强，能够持续多年而且能够保持一个稳定的政府绩效管理发展走向，这无疑是给组织建设带来的好处。第二，设立专门的机构可以保障政府绩效管理与评估模式和制度在不断改进中完善。如果没有专门设立的政府绩效管理机构，杭州市政府绩效管理与评估可能只会保持一个模式发展，而不是不断地修正与改善，形成现在较为完善的政府绩效管理模式。这也给未来政府绩效管理提供了一个积极的启示，即政府绩效管理要想保证常态化、稳定化、持续化发展，必须要在组织架构上有所设计。组织架构保证了政府绩效管理的发展方向和发展速度。

（二）杭州模式的不足

1. 公众参与的代表性问题

杭州绩效评估指标的设计所采用的"3+1"的模式，使得指标设计能够涵盖所有具有业务关系的人员，但是其具体指标设计主要是将总体满意度指标和开放性意见的收集结合在一起的满意度调查，因而，在社会评价过程中，公民所做的仅仅是对调查部门的服务或者是对专项任务的总体认知，并不能按照部门实际的工作要求更加深入地了解部门服务或者专项任务的具体绩效考核指标，从而也无法对其评价进行原因分析。尽管杭州在绩效考评的过程中不断地优化评估主体以及相关的指标，将不同层面的民众意见纳入进来，从一定程度上看，避免了单一的绩效考评指标所带来的问题，同时也能了解到更多不同的问题及想法。但是另一方面，公民因接触的环境以及行业的不同，关注的点以及提出的意见较为分散，在参与过程中缺乏一定的代表性，不可避免地会出现对政府绩效评估无法进行深入分析的情况。

2. 政府投入成本问题

准确地说，政府投入成本并不能算作杭州市政府绩效管理模式的一个缺点。但从客观来讲，复杂的评估程序与众多的评估主体势必会带来评估成本的增加。但是，评估成本是否合理取决于当地政府的经济发展水平的高低和在政府绩效管理中的投入资金的多少，只要符合当地经济发展水平，不会因为政府绩效评估而给当地经济社会发展带来消极影响，那么这样的评估模式就是合理的。因此，杭州模式可能适合与杭州经济社会发展情况相当的地方政府，而对于其他地方政府，则只能借鉴杭州模式的先进经验，不可全盘接纳，因为地方政府绩效管理模式要与地方政府的现实发展情况相匹配。

第七节　珠海市"万人评议政府"绩效管理模式

珠海市"万人评议政府"（珠海市群众满意度测评）历时二十余年，吸收了自 1999 年至今的市委党代表、市人大代表、市政协委员、机关干部和一般公民、企业组织等多方评估主体，评议党政部门、共青团妇联等人民团体和中央及广东省驻珠海部门。下面从实施背景、评议主体、评议对象、评议内容、评议方法、评议结果及其运用 6 个方面阐述珠海市"万人评议政府"的过程。

一、实施背景

下面从内外部环境两个角度来描述珠海市"万人评议政府"绩效管理模式的实施背景。

(1) 从外部环境看，公众评议政府绩效成为公共管理的趋势。随着中国改革开放的不断深化，一方面群众对政府的期望越来越高，另一方面改革的难度越来越大。在这一背景下，作为既具有激励，又具有约束功能的管理工具与改革的技术手段，政府绩效评估也自然而然地受到管理者和学界的青睐。各地政府纷纷探索群众评议政府绩效的方式。珠海市"万人评议政府"自1999年启动并实施至今，据2019年度珠海市群众满意度测评"万人评议政府"数据显示，珠海社会各界对机关作风的总体满意度为92.41%。这是目前国内最早实施公众评议政府活动，且持续时间跨度最长的城市。

(2) 从本地经济社会发展现状出发，"万人评议政府"有利于经济发展。改革开放以来，珠海市充分发挥经济特区"试验田"和"窗口"作用，在不断的探索中确立了珠海市的发展方向——建设花园式海滨城市和现代化经济特区。虽然经济得到了快速发展，但相比于珠三角周边城市，珠海仍面临很多阻碍经济发展的问题，如经济总量过小、自主创新能力和产业竞争力还不强、城乡居民的生活水平和质量有待进一步提高、社会管理存在薄弱环节、公共服务体系还不够完善等。为此，从1999年起，珠海市政府在国内首推公众参与的政府绩效评估体系，这一举措旨在改进机关作风，提高行政效率，优化投资软环境，致力于建设服务型政府，更好地推动经济社会的持续、协调、健康、快速发展。

二、发展阶段

（一）1999—2009年：以效率为中心的绩效管理阶段

为了能够还原这一阶段珠海市"万人评议政府"的发展过程，下面从评议主体、评议对象、评议内容、评议方法和评议结果这五个方面进行总结。

1. 评议主体

从1999年到2009年，珠海市"万人评议政府"历时9年，中间开展了8次评议活动。在开展评议活动的过程中，根据出现的问题对评议主体进行了调整。其中，最大的调整是在2005年决定不再由中央和广东省驻珠海机构的上级主管部门作为评议主体，同时由"三类代表"（市党代表、市人大代表、市政协委员）代替常设的测评团、督导员和投诉中心。从总体上看，现有的评估权力分配格局是比较清晰的（见表7-3）。

表7-3 1999—2009年珠海市"万人评议政府"主体构成

时间	评议主体				
1999年	测评团			群众代表	
2001年	测评团		市政府投诉中心		群众代表
2002年	群众代表	评议对象	分管领导	行政服务投诉中心	
2003年	群众代表		市领导	行政服务投诉中心	
2004年	市领导	督导员	主管部门	机关干部	企业和群众代表	市政府投诉中心
2005年	市领导	机关和基层干部		群众代表	三类代表	企业和协会
2007年	市领导	机关和基层干部		群众代表	三类代表	企业和协会
2009年	市领导	机关和基层干部		群众代表	三类代表	企业和协会

资料来源：付景涛. 主观型政府绩效评估结果的控制方式研究——以珠海市"万人评议政府"为个案[J]. 武汉理工大学学报（社会科学版），2011，24（6）：825-830.

1999年的评议主体主要分为两部分。一部分是专门的测评团,由人大代表、政协委员、新闻记者和企业、县(区)代表及机关作风督导员组成,人数为200人。另一部分是随机选中的全市居民(包括县区),即群众代表,人数为10 000人。

2001年的评议主体中测评团人数减少为50人,增加市政府投诉中心为其中一类测评主体,其中面向社会发放的10 000份测评表中,要求保证70%发至企业。评议主体由三类人组成,即测评团、市政府投诉中心和群众(企业)代表。

2002年的评议主体中增加分管市领导和各机关单位,由四类人组成,即分管领导、群众代表、各机关单位(评议对象)和行政服务投诉中心。并要求向各类企业和广大市民及个体工商户发放的10 000份考评表里,发给企业的考评表不少于70%。

2003年的评议主体中取消了各机关单位,由三类人组成,即市领导、群众代表、行政服务投诉中心,同时也强调向各类企业和广大市民及个体工商户发放的10 000份考评表里,发给企业的考评表不少于70%。

2004年在评议主体上又有了新的变化,评议主体由市领导、市机关作风建设督导员、市直副处以上单位(主管部门)及中央、省驻珠海单位的机关干部、企业和群众代表,以及市政府投诉中心构成。

2005年至2009年的评议主体由五类人组成,其中市机关作风建设督导员不再作为评议主体,改为三类代表:市党代会代表、人大代表和政协委员(简称"市两代表一委员")。评议主体为市领导、三类代表、企业和协会、机关和基层干部、群众代表。

2. 评议对象

珠海市"万人评议政府"的评议对象是市直机关、事业单位、市各人民团体和部分中央、省驻珠海单位四类。从总量上看,减去机构改革引起的部分机关名称或者个数的变化,十年来并没有太大的变化。然而,对评议对象的不同分类,增强各党政机关的可比性,对评估工作的合理性具有十分重要的意义。

评议对象的发展大致经历了两个阶段。

第一阶段:不分类。

时间为1999年至2000年,除个别如国家安全局等不适合参加公众评议的单位外,所有单位一起参加评议。

第二阶段:简单分类,即主要根据单位整体性质或者面向对象的不同进行分类。

时间为2001年至2007年。2001年评议对象分为三类,即市级党政机关事业单位、市级人民团体和中央、省驻珠海部分单位;2002年至2003年,评议对象分为两类,即市级党政机关事业单位(含人民团体)和中央、省驻珠海部分单位;2004年至2007年,评议对象分为四类,即主要工作面向机关的单位、主要工作面向企业和群众的单位、市级人民团体和中央、省驻珠海部分单位。

3. 评议内容

总的来说,珠海市实施的"万人评议政府"主要是评估各单位履行部门职责完成年度工作任务和机关作风建设方面的情况。

部门职责是指法律法规及有关规定赋予的相关职能、职责。年度工作任务是指本年度上级部门即市委、市政府交办的工作任务的完成情况,完成《中共珠海市委年度工作要点》

和落实市委、市政府重大决策督查督办事项的情况。作风建设考评主要包括三个方面：服务意识、服务方式、工作效能。

4．评议方法

评议方法与传统的绩效评估方法基本相同，虽然每年评估标准有所不同，但评估、计算方法相同。以2005年为例，评议对象的评议刻度分为5个档次：很满意、满意、比较满意、基本满意和不满意，分别赋予分值为95、85、75、65、50分。评议对象得分计算公式为：某被考评单位a项得分＝（很满意票数×95+满意票数×85+比较满意票数×75+基本满意票数×65+不满意票数×50）÷a项考评人总投票数。

此外还采取了测评问卷的方式进行评估。测评问卷的发放和回收最开始由政府完全负责，直到2009年，在社会群众和企业的测评问卷中第一次引入了第三方参与，这也增强了评估工作的公信力。

5．评议结果

1999年至2001年，珠海市"万人评议政府"的评估结果只是简单地评出"满意单位"和"不满意单位"。

2002年至2007年的评估结果为优秀、合格和不合格三个档次，但档次的范围有所不同。2002年每类排名前5%的单位为优秀单位，得分在60分以下的为不合格单位；2003年考评总分前3名且在90分以上的为优秀单位，得分在59分以下的为不合格单位；2004年至2007年每类得分排前15%的被考评单位为优秀单位，得分在60分以下的为不合格单位。2005年至2007年还增设了进位奖，即考评结果排名上升5名以上（含5名）的被考评单位可获得进位奖。

2009年的评估结果是得分在每一类别前20%的单位为先进单位，得分在后10%的单位为勉励单位。

（二）2009年至今：以人民为中心的绩效管理阶段

1．评议主体

本阶段的评议主体为群众代表、机关、企业、社会组织、"市两代表一委员"及其他各阶层代表。

2．评议对象

2009年至今，对评议对象进行精细分类，不仅考虑单位的整体性质和面向对象，还根据各单位职能和管理的相似性进行分类。评议对象分为五类，即经济建设与综合监管部门，执法与公共服务管理部门，具有社会服务职能的党政综合及群团部门，中央、省驻珠海部分单位和主要服务对象为机关内部的党政部门。

3．评议内容

2012年从服务态度、服务效率、服务质量和廉洁服务四个方面进行评议。

2017年从总体评价、服务态度、服务效率、措施便民、廉洁服务五个方面做出评价。

4．评议方法

为增强测评工作的客观性、公正性，对"市两代表一委员"、企业、社会组织和居民代表引入第三方机构进行测评，即委托国家统计局珠海调查队及通过竞争性谈判中标的第三方机构，采取抽样通知调查、设点调查、入户调查等多种方式进行。在测评权重的比例调整上，调低了市领导、机关代表等的权重比例，增加了企业和居民代表的比重。并专门出台文件，将考评结果与干部升迁挂钩。

5. 评议结果

2011年珠海市"万人评议政府"满意度为61.88%，首次破60%大关。考评排名靠后的市食药监局、市城管局、市红十字会、市公路局、市邮政局和市烟草专卖局等6家单位，就如何加强和改进机关作风、不断提升人民群众满意度向社会公开承诺。这是珠海市自开展"万人评议政府"工作以来，首次要求排名靠后的单位向社会公开承诺。

2012年珠海市"万人评议政府"满意度为69.84%，2014年为80.07%，2017年至2020年群众满意度测评结果分别为88.76%、90.09%、92.41%、94.80%。

三、珠海模式的特点

在珠海市"万人评议政府"绩效管理模式中，评估主体的主要特点如下。

（1）评估主体从比较单一向比较全面、从不断调整向相对稳定不断发展。可将评估主体的变化分为两个阶段。第一阶段：1999—2001年，评估主体以体制外的社会公众为主，虽然能够代表体制外群众的意见，但由于党政机关工作的特殊性，体制外的群众对绝大多数党政机关并不了解，因此，容易造成评估结果的片面性；第二阶段：2002年至今，体制内的领导及各机关单位代表逐渐成为评估主体，实现了让比较了解党政机关的群体参与评估，使评估结构更加准确。同时评估主体从2005年前的每年进行调整，到2005年后的评估主体相对稳定，也增加了评估工作的稳定性和评估结果的可比性，有利于不断发现行政过程中的问题，并进行针对性的改革。

（2）评估主体中企业和群众代表所占权重在不断变化中提高，并逐渐占主导地位。通过对文中数据的分析得出，虽然从1999年开始就有群众代表和企业参与评议，但从2009年开始，企业和群众代表才成为评估的主导主体。

（3）在增强评估主体与评估对象的匹配性上，进行一些有益的尝试。珠海市分别在2004年和2009年，针对不同的评估对象确定不同的评估主体，或者调整评估主体所占的权重，以增强评估主体与评估对象的匹配性，提高评议的客观性和准确性。目前这种匹配还处于初级阶段，只能针对某一类的评估对象进行变化，而不能更加精确到每一个单位，即使是同一类党政机关，具体的工作特点还是存在很大差别的。

除以上的特点之外，珠海市"万人评议政府"绩效管理模式还具有以下特点。

（1）领导高度重视。在面临经济发展受到阻碍的问题时，领导干部并没有急于求成，而是冷静思考，结合城市发展的自身特点，从根源上找原因，确立了政府绩效改革的大方向，并且在此基础上，长期坚持"万人评议政府"绩效管理模式，将政府绩效评估作为一个品牌进行打造，创造了良好的投资环境，实现了经济的长远发展。

（2）评估目标定位比较准确。由于目的清晰，没有陷入为了评估而评估的误区，与许多地方不同的是，珠海市党政领导班子的绩效评估目的就是通过将公众等外部主体纳入评估活动中，将群众的要求与政府的改革方向紧密联系在一起，避免过分追求评估过程而忽略评估目的的问题发生。

（3）考核结果运用机制的延伸性较好。珠海市"万人评议政府"绩效管理模式的结果应用机制不仅仅停留在人事提拔任用和经济奖惩上,而是进一步延伸到考核之后的服务质量改善上。被评议机构能够借助评议结果获取有效的信息,并以此为基础有针对性地寻求解决问题的对策。组织方通过将公众纳入绩效评估主体,对行政机构形成有效的外部压力,从而促使行政机构树立"公众导向"的服务意识。

(4)发扬民主,集思广益,实现评估工具的持续优化。为了使考评办法更具科学性、合理性,市机关作风办在每次实施"万人评议政府"前都会在以前工作的基础上,借鉴多个兄弟城市的先进经验,组织人员深入到本市行政区及部分职能部门进行调研,广泛听取各方面的意见,不断地修改和优化具体的实施办法。

第八节 中山市"督考合一"政府绩效管理模式

由于我国政府绩效管理起步较晚,探索并推行适合中国发展的政府绩效管理与评估模式绝非易事,因此在这一背景下,很多省级政府采取了试点的方式,以期探索出适合地方政府发展的绩效管理与绩效评估模式。中山模式就是在这一背景下形成的。近年来,广东省中山市以承担全省政府绩效管理试点工作为契机,以着力解决政府机关工作中存在责任不清、落实不力、配合不足、不督不办等问题为目标,探索推进绩效管理与督查督办的融合实施,形成了具有中山市特色的"督考合一"政府绩效管理模式。"督考合一"模式作为政府绩效管理中比较有特色的模式,引起了全国范围内的关注,本案例从中山市政府绩效考核的"督考合一"模式入手,进行分析及评价。

一、"督考合一"模式中的评估主体

总体来看,中山市政府绩效管理模式中的评估主体主要包括一些社会力量、市民以及一些专家。与陕西"三位一体"模式截然不同的是,在中山模式中,政府并不占主导地位,也就是说,中山模式中政府将评价权力交给公众。总的来说,中山模式中的评估主体主要包含如下几个部分。

(一)社会力量

社会力量是指中山市在政府绩效评估过程中从社会各界选出的社会代表,并由这些社会代表组成社会督察组。2012年起,中山市在各个高等院校、科研院所、"市两代表一委员"以及新闻媒体中挑选优秀代表组成社会督查组,根据工作需要邀请社会督查组成员参与督查工作,力图通过"第三方"意见,把社会声音融进督查工作,使问题分析更加全面深入,建言献策更加客观准确。

(二)市民公众

在中山市"督考合一"模式中,起着重要作用的另一个评估主体为市民公众,这体现在中山市政府十分重视服务效果评价上。服务效果评价是各部门"督考"成绩的重要组成部分,中山市每年聘请全国专业、权威的调查机构开展基层评价、部门互评、城乡居民和服务对象满意度调查,通过第三方评价机构检验各部门的工作水平。同时,中山市每年通过电视台民生栏目、政府微信公众号、问卷调查等方式开展十件民生实事公众满意度调查,在调查情况形成专项分析报告后,向各部门反馈存在的问题和公众的意见、建议,督促相

关部门限时落实整改。通过对基层需求的了解，对公众意见的反馈，达到完善服务效果的目的。

（三）专家

在政府绩效评估过程中，中山市在"市两代表一委员"、专家学者、专业律师、媒体记者中聘请有专业特长、思路开阔、敢说敢言的优秀代表组成政府绩效管理"专家评审委员会"，对"督考"指标调整、指标节点扣分复核做出"裁决"，裁决意见作为市政府常务会议审议各部门年度目标扣分的重要依据。在评分过程中，市政府督查室仅作为组织协调方为专家评审委员会提供事实依据，不参与评价，避免"内考内""官考官"引起的争议矛盾。专家评审委员会的参与，使中山模式中的专业性得到大幅度提高。

总的来看，在中山市"督考合一"模式中，评估主体以社会公众参与为主，政府在其中起到了引导组织的作用，这样的政府绩效评估主体结构体现了中山市政府绩效管理模式的民主性与服务导向。

二、"督考合一"模式中评估指标体系的构建

中山市"督考合一"模式对指标的设置与选取十分重视。具体表现在指标体系设计的全面性、指标制定标准的严格性、指标审查环节的严肃性上，中山模式通过对绩效指标的重点关注，在指标体系构建上取得了较大的成就。下面将对这几个重要的性质加以阐述。

（一）指标体系设计的全面性

指标体系设计的全面性体现在中山市实现重点督办任务全覆盖上面。在"督考合一"模式下，中山市政府每年将省政府工作报告目标任务（含省十件民生实事）、市委全会部署任务、市政府工作报告目标任务（含市十件民生实事）等重点工作全部纳入政府部门及镇区绩效指标，实现重点督办任务项目化管理，形成全市督查"一本账"。前述省市重大工作部署加上本单位年度重点工作构成被考评单位的职能指标，权重占绩效管理考评总分的45%，保证了各被考评单位将主要人力、物力放在落实市委市政府重大工作部署上，也保证了被考评单位主动落实重点督查任务。从中山市"督考合一"模式的指标建设情况来看，指标体系基本覆盖了中山市政府以及各个政府部门所有的年度任务，因此中山模式的指标体系较为全面。

（二）指标制定标准的严格性

指标制定标准的严格性主要体现在以下几个方面。中山市"督考合一"督查组根据责任单位提供的指标设置依据，对照省、市重大规划和重要政策文件，对各项指标的工作目标、完成时限及完成标准进行严格把关，确保各项目标内容具体、时限明确、标准清晰、科学合理、可测可评，为后续督查工作提供了翔实、可操作的依据和指引。在中山模式中，指标体系的构建是有具体的政策文件指示的，依据政府的重大规划与政策文件，可以使绩效管理的目标与政府管理的目标相匹配，有益于政府战略目标的实现。

（三）指标审查环节的严肃性

在中山模式中，指标体系的审查环节是十分严格且复杂的。市政府工作报告目标任务

作为年度督查任务的"重头戏",年初由市政府四个重点政务督查组结合分工按照绩效指标设置要求审核各项任务的具体目标,完成初审后报市政府分管领导审核,重点对目标值偏低的项目进行提标,最后提交市政府常务会议审议,通过后在绩效管理平台建立各部门的任务清单。除此以外,在指标体系的落实与操作层面上,层层落实指标责任也是中山模式的一大亮点。各项指标均明确责任部门(镇区)、责任科室(分局)及具体负责人,并通过绩效管理平台"市级—机关单位(镇区)—科室(分局)"的系统管理结构,实现任务层层下达和完成情况逐级线上填报,推动部门、镇区内部督办。

三、"督考合一"模式评估过程的特点

中山市政府绩效考核的评估过程具有精细化、流程化的特点。政府绩效管理与评估的每一个过程都会有相应的记录与管理机制,保证了"督考合一"模式在每一个环节的准确性。具体来看,中山市"督考合一"模式在评估过程中存在着以下特点。

(一)过程管理节点化

管理过程节点化是指中山市政府绩效管理活动的每个过程都有相对应的任务节点。在中山模式中,中山市在建立督查台账后,各责任单位需按照"工作项目化、项目流程化、流程节点化"的绩效管理要求,确定每项工作任务完成的关键步骤及其对应时限,以此作为指标过程管理的节点,让责任单位对年度目标的实现路径做到心中有数,切实增强工作的计划性和规范性。管理过程的节点化体现了中山市政府对绩效管理过程的重视,也从侧面反映了目标管理理念在中山市政府绩效管理模式中的渗透。

(二)督查事项流程化

督查事项流程化是指被督查的工作任务与各个项目,应该严格按照事先确定的流程执行。首先,按照过程管理要求,有关责任单位需在过程管理设置的节点时间到期前通过绩效管理平台填报节点目标完成情况并上传节点完成的有效佐证材料,市政府督查室工作人员定期查看绩效系统各项指标的节点完成情况,实现重点事项全程跟踪。这样的举措可以保证政府绩效管理的环节清晰、目标明确,更有利于政府绩效管理与评估的过程管理。

(三)督查介入高效化

所谓督查介入高效化,是指对于未按时完成工作目标和任务的单位及时进行相应的提醒,高效地保证政府绩效管理与评估活动的顺利进行。绩效管理平台对节点任务实行亮灯管理,对进度滞后的节点任务亮红色警示。市政府督查室工作人员以节点亮红灯的指标作为开展重点督办的依据,主动与责任单位沟通,了解滞后原因,及时发起线上线下督办,实现了"考"有目标、"督"有重点,大大增强了重点督查的针对性和时效性,有力改变了中山市过去被动督查的局面。通过督查对绩效管理过程的高效介入,可以将一些绩效管理不完善的地方在过程中及时进行处理,防止最后进入绩效评价结果阶段时出现问题。

四、"督考合一"模式评估结果运用情况

中山市"督考合一"模式对于评估结果十分重视。无论是对结果的真实性和准确性的严格把握,还是对评分环节的重点关注,抑或是对结果的主动运用,都体现出对于绩效结

果的重视。

（一）严格保证督查结果的真实性

中山模式力图通过严格的督查手段来保证督查结果的真实性。例如，市政府督查室工作人员定期通过绩效管理平台核查各项指标各个节点的佐证材料，在年中和年底随机抽取一定比例的指标，以核查资料、实地察看的方式开展察访核验，一旦发现虚报瞒报现象将按违反考评纪律实行扣分，杜绝责任部门虚报瞒报的情况，推动责任部门真抓实干，保证目标任务有效落地。

（二）严格保证评分结果的有效性

评分结果的有效与准确是绩效评价结果运用的基础，因此，为确保"督考合一"模式中评分结果的有效性和重点政务督查组开展现场督查的实效性，中山市将现场督查评分结果作为绩效考评过程管理得分的组成部分，由政务督查组成员于每次现场督查结束后对被督查单位的重视程度、材料准备、问题分析、工作建议思路等方面进行评分，促使被督查单位不敢怠慢应付。

（三）有效运用督查评估结果

结果运用是绩效考核发挥导向作用的保障，也是增强督查权威的有效措施。对于评估结果的运用是政府绩效评估过程的重要目的之一。从2014年起，中山市委组织部不再对政府部门另行开展实绩考核，而是将政府部门绩效考评结果直接作为政府部门年度实际考核得分，同时该得分占市委组织部对政府部门领导班子考评成绩的80%，并作为领导干部评优评先、提拔任用的重要参考。上述举措有效促使了各部门自觉形成主动作为、积极干事的良好作风。

五、对中山市"督考合一"模式的评价

（一）"督考合一"模式的积极意义

1. 评估指标体系制定严格

在中山市"督考合一"模式中，政府绩效评估指标体系的设计可以说是一大亮点，十分具有特色。首先，从指标涵盖的内容上来看，中山模式将绩效评估指标与政府各个部门的目标任务相挂钩，将指标体系与政府各项工作部署相联系，表现出指标体系的全面性。其次，在指标体系设置过程中，中山模式对于指标体系的审查较为严格，通过指标的层层审查，来确定中山模式中指标体系的科学性和必要性，是其他地方政府值得借鉴的经验。最后，在绩效评估指标体系的设置标准方面，中山模式依据省级政府与市级政府的重要政策文件与重大部署来进行指标设计，以政策文件为绩效指标体系设立的标准，可以使绩效考核评价结果与政府的战略目标相适应，从而达到在绩效管理层面实现组织战略目标的目的。

2. 对评估过程管理较为严格

在中山市的政府绩效管理模式中，"督考合一"模式对政府绩效管理的过程管理要求十分严格。通过对过程管理的严格把握，可以使中山市政府绩效管理中的问题及时被发现和解决，从而避免了在评估结果环节出现问题的现象。这种事中监测的方法可以有效地解

决政府绩效管理与评估中的诸多问题，不容易出现事后问题及其解决难度变大的不良情况。中山模式对于过程管理严格的优越性由此体现出来，这对我国政府绩效管理有着重要的启示。受目标管理理念的影响，很多政府部门将绩效管理视为对政府工作目标的考核与评价，然而这样往往会造成问题的堆砌，使政府绩效管理与评估活动陷入困境。因此，在绩效管理与评估过程中加上对过程的管理会使政府绩效管理的问题解决起来较为容易，及时发现及时解决，避免问题的堆砌。

（二）"督考合一"模式的不足

作为广东省政府绩效管理改革的试点城市，中山模式还存在着一些问题与不足，在很多方面都值得我们思考与改进。首先，中山模式将大部分的评价权力交给社会公众，体现了中山市政府对于公众参与的重视。然而，政府作为最了解自身运行情况与绩效情况的组织，却没有在评价中占有较多的话语权。政府绩效管理的最终目标是实现政府对于社会的善治，以及提供高质量的公共服务。在这一过程中，政府、社会、公众、市场的多方参与是应有之义，也是政府绩效评估与管理的追求所在。其次，在中山市政府绩效管理与评估过程中，还存在着一个诸多地方政府的通病，那就是对绩效结果的运用和发掘还不够深入，仅仅将政府绩效评估的结果作为政府官员与政府领导的激励考核依据和奖惩标准，评估结果所起的作用明显不足。而应该将政府绩效评估结果运用到绩效改进中，发现政府内部出现的细小问题，进而将这些问题加以改正，以实现政府绩效管理的绩效改进的目的。

本章小结

本章系统全面地介绍了中国地方政府绩效管理的典型案例，包括甘肃省"第三方"政府绩效管理模式、陕西省"三位一体"政府绩效管理模式、哈尔滨市"4+1"政府绩效管理模式、青岛市"三民"活动政府绩效管理模式、厦门市思明区政府绩效管理模式、杭州市公民评议政府绩效管理模式、珠海"万人评议政府"绩效管理模式和中山市"督考合一"政府绩效管理模式，并分别阐释了这八种模式的发展背景、评估主体、评估指标、评价和意义等内容。

地方政府绩效管理模式　关键绩效指标　"三位一体"政府绩效管理模式　"第三方"政府绩效管理模式

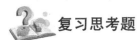

1. 总结甘肃模式和陕西模式的优缺点。
2. 试比较青岛模式和珠海模式的异同。
3. 如何评价中山市"督考合一"政府绩效管理模式？
4. 比较本章所列举的地方政府绩效管理实践案例，分析它们的可取之处。

案例分析

新加坡政府绩效管理模式借鉴

近年来,包括广西在内的各地方政府和部门响应党和国家的要求,高度重视政府绩效管理,以不同形式逐步开展了绩效管理或考评工作,取得了重要的成果。但在实践过程中也存在一些问题,就此,专家提出不少对策建议。

专家认为,提高政府绩效的根本问题是进一步推进政府治理制度创新。这方面,新加坡至少有三点值得借鉴。

一是新加坡政府良好的预算制度。自1978年起,新加坡开始了现代预算制度的改革历程。2000年以来,新加坡继续深化绩效预算管理改革,形成了具有新加坡特色的预算管理框架。新加坡政府绩效预算的成功要素主要有:加强研究,扩大宣传,普及绩效管理理念;立足实际,循序渐进;促进中期计划与部门预算编制的有机结合;适度提高部门预算灵活性,充分发挥公共部门在预算管理工作中的主动性;建立健全相关配套制度,加强绩效预算管理的基础建设。

二是新加坡公务员制度的特色。新加坡从1965年独立后,仅用20多年的时间就成为一个初步现代化的国家。除国民的努力奋斗、新加坡政府制定的符合国情的经济发展战略外,其健全而颇具特色的公务员制度,也发挥了十分重要的作用。新加坡公务员制度的特色,表现为严格、细密、全面、高效。这一特色体现在公务员的录用、管理、监督、培训等各方面,建立了公开完整的公务员录用程序、科学周密的公务员管理体系、严格的监督制度。这些制度保证了公务员队伍的廉洁。

三是新加坡的政府宏观经济管理模式。新加坡政府财政支出政策的一个突出特点,就是通过政府投资对企业和社会基础设施建设进行扶持。同时,通过投资于基础设施和社会服务事业,推动社会的进步,使经济发展与社会进步协调进行,形成良性的相互推动,避免出现某些发展中国家因经济发展而社会停滞不前的不良状况。此外,政府通过制定和实施一系列的政策与法令,规范和调控社会经济生活。

资料来源:黄信. 新加坡政府绩效管理模式值得借鉴. http://sg.xinhuanet.com/2016-08/23/c_129249839.htm.

思考题:
1. 分析案例中新加坡政府绩效管理模式的特点。
2. 比较新加坡政府绩效管理模式和我国地方政府绩效管理模式的异同。

第八章 中国政府绩效管理未来展望

本章学习目标

> 了解中国政府绩效管理的历史发展
> 掌握中国政府绩效管理的核心问题
> 了解中国政府绩效管理未来的发展趋势

引入资料

国办：2020年底前全面建成政务服务"好差评"制度体系

近日，国务院办公厅印发《关于建立政务服务"好差评"制度提高政务服务水平的意见》（以下简称《意见》）。

《意见》指出，要坚持以习近平新时代中国特色社会主义思想为指导，按照党中央、国务院决策部署，坚持以人民为中心的发展思想，深入推进"放管服"改革、转变政府职能，创新行政方式，提高行政效能，对接群众需求实施服务供给侧改革，建立政务服务绩效由企业和群众评判的"好差评"制度，推动各级政府增强服务意识，转变工作作风，夯实服务责任，为企业和群众提供全面规范、公开公平、便捷高效的政务服务，提升企业和群众办事便利度和获得感。

《意见》要求，2020年年底前，全面建成政务服务"好差评"制度体系，建成全国一体化在线政务服务平台"好差评"管理体系，各级政务服务机构、各类政务服务平台全部开展"好差评"，实现政务服务事项、评价对象、服务渠道全覆盖。《意见》就建立政务服务"好差评"制度提出四个方面的政策措施。

一是明确责任标准。进一步夯实省、市、县三级人民政府、政务服务机构和平台以及国务院各部门的责任。明确编制政务服务事项清单和办事指南。对完善现场服务规范、网上服务规范，压减办理时限，加强人员管理提出要求。在实践基础上，适时制定政务服务评价国家标准。

二是畅通评价渠道。畅通以现场服务"一次一评"和网上服务"一事一评"为主，社会各界"综合点评"和政府部门"监督查评"为补充的评价渠道。设置评价器、评价功能模块等，方便企业和群众现场评价、网上评价。通过意见箱、热线电话等渠道，主动接受社会各界的综合性评价。通过政务服务调查、委托第三方评估等方式，及时了解政策落实及政务服务情况。

三是用好评价结果。强化服务差评整改，建立差评和投诉问题调查核实、督促整改和反馈机制。加强评价数据的综合分析和应用，及时归纳发现政务服务的堵点难点，推进服务供给精细化。健全政务服务奖惩机制，将政务服务"好差评"情况纳入绩效评价。公开政务服务评价信息，将政务服务情况、评价结果及整改情况向社会公开，并建立符合本地区、本部门实际的政务服务竞争机制。

四是完善保障措施。建立"好差评"数据生成、归集、传输、分析、反馈机制,连通线上线下各类评价渠道。保障评价人自愿自主评价的权利,建立健全评价人信息保护制度。建立申诉复核机制,排除误评和"恶意"差评。加强组织领导,狠抓督促落实,加强相关制度整合衔接,减少基层负担。

《意见》还提出,有关行业主管部门要参照本意见的要求,组织本行业承担公共服务职能的企事业单位开展公共服务评价。

资料来源:政务服务"好差评"制度体系2020年底前全面建成[J]. 审计观察,2020(1):5.

思考:政务服务"好差评"制度体系对政府绩效管理的影响有哪些?

第一节 中国政府绩效管理的历史发展

相较于西方发达国家,中国政府绩效管理起步晚、发展历程较短,但是中国通过借鉴国外政府绩效管理成功经验,吸取其失败教训,加上自身的实践探索,形成了具有中国特色的、独有的政府绩效管理模式和体系。政府绩效管理是实践导向的学问,理论研究和管理实践互动是我国政府绩效管理的典型特点。一方面,我国各级地方政府受到上级任务驱动的影响,试验和形成了一系列政府绩效管理实践模式,推动学术界就政府绩效管理问题开展了系列研究并取得了丰硕成果,绩效管理成为我国公共管理研究的重要方向。另一方面,研究成果以不同形式在实践界渗透和传播,引领政府绩效管理向普及化和科学化方向发展。

一、起步探索阶段

中国政府的绩效管理活动在20世纪80年代登上了中国政府管理的历史舞台,并不断发展,取得了一些骄人的成果。

20世纪80年代,中国政府为提高政府行政效率,改善国家治理水平,在政府绩效管理方面采取了一些具有中国特色的举措。

1982年,劳动人事部下发了《关于建立国家行政机关工作人员岗位责任制的通知》,试图明晰政府行政机关工作人员的责任,从而解决我国政府部门机构臃肿、办事推诿、缺乏效率等问题。这份通知的下发可以被看作是中国政府绩效管理登上历史舞台的标志性事件。中国政府绩效管理进入了一个起步探索的阶段。1984年,中共中央组织部与劳动人事部联合下发了《关于逐步推进机关工作岗位责任制的通知》,意在配合1982年的文件,共同实现岗位责任制在政府机关内部的落实。通过这两个文件我们可以看出,最初我国的政府绩效管理重点以行政效率为核心,从绩效管理分类的角度来看,我国最初的政府绩效管理是通过对个人绩效或者说是岗位绩效的考察,达到落实岗位责任制的目的。随着国际管理理念的传入与国际绩效管理思想的传播,目标管理的思想逐渐被人们接受,这也体现在我国政府绩效管理初期阶段的实践探索中。受目标管理思想与理论的影响,1982年与1984年确立的岗位责任制逐渐变为目标责任制,由于有科学理论的指导,这种目标责任制的方式逐渐在全国范围内开始扩散。比较有标志性的事件是1988年中国城市目标管理研究会成立。当时我国一共有 13 个城市参加，这说明，目标责任制在当时的政府绩效管理领域是十分受欢迎的。同年，国务院机构改革方案提出要按照社会主义市场经济的要求，根据政企分开、依法行政和精简、统一、效能的原则，建立以办事高效、运转协调、行为规范、适应社会主义市场经济体制为目标的行政管理体系。尽管这份由上级出台的文件并未出现"绩效管理"的字眼，但政策目标已经非常明确，即在今后几年的治理实践中，要建立"高效、协调、规范"的政府。① 目标责任制的应用和实践，标志着我国政府绩效管理开始从问题意识转向理论应用，也反映了当时政府绩效管理理论发展的不断进步。

20 世纪 80 年代，我国的政府绩效管理从某种程度上来讲，是一种无体系的行政机构改革与监督。当时政府并没有真正意识到政府绩效管理的内涵，而是本着一种问题意识，以解决行政效率为目标进行实践探索。但正是这些探索为以后中国的政府绩效管理的发展奠定了坚实的基础，当然也提供了一些经验。从客观来看，20 世纪 80 年代的中国政府绩效管理是以提高行政效率为导向的，更多的甚至全部注重于政府机构内部的工作绩效。而事实上，政府作为公共服务的主要提供者，具有鲜明的公共性。公共性就意味着，政府绩效不单单是政府内部工作的绩效，还应该是在为公众提供服务的过程中、在和企业以及其他社会组织进行互动的过程中所体现出来的工作能力与行政效率。因此，20 世纪 80 年代的这种政府绩效管理实质上是缺乏公共性的，属于一种组织内部的绩效管理，而政府作为一种具有公共性的特殊组织，在与其他组织进行交流互动过程中所表现出来的绩效，也应该被纳入政府绩效管理的考虑范围。

二、创新实践阶段

随着我国政府管理能力与行政效能的不断提升，我国政府绩效管理逐渐走进了新的历史阶段。20 世纪 90 年代可以被称作中国政府绩效管理的创新实践阶段。因为在这一段时期，我国政府绩效管理涌现了大量的创新实践活动，尤其是地方政府，为中国政府绩效管理提供了丰富的实践经验与方法。20 世纪 90 年代，我国行政体制改革不断深化，相较于 80 年代以效率为核心的行政体制，90 年代的中国政府除保证行政效率的高效外，还更加注重服务意识的渗透。本书认为，这与 20 世纪 90 年代初西方国家进行的一系列公共管理运动有关。1991 年英国公民宪章运动，为世界各国政府的公共管理与公共服务提供，带来了新的解决思路。西方国家政府的服务意识也逐渐向亚洲国家渗透，我国政府管理的内容也慢慢倾向于公共服务质量的不断提升。我国政府管理的关注点开始从政府内部向外部转变。这种转变反映在政府绩效管理上，则是政府将服务效果好坏作为其自身绩效优劣的衡量标准。服务导向的政府绩效是以顾客为主的，也就是说，公众在政府绩效管理中的参与在服务导向的政府绩效管理中显得尤为重要。从 20 世纪 90 年代到 21 世纪初期，我国涌现了大量以服务为导向的，注重公众参与的政府绩效管理创新型实践。例如，1994 年，烟台市政府实行的社会服务承诺制度体现了政府部门对于服务效果的追求；1998 年到 2001 年，一些地方政府开展的"评议政府"活动，有市民评议政府、万人评议政府、公民评议政府，等等。评议政府活动在这几年似乎已经成为政府绩效管理实践的一个潮流，这股潮流恰恰反映了我国政府绩效管理开始注重公民参与。除此之外，2002 年，温州市还实行了"市级

---

① 刘伟. 政策试点：发生机制与内在逻辑：基于我国公共部门绩效管理政策的案例研究[J]. 中国行政管理，2015（5）：113-119.

机关部门满意度调查"等活动。

总而言之，相较于20世纪80年代仅考虑政府内部的以行政效率提高为主要目的的政府绩效管理活动，20世纪90年代与21世纪初的政府绩效管理实践则是在探寻一种由公民参与的以服务意识为导向的政府绩效管理。虽然在20世纪90年代政府绩效管理的视角已经从政府内部转向外部，且已经萌生了一批创新型的政府绩效管理实践，但由于我国政府绩效管理还未形成体系，这些创新型实践多少都存在着一些不足，有些表现在理论应用的科学性欠缺上，有些则表现在实践可持续性不强上。这一阶段，我国政府绩效管理可以说是在大方向上取得了很大的进步，服务意识、公民参与机制，已经开始逐渐渗透到各级政府的绩效评估与绩效管理实践中，但是涉及政府绩效管理的一些细节操作层面的问题，还需要进一步改进与完善。

三、纵深发展阶段

如果20世纪90年代是一个政府绩效管理实践活跃的年代，那么进入21世纪后，我国政府开始对这些创新型的政府绩效管理实践进行深刻的思考，开始从科学的角度来设计政府绩效管理活动与政府绩效评估活动。因此，这一阶段可以被称为我国政府绩效管理的纵深发展阶段。党的十六届三中全会强调政府等公共部门绩效管理的特点和内容是以人为本，讲求人力资源的优化配置。既要求宏观运筹，又必须微观经营；既要求人员素质的全面高质量，又强调全面素质的持续不断发展。因此，树立和落实科学发展观和正确的政绩观迫切要求政府等公共部门构建绩效管理模式，强化绩效管理，提高管理绩效。[①]受此影响，我国政府绩效管理在最近几年不断改善和推进，逐渐迈向规范化、科学化、体系化、法制化的道路。在这一阶段，政府绩效管理的客观公正成为新的话题。针对这一话题，第三方评估模式的政府绩效管理实践开始登上历史舞台，最有代表性的是2004年甘肃省开展的第三方评估模式，该模式对我国政府绩效管理实践具有重要的启示意义。2004年，甘肃省政府委托兰州大学中国地方政府绩效评价中心对甘肃省政府下属的各个市政府与职能部门进行绩效评估，此举在我国政府绩效管理中意味着，科学化、专业化、客观公正开始成为我国政府绩效管理的主要发展方向。在这以后，更多的第三方评估模式的实践开始出现。例如，2006年武汉市政府委托麦肯锡公司为第三方机构来对政府绩效进行评价；2006年年末，厦门市政府也委托了一家私人公司（福州博智市场研究有限公司）测评群众对政府的满意度。这种第三方评估的模式，一方面使政府绩效管理实践走向科学化、公平化，另一方面第三方评估机构的选取标准不一，还是存在一定的不确定性，如有的是科研院校，有的是专家团队，有的是咨询公司等。

前面已经提及，进入21世纪，我国政府管理理念发生了转变，政府绩效管理也开始趋向于客观公正、科学专业。从学界研究的角度来看，政府绩效管理理论与实践的研究的确在这一阶段得到了很大的发展。一些专家学者开始对国内外先进的政府绩效管理理论进行研究，以期从中探寻出适合于中国的政府绩效管理理论。在此期间，平衡计分卡、标杆管理法、目标管理法、360度反馈评估法、关键绩效指标法等诸多管理理念与方法开始被中

---

① 唐琦玉.构建我国公共部门绩效管理模式的几点思考[C].中国行政管理学会2005年年会暨"政府行政能力建设与构建和谐社会"研讨会论文集，2005：744-750.

国政府绩效管理研究的学者所用，也在一些地区进行了试点工作。

虽然我国政府绩效管理在不断的改善过程中已经从初步探索走向了纵深发展，但是仍存在一些问题。中国政府绩效管理开始走向科学化，这种科学化体现在我们开始运用科学的绩效管理理论并进行深入探讨与研究。然而，这些理论是否适用于中国政府绩效管理实践，则是一个很大的问题。因此，未来政府绩效管理的研究重点，应该放在国外政府绩效管理理论的本土化上。如何将国外的政府绩效管理理论中合理的部分改进成适合中国发展的政府绩效管理理论，并应用于中国的政府绩效管理实践，或者提炼出适合于中国自身发展的理论，是未来应该着重考虑的重要问题。

第二节 中国政府绩效管理的核心问题

随着信息技术的发展，中国政府绩效管理也面临着新的形势与新的核心问题。诸如：我国政府绩效管理的专业化、科学化程度仍然不足；各级政府部门绩效管理，特别是在管理制度的构建和管理技术手段的完善方面，缺乏统一的标准和规范，评估结果缺乏客观性、有效性；从事绩效管理工作的相关人员因为缺少相关的学术知识，容易导致绩效管理的制定及实施产生偏差；等等。总的来说，当今中国政府绩效管理的核心问题包括：制度化问题、专业性问题、参与度问题、方法本土化问题以及可持续发展问题。

一、制度化问题

当前，中国政府绩效管理尚未形成制度体系。由于制度方面缺少顶层设计，中国政府的绩效管理体系一直不够健全。同时，当前中国政府绩效管理大多数是地方政府自发性的创新行为。虽然这种自发行为为地方政府创新提供了空间，例如出现了各种典型模式，但是也具有明显的不足。制度保障是中国政府绩效管理可持续发展的重要先决条件，缺乏制度化保障，无论是中央政府还是地方政府都很难进行可持续发展的绩效管理。同时，由于没有统一的制度保障，地方政府之间难以协调发展，各个地方政府的评估方法、评估指标差异较大，致使各个地方政府之间难以横向比较。因此，缺乏制度化保障是当今中国政府绩效管理面临的重要问题之一。

（一）中国政府绩效管理缺乏制度化约束的原因分析

1. 政府绩效管理观念尚未深刻形成

任何形式的制度化保障都需要顶层设计的推动，中国政府绩效管理缺乏制度化建设的根本原因之一就是顶层设计不足。而顶层设计不足的根本原因则是由于目前我国政府内部对于政府绩效管理重要性的认知尚未深刻形成。相比改革开放初期政府绩效管理模式刚刚起步的阶段，虽然目前我国政府官员对于绩效管理的观念不断深入，但是对于政府绩效管理的实质仍然认识不清，依旧有很多人认为政府绩效管理是把企业绩效管理改头换面、换个名字后进行包装的产物，认为政府绩效管理的目的就是考核政府官员是否有所作为，认为政府绩效管理与绩效评估活动的目标就是对政府内部官员的赏罚有依据、奖惩有根据。然而，单单从这个层面上来理解政府绩效管理活动是远远不够的。不仅如此，公共部门工作人员责任意识的淡泊会为寻租行为埋下隐患。因此，在对政府绩效管理缺乏深刻认识的前提下，我国政府绩效管理的制度化建设会变得艰难。

2. 政府绩效管理理论未得到良好运用

大多数政府绩效管理理论是从企业绩效管理理论借鉴而来，企业绩效管理理论对政府绩效管理活动有着较强的现实指导意义。但是，目前我国政府内部，尤其是地方政府的绩效管理活动，很少有充分利用政府绩效管理理论来指导实践的。本书在第七章列举了中国地方政府绩效管理的一些典型案例，除此之外，地方政府绩效管理的案例还有很多，但运用政府绩效管理理论去引导实践活动的却是凤毛麟角。而且由于政府绩效管理理论的系统性，很少有政府机关能够完整地按照相关的政府绩效管理理论的指导来进行政府的绩效管理与绩效评估活动。也就是说，目前我国政府内部在绩效管理方面，对政府绩效管理理论的应用仅停留在部分应用的层面。因此，我国政府绩效管理在缺乏理论指导的情况下，制度化进程就会变得缓慢。

3. 未保障地方政府自主创新绩效管理模式的积极性

改革开放以来，我国政府绩效管理不断地进行深化与革新，尤其以地方政府创新为主要特色。在诸多地方政府绩效管理自主创新模式中，不乏优秀的创新模式，这些模式为我国地方政府绩效管理提供了良好的实践案例，使地方政府在绩效管理方面的创新意识不断增强。为保持地方政府在绩效管理方面的创新与活力，中央政府未对地方政府绩效管理活动与相关工作做出统一的部署与明确的要求，这往往使大部分的地方政府绩效管理创新流于形式，使不同地方政府之间的绩效管理差异不断加大。

（二）中国政府绩效管理缺乏制度化约束的可能后果

上文探讨了我国政府绩效管理缺乏制度化约束的具体原因。没有制度化的保障究竟是更激发我国地方政府创新的积极性，还是会给政府绩效管理带来一些不良的后果，对此，本书进行了以下分析。

在没有上级的制度化约束的情况下，地方政府绩效管理的发展将呈现多种可能。随着政府绩效管理潮流的不断推进，以及一些地方政府进行的创新性尝试，会有更多的地方政府来进行政府绩效管理模式与方法的创新。然而，创新是否能够推动地方政府绩效管理的发展进程，进而实现绩效管理的根本目标，则是一个值得探讨的问题。为了展现自身政绩与治理创新能力，某些地方政府可能会出现盲目跟风的行为；在政府绩效管理与评估等创新方面，某些地方政府可能会出现只一味追求创新，而忽略地方政府实际发展的情况。

二、专业性问题

作为一种新型政府管理手段，绩效管理对行政体系优化和效能测量发挥着重要作用。而政府绩效管理是一个科学化的过程，是需要理论指导实践的一个活动。当今，中国政府绩效管理中恰恰反映出科学性、专业性不强等问题。在理论方面，目前来看，我国关于政府绩效管理的理论研究较少，大多是针对于实践案例进行的实证研究。从地方政府的实践活动上来看，一些地方政府并未科学地进行绩效评估并运用绩效评估结果。例如，有些地方政府不注重基础绩效评估体系建设，不知道如何从专业的角度进行绩效管理与绩效评估体系建设，使得绩效评估活动成为空架子，失去了政府绩效评估的实际意义。由此可见，缺乏专业性、科学性是中国政府绩效评估的重要问题之一。中国政府绩效管理中的专业性问题，背后反映的是紧迫的服务型政府和绩效型政府建设的需要与政府专业性知识缺乏的矛盾。体现在政府绩效管理与评估问题中，具体有如下几个方面。

（一）政府内部工作人员对于绩效管理理论认知不足

首先，政府部门内部的认知不足是政府绩效管理过程中存在的固有问题。相较于其他社会组织与企业，政府部门人员流动性不强，经常会形成一种思想固化的状态，对于外来理论的理解与运用持一种本能的排斥态度。这导致了政府内部工作人员对于政府绩效管理与政府绩效理论认知的不足。其次，政府内部工作人员对于政府绩效管理相关的培训活动参加较少，造成政府内部工作人员对绩效管理理论、绩效管理实践不了解的情况。最后，政府内部工作人员常常是被动接受政府绩效管理理论与知识的，主动性较差。很多地方政府不会主动地进行政府绩效管理与政府绩效评估等实践活动。一些地方政府处于一种跟风状态，当全国掀起政府绩效管理与评估浪潮时，一些地方政府才会开始进行绩效管理与评估活动。以上种种原因导致了政府内部工作人员对于政府绩效管理理论的认知不足。这种认知不足，可能造成政府绩效管理流于形式化、政府绩效实践流于表面化等严重问题。这也是造成我国政府绩效管理专业性、科学性不强的主要表现之一。

（二）在政府绩效评估过程中缺少专家参与

相关领域的专家学者是政府绩效管理与实践活动中必不可少的一部分。首先，从绩效管理计划的角度来讲，专家可以为政府绩效管理计划提供一定的专业性指导与意见。以甘肃模式为例，甘肃模式是典型的由专家进行第三方评价的政府绩效管理与评价模式。在甘肃模式中，甘肃省政府委托兰州大学中国地方政府绩效评价中心对甘肃省政府及其下属的各个市政府和职能部门进行绩效评估。在甘肃模式中，评估过程体现了较高的科学性与专业性，这是因为评估主体为第三方的专业学者。其次，从绩效管理结果的分析上看，专家学者对于绩效结果的分析有着科学的研究方法与研究工具，可以对政府绩效管理的结果进行科学化、系统化、严谨化和客观化的分析。

然而，在我国目前的政府绩效管理过程中，尤其是在地方政府绩效管理过程中，专家学者的参与很少。有一些创新型的模式，将专家学者纳入评估主体当中，被称为中国地方政府绩效管理的典范。这是值得我们思考的，专家学者作为政府绩效管理的智囊团，应该日常、合理地出现在政府绩效管理过程中。

（三）学术界对中国政府绩效管理的理论贡献不足

导致我国政府绩效管理专业性不强的原因，在政府层面的我们已经分析过，即政府内部工作人员对于绩效管理理论认知不足，以及在政府绩效评估过程中缺少专家参与。除此之外，在其他层面也反映出我国政府绩效管理的专业性问题，如我国对于政府绩效管理相关理论与实践研究不足的问题。换句话来讲，就是我国学术界对于中国政府绩效管理的研究领域贡献不足。这是由诸多原因造成的。首先，目前在我国国内政府绩效管理的研究领域，很少有专门研究政府绩效管理的研究团队，研究力量的不足是导致研究成果较少的直接原因。目前，在我国已经初具规模，并且具有专业能力的政府绩效管理研究团队是兰州大学的中国政府绩效管理研究中心以及复旦大学公共绩效与信息化研究中心。除此之外，目前我国对于政府绩效管理的研究，无论是中央政府层面上的，还是地方政府层面上的，都是以实践分析为主的案例研究，并没有对政府绩效管理理论进行深入的探讨与剖析。综合上述种种原因，我国政府绩效管理的理论研究还有待加强，学术界对于中国政府绩效管理的研究贡献还有待加强。

三、参与度问题

目前，在我国政府绩效管理中还存在着外部群体参与度低的问题。当前各地的政府绩效管理，多是上级机关对下级机关或专业职能部门对同级机关的测评和监督，主要处于政府自我评价状态，缺少社会公众对政府的评价和对后续绩效管理过程的实质性参与。另外，专业化第三方机构对政府评估和管理的参与度远远不足，仅有的委托评估也易受到政府委托方意志的主导。因此，政府绩效管理难以对政府职能执行情况和行政行为做出客观公正的评价和判断，绩效管理效果难以有制度化保障。社会公众、企业、专业评估机构等多种政府外部主体对于政府绩效管理的参与程度较低，会导致政府绩效管理的结果出现偏差。在政府绩效管理与评估过程中，尽管政府部门已经将一些评价权力交给公众或者其他社会组织，但是，政府绩效管理参与程度仍然较低。具体来看，主要由以下几个原因。

（一）公众参与意识不足

无论是在政府绩效管理领域中，还是在政府的其他行政活动中，公众参与的不足都是当今社会面临的一个很重要的问题。学术界对于公民参与政治生活的冷漠态度进行了很多分析，具体化到政府绩效管理领域，本书认为主要有以下几点。

第一，公众对于政府绩效管理的认知不足。在很大程度上，政府绩效管理的活动与实践都是由政府主导的。我们社会的大部分公众，常常把自己的角色定位为普通的公众，而不是把自己的角色定位为社会治理的主体即公民。在这种角色认知下，公众常常对政府绩效管理活动持一种冷漠的态度，并没有意识到政府绩效管理活动与自己的生活息息相关，政府可以通过聆听公众的意见来对其服务质量与服务效果做出改进。因此，在这一层面上提高公众对于政府绩效管理的认知，有利于我国政府绩效管理未来的参与度问题的解决。第二，政府绩效管理与评估活动并不能给公众带来直接的惠民利益。对于中国地方政府来讲，很多公众对于政府绩效管理比较陌生，不了解什么是政府绩效管理与政府绩效评估，而目前我国地方政府绩效管理与评估活动普遍都不能够在很短时间内为公众提供切实的惠民利益，这使得公众对于政府绩效管理的热情不高。第三，还存在着一些公众对于政府不信任的情况。由于公众对政府不信任，即使公众了解了政府绩效管理的具体操作，也认为自己的话语权并不能直接反映在政府绩效管理与评估的结果中，并且认为这是一个内部操作的情况。第四，公众参与政府绩效管理的政治能力不足。公众对政府绩效的评判存在着种种缺陷：也许缺乏评估的专门技术、知识，也许根本不了解政府的实际运作，也许存有短视、自利动机。①这些缺陷体现了公众参与评估的政治能力不足的问题，这一问题直接影响着公众的积极性。

---

① 唐琦玉. 构建我国公共部门绩效管理模式的几点思考[C]. 中国行政管理学会 2005 年年会暨"政府行政能力建设与构建和谐社会"研讨会论文集. 2005：744-750.

（二）政府动员力度有待加强

上文提到公众的参与意识不强，导致我国政府绩效管理的参与度问题。那么，如何解决我国目前政府绩效管理中出现的参与度不高的问题？政府应该承担起这部分的责任。换句话说，政府的动员对于公众参与具有积极的引导作用。因此，如果政府能够积极动员群众参与政府绩效管理与评估过程，那么我国政府绩效管理中的参与度问题就可以在很大程度上得到解决。然而，在政府动员层面上，我国地方政府明显表现得动力不足、热情不高。究其原因，是政府内部工作人员对于政府绩效管理活动认识不足。政府内部工作人员一般认为政府绩效管理是政府内部的行政行为，与其他社会公众没有直接的联系。除此之外，还可能存在的原因是，对于政府绩效管理与评价，政府内部工作人员即使认识上有所提高，但是在实际行动中，由于政府资源的有限，如人力资源的匮乏、经济资源的不足等，使得动员活动变得尤为困难，导致地方政府可能在公众动员层面上出现心有余而力不足的情况。因此，在一定程度上，中央政府给予地方政府一些资源的帮助，会使地方政府在绩效管理与评估过程中更加倾向于公众的动员。这样，可以在很大程度上解决我国政府绩效管理过程中，公众参与不足的问题。

（三）政府绩效管理主体多元化流于形式

在对我国地方政府绩效管理与评估创新模式的横向比较中可以发现，在我国地方政府的管理创新实践活动当中，有很多地方政府将评估主体多元化作为亮点和特色，加以大力宣传。例如，公众参与、社会力量参与、政府主导等，一系列的多元主体评估形式。然而，这些多元主体评估形式，是否真正体现了评估主体多元化的内涵，是一个值得调查和思考的问题。目前，我国很多地方政府的多元主体评估形式往往流于形式，没有真正地深入到内涵，将多元主体作为政府绩效管理活动中的常态化机制。评估主体多元化，实际上是政府将其一部分的行政权力下放给社会组织，以及一些其他的评估机构。政府将权力下放，就意味着政府对于绩效管理与绩效评估活动失去了相对应权力部分的绩效结果的主导性。除此之外，地方政府绩效管理与评估主体多元化流于形式还表现在评估主体的权重比例不均衡上。从类别上来看，有些地方政府涉及社会公众、社会组织、专家团体以及一些企事业单位。但是如果从绩效结果的指标分配权重以及话语权的权重来看，实际上还是以政府为主导的政府绩效管理与评估活动。这种流于形式的多元化主体评估，大大影响了我国政府绩效管理的参与度。

四、方法本土化问题

从客观上来讲，当前我国政府绩效管理与政府绩效评估的有关理论与实践很大程度上借鉴了西方国家，那么对于西方国家的这些理论实践以及经验，我们应该采取什么样的态度去对待？这些西方的理论是否能够完完全全地被我国所运用？这些都是值得我们深入研究的问题。作为舶来品，西方的政府绩效管理理念与理论在我国应该如何改进与改良，是我们未来需要研究的重点问题。那么，如何将西方理论本土化，本土化过程中又会遇到哪些困难？本书将从两个角度来分析中国政府绩效管理中西方政府绩效管理理论本土化的问题。

（一）尝试开展理论指导实践的试点工作

作为从西方引进的理论，现代政府绩效管理理论历经西方国家的多年实践，理论架构和体系已经相对完备。但是由于国情和政府性质的不同，西方政府绩效管理理论不能直接照搬到我国政府绩效管理实践中，还需要很长的本土化历程。在政府绩效管理理论本土化过程中，可以尝试开展试点工作。在前期，结合我国政府实际情况，对理论进行改良和修正，基本做到理论不照搬，开展初步的理论本土化。选择具有代表性的县市级政府，利用初步本土化的理论，进行政府绩效管理实践，通过理论指导实践及时发现理论中的问题，及时总结修正理论知识，提炼出本土化政府绩效管理理论知识体系。

（二）政府与高校合作建立专门的研究机构

作为理论知识的来源地，高校在社会中发挥着理论支撑的重要作用。理论往往需要通过实践来验证其正确性，而高校缺乏实践场地，理论不能得到及时的修正和改进。政府作为绩效管理的主体，专业化理论知识不够，但是在工作和绩效评估中又亟须专业化的理论指导。因此，政府可以和高校合作成立专门的研究机构，吸纳高校人才，为理论本土化提供机构支撑，提供孵化基地，同时也为政府绩效管理提供指导。

五、可持续发展问题

我国地方政府绩效管理与评估的实践已经在全国各地掀起了一股政府绩效评价浪潮，全国各地已经先后开始了不同类型的政府绩效管理与评估的创新型实践活动。但是这些活动很大一部分都没有长久地持续下去，这无疑暴露了我国政府绩效管理中存在的可持续性不强的问题，至于可持续性不强问题的原因，本书认为有如下几点。

（一）地方政府领导体系的变更

地方政府领导成员与领导体系的变更，可能是造成我国地方政府绩效管理可持续发展能力较弱的一个重要原因。作为一个没有中央政府要求的，由地方政府完全自主创新的政府绩效管理模式，地方政府绩效管理活动往往由地方政府的领导班子决定如何实行。在某种程度上，地方政府的领导体系决定了地方政府绩效管理的制度体系，因此，当地方政府领导体系发生变更时，之前遗留下来的地方政府绩效管理体系也会发生相应的变化。为了解决这种由于领导体系变更而带来的政府绩效管理体系变革的问题，应该在顶层设计完整的政府绩效管理制度。这在一定程度上反映了可持续发展问题是由制度不健全而引起的。持续发展问题与制度问题是一个连环性的问题，因此，要解决可持续发展问题，就必须首先解决我国政府绩效管理中的制度化问题。在地方政府领导体系变更的情况下，政府绩效管理不仅需要有制度化的建设，还需要有一个可持续发展的执政理念。因此，这对地方政府的领导提出了要求，要求地方政府的领导体系在变更之后，新的地方政府领导体系应该对之前的政府绩效管理体系做出传承式的改进。通过这种传承式的改进，来完善政府绩效管理体系的建设。

（二）地方政府绩效管理实践模式存在问题导致无法继续

地方政府在绩效管理实践过程中，往往会出现一些不适合当地地方政府发展的绩效管理实践模式。因此,地方政府为了保证实践发展的顺利实施,不得不将之前的政府绩效管理模式废止,并采取新的政府绩效管理模式。从根本上来讲,地方政府频繁进行绩效管理实践的原因是还没有探索出一个真正适合自身发展的政府绩效管理模式。针对这种情况,我们应该从两个方面进行考虑。第一方面,从地方政府层面考虑,所采用的政府绩效管理方法与政府绩效管理制度是否能够加以改进并传承,以此来实现地方政府绩效管理发展的可持续性。第二方面,从政府绩效管理方法出发,考虑是否能将政府绩效管理方法进行现行的设计与改进,以此来适应地方政府的经济社会发展。也就是说,地方政府绩效管理模式中存在的问题,可以通过事前解决与事中解决。通过这两种解决方式,使地方政府绩效管理的实践模式形成一种可持续发展的状态,而不是遇到问题就将其摒弃,导致政府绩效管理实践无法继续。对于地方政府绩效管理本身出现的问题,为了保证其可持续发展,我们应该秉承一种更加宽容的态度进行解决。

(三)为了应付上级压力使地方政府绩效管理流于形式

对于一些创新意识不强,并且懒政怠政的地方政府,面对上级的压力和其他地方政府所做出的地方政府绩效管理创新实践的举措,这些地方政府不得不被动地实施政府绩效管理。这种被动化的地方政府绩效管理模式,很大程度上都是一种形式化的绩效管理,没有真正地深入到政府绩效与公务员绩效中。对于这样的地方政府绩效管理形式,上级政府应该加强监督与管控。这种被动式的地方政府绩效管理模式,也从侧面反映出这些地方政府对于其他地方政府所做的创新型地方政府绩效管理举措感到紧张和不安。这种紧张不安构成了一种隐形的压力,在一定程度上促进了地方政府对于政府绩效管理与政府绩效评估的创新性探索。因此,从制度化的层面来讲,上级政府应该对地方政府做出一定的制度化要求,以此来缓解这种隐形的压力,使地方政府能够在这种制度化要求的背景下有效地进行政府绩效管理模式的创新和探索。

第三节 中国政府绩效管理的前景展望

当今社会正处于不断变革之中,我国政府绩效管理也在变革中不断地发展,经历了多种形式的探索与演进。从最初的行政效率改革到地方政府绩效管理的创新实践改革,中国政府绩效管理起步虽晚,但实践十分丰富。综合中国政府绩效管理的经历,本书认为,我国政府绩效管理未来可能会呈现绩效管理过程标准化、绩效管理制度法制化、绩效评估主体多元化、绩效管理手段科学化,绩效管理活动常态化、绩效管理理念动态化、绩效评估指标全面化等特征。

一、绩效管理过程标准化

在企业管理领域,绩效管理制度化的高级形式表现为标准化管理,从计划、组织、协调再到监督,每一个环节内部的标准化实施与整体标准化程度的实现共同构成绩效管理标准化的核心要义。与企业绩效管理相似,政府标准化管理蕴含体制和机制两个层面,明确的组织层级体系、各司其职的分工与协作、专业化、技术化的导向将行政管理的每一个步骤都框定在规定限定的框架之内,从而保证了体制的规范性与连续性。从20世纪八九十年代我国进行绩效管理实践开始，政府"流程再造"逐步受到普遍重视，特别是一些地方政府和部门导入了 ISO 9000 质量管理体系标准。即使我国在绩效管理领域已经发展到导入质量管理体系的阶段，但是如何结合目标和过程、如何评价组织整体绩效目标、如何评价产品和技术之外的人和环境的管理成为绩效管理标准化的崭新导向。绩效标准作为一种管理工具，除其天然的工具理性外，其价值理性内涵并不能因此丧失，尤其在政府部门的绩效管理实践中，价值理性对公平、服务、责任与回应性要求的契合尤为重要。绩效标准作为一种克服官僚主义、改进公共部门绩效的有效管理工具，融入以人为本、公平、和谐等价值因素，引入管理作风、管理态度等柔性机制，在工具理性与价值理性之中寻找平衡点，这对于政府部门绩效管理的标准化至关重要，这条标准化与人性化道路也可谓"任重而道远"。

二、绩效管理制度法制化

首先，中国政府绩效管理目前处于一种非制度化、非规范化的状态，为保障其规范化和可持续发展，在未来的发展过程中，需要制度化的法律法规进行保障。从中国地方政府的绩效管理与评价实践中，我们可以得到一些结论。首先，以甘肃模式为例。甘肃模式当时在全国引起了很大的反响，其首创的第三方评估模式为全国的地方政府绩效管理创新提供了实践思路与方法，然而，深入到甘肃模式的内部，我们可以发现甘肃模式缺少一套完整的法制化要求体系。相反，在杭州模式中，杭州市政府先是制定了一系列的政府绩效管理条例，在法律法规层面上保证了杭州市政府绩效管理的可持续运行。因此，杭州市的政府绩效管理模式虽然在不断的改进与完善，但是从来没有间断。其次，目前我国各个地方政府很少出台关于政府绩效评估的专门的法律条文，在政府绩效立法的先行者——哈尔滨模式中，绩效评估也只是以条例的形式出现在法律体系中，我国大多数地方政府在绩效评估和绩效管理方面都是以政府工作报告来进行政策传达的。因此，先建立关于绩效管理的相关法律，然后将各类关于绩效管理的法律制度化是未来绩效管理的趋势。最后，从国际经验来看，美国于 1993 年出台的《政府绩效与结果法案》对政府绩效管理发展起到了重要作用。此后，各国相继出台了各种关于政府绩效管理的法律法规。在发达国家中，英国、澳大利亚、新西兰、新加坡等都在法律层面上对政府绩效管理做出了相应的规定和要求。在发展中国家，印度政府也于 2007 年出台了《公共服务条例草案》，对政府绩效管理提出了明确的要求。

绩效管理制度的法制化进程受绩效管理实践的影响。从发展趋势来看，目前我国政府绩效管理实践对于政府绩效管理制度法制化的要求十分迫切。我国关于政府绩效管理方面的立法还停留在地方政府层面，中央政府并没有针对全国性的政府绩效管理进行立法。随着政府绩效管理实践对政府绩效立法的呼唤，政府绩效管理法制化将成为未来政府绩效管理的必然趋势。政府绩效管理的法制化进程在一定程度上还受到政府绩效管理理论发展的影响。因此，从某种意义上来讲，研究政府绩效管理理论实际上是在为政府绩效管理未来的法制化道路奠定基础。目前，我国对于政府绩效管理理论的研究还不够深入，但是随着政府绩效管理研究者研究的不断深化，未来，政府绩效管理理论会更加丰富。

三、绩效评估主体多元化

随着服务型政府的建设以及政府部门服务理念的不断发展，在政府绩效评估层面上，未来我国政府绩效评估主体会更加趋于多元化、具体化。要改变目前我国政府绩效评估的内向性、单向性和内部控制取向，就需要引入社会评估力量，促使评估主体多元化，不仅包括政府机关的自我评估、上级评估、党的组织和权力机关的评估，还应当引进社会公众评估和专业机构评估，逐步实现官方绩效评估与民间绩效评估并重，构建回应型政府绩效评估机制。这种评估机制可以使政府机关不仅对上级机关负责，更重要的是对人民负责，从而形成人民监督和上级监督相结合的绩效推动机制，建立起让群众满意的服务型政府。具体来说：首先，政府要加强信息公开，确保公民的信息获得；其次，公众参与要制度化，调动公众参与政府绩效考核的积极性；最后，实现第三方专业评估机构的参与，保证绩效考核的客观性、独立性和真实性。原因如下。

其一，服务型政府建设的需要。服务型政府的建设是以顾客即公众需求为导向的，因此政府绩效评估和管理过程需要公众的参与和意见，失去公众参与的政府绩效评估和绩效管理会在很大程度上偏离绩效管理的目标，可能会忽略公众的真实需求，不利于服务型政府的建设。除此之外。创建一个多元化的绩效评估主体，可以在一定程度上提高政府的公信力。从公民层面来看，多元评估主体结构的形成，是政府民主性的具体体现。在多元评估主体的环境下，公民更愿意将自己的意见与建议真实地反馈给绩效评估机构，这可以大大提高公民参与政府绩效评估的热情，进而提升政府绩效管理与评估活动的参与度。

其二，地方政府实践活动的趋势。在目前我国现行的地方政府绩效评估实践中，公众参与、第三方评估等模式逐渐成为地方政府尝试的热点。例如，珠海市的"万人评议政府"绩效管理模式、杭州市的公民评议政府绩效管理模式、青岛市的"三民"活动政府绩效管理模式。

其三，专业的评估机构逐渐增多。近年来，随着专门的绩效评估机构不断增多且专业性不断增强，很多时候地方政府常常委托第三方机构来进行专业的政府绩效评估。例如在甘肃模式中，甘肃省政府委托兰州大学中国地方政府绩效评价中心进行政府绩效评估。

四、绩效管理手段科学化

随着绩效管理理论不断深化，绩效管理方法更加多样，未来我国政府绩效管理会向科学化、规范化发展。绩效管理手段科学化主要体现在以下几点。

第一，构建科学的政府绩效管理制度。随着绩效管理理论的发展与绩效法律体系的不断成型，一套科学的政府绩效管理制度将会被建立起来。从国际发展趋势来看，各国政府在进行政府绩效管理实践的过程中，都开始有意识地运用科学的方法去设计政府绩效管理制度。例如，韩国富川市的地方政府绩效改革，就利用了平衡计分卡的方法对富川市政府绩效进行衡量。

第二，形成科学的绩效评估方法与绩效评估指标。目前，我国地方政府的绩效评估模式都处于自主发展状态，绩效评估方法与绩效评估指标也不尽相同，不同地方政府之间存在互相借鉴的情况，随着网络技术的不断发展，科学的绩效评估指标与绩效评估方法将会得到更加广泛的应用。

第三，将大数据技术用于政府绩效管理中。政府绩效管理的结果在很大程度上取决于技术的选择。传统的政府绩效评估，使用人工对数据进行采集、汇总和分析，不仅耗时耗力，还容易造成数据缺失与失真，难以准确地评估政府绩效。大数据评估作为第四方评估，能得到许多以往得不到的信息，海量数据和精准分析消除了人为因素的干扰和反馈信息的失真。

五、绩效管理活动常态化

随着我国政府绩效管理实践的不断探索，政府绩效管理将会变成常态化的管理活动。绩效管理活动常态化的基础来自政府内部对于绩效管理与绩效评估的深刻理解。从发展趋势上来看，政府绩效管理的相关理念被政府内部人员接受并加以运用是必然的。绩效管理活动常态化要做到以下几点。

首先，深入一线调查研究。牢固树立现场意识，加强现场核查力度，大力实施"一线工作法"，由政府各部门领导分别带队，深入基层一线工作，做到绩效评价在一线、问题解决在一线、经验指导在一线。对于出现的问题，进行反复商讨，制定解决方案，以会议纪要或文件形式进行任务分解，限期解决到位，通过领导抓、抓领导，逐步形成推动工作落实责任的倒逼机制，确保绩效评价工作有效落实。

其次，加强部门衔接配合。建立健全省市县乡四级沟通协调机制，形成在省级绩效办的统一组织下，一级抓一级、一级对一级负责。每半月与上级监控单位对接协调汇报一次，及时掌握工作动态，查找原因、梳理分析，建立整改台账，并上报绩效办；省绩效办充分发挥牵头揽总作用，加强与市县乡各级绩效办之间联动互动，对各单位整改情况进行汇总整理，明确整改时限，并采取定期查看、现场督办等形式，加压增责，确保工作进度；在绩效办掌握全省绩效考评动态的基础上，及时了解与其他省的差距，召开分析研讨会议，找准在全国的定位，对整体工作、单项工作进行微调，确保绩效管理工作顺利开展。

最后，强化各项工作机制。建立现场办公制度，按照工作项目化的要求，每月召开一次现场办公会议，由各级机关相关部门负责人参加，对重点项目、重点工作落实情况进行现场观摩督查，实地查看工作进度，现场解决具体问题，对不能现场解决的，制定整改落实方案，限期化解到位，快速推动工作开展。建立分析研判机制，每月召开一次分析研判会议，注重解决实际问题，突出研究工作的薄弱环节，补齐短板、消除差距，对一些倾向性和苗头性问题，及早制定应对预案，把问题隐患消除在萌芽状态。

六、绩效管理理念动态化

从世界各国的政府绩效管理发展趋势来看，各国的政府绩效管理理念呈现动态变化的趋势。所谓动态化，是指各国的政府绩效管理理念随着不同的政府理念而变化。例如，在目标管理理念盛行的年代，很多国家的政府将其绩效管理理念设定为以目标管理为基础的管理理念。在各国政府绩效管理实践的初期，大多数都是以行政改革为主要目的，以提高行政效率为核心的政府绩效管理理念。随着新公共管理运动的兴起，服务型政府的理念被逐渐渗透到各国的政府执政理念当中。因此，各国政府的绩效管理理念发生了一定的变化，开始向服务性、民主性转变。由此可见，各个国家的政府绩效管理理念并不是一成不变的，而是随着当时社会的发展变化情况进行实时的调整。当今社会，作为一个变革的社会，社会环境的变化较为迅速，各种不同的执政观念和执政策略，被逐渐应用到不同国家的政府管理过程中。由此可见，一个国家的政府绩效管理理念是会随着政府理念的变化而变化的。中国也不例外，20世纪80年代，中国的政府绩效管理活动是以改善国家治理水平，提高政府行政效率为主要理念推行的。到了21世纪初，政府理念开始由政府的内部关注转向政府的外部关注，服务型政府的建设开始影响我国政府绩效管理理念。在百年未有之大变局的时代背景下，我国当前的历史任务出现了新的变化，"以人民为中心"的执政理念成为政府绩效管理的核心理念。

七、绩效评估指标全面化

未来，我国政府绩效管理的评估指标会向全面化发展。目前，受平衡计分卡、目标管理法、标杆管理法以及360度反馈评估法等绩效评估方法的影响，我国政府绩效管理中的绩效评估指标虽然逐渐丰富，但都是按照不同的领域进行设计的。根据不同的领域设计政府绩效评估指标存在一定的缺陷，而且对于公务员绩效的评估，我国政府目前并没有较为完备的指标体系。目前，我国政府对公务员的评估主要以原则性的评估标准为主，并没有深入到个人层面上的绩效要求。新加坡公务员绩效的评估指标，可以为我国政府内部公务员绩效评估提供一定的经验，由于新加坡政府注重公务员的个性培养，会对公务员进行绩效考核和潜能评估。同时，政府绩效评估应当采取定性指标与定量指标相结合的方法，建立科学的评估模型，合理确定指标体系和指标的权重，形成系统的考核指标体系。另外，开展政府绩效评估需要建立一个完善的信息系统，通过信息系统，及时进行信息收集和分析，这样既可以满足政府绩效评估的信息需求，又可以满足日常管理（如监测控制、报告小结等）的信息需求。

第四节 大数据时代的政府绩效管理

进入21世纪后，以大数据分析技术、人工智能技术、区块链技术为代表的新型信息技术催生了第四次工业革命的到来。①大数据的持续发展从一定程度上重塑了政府绩效管理与评估的形态，为政府进行改革创新提供了崭新的机遇。同时，信息时代高度透明的信息、多样的公众意见反馈渠道等要素的变化也将政府置于前所未有的挑战之中。2017年10月，《公共政策与行政》（Public Policy and Administration，PPA）杂志发表了专辑《大数据分析及其在公共组织绩效与效率测量中的应用》，探讨高等教育机构如何利用社交媒体数据评估公共服务绩效。虽然当今中国已经在大数据支撑政府绩效管理方面取得了诸多有益探索，但是对大数据时代的政府绩效管理领域还缺乏系统研究。

一、传统的政府绩效管理模式

传统的政府绩效管理模式主要包括目标责任考核、公众满意度调查、第三方评估等。根据评估对象、评估结果等要素的需求，不同地区、不同部门会选择模式中的一种或几种模式的组合进行政府绩效评估。

（一）目标责任考核

目标责任考核（目标管理）是目前各级政府主要采取的绩效管理模式。通过自上而下

---

① 马亮. 大数据时代的政府绩效管理[J]. 理论探索, 2020（6）：14-22.

的目标分解和绩效考核，依据官方数据进行绩效管理。但是目标管理通常易滋生政绩工程，"上有政策，下有对策"的情况频频出现。目标责任考核主要依据数据考核政府绩效，忽略了民众诉求的因素，在进行考核的同时一定程度上偏离了政府绩效管理的主要目标。

（二）公众满意度调查

该方式是通过自下而上的民意测评，通过民众、企业等利益相关者的感知和评价，衡量政府部门的绩效。公众满意度调查通常委托第三方机构执行。但是，公众满意度调查评估的主体大多不是政府部门直接服务的对象，在回答问卷问题时，可能存在因刻板印象和认知偏差而导致的误判现象。

（三）第三方评估

近年来，国务院和各级政府高度重视第三方评估的模式，并将其看作是社会参与政府绩效管理的重要途径。第三方评估旨在通过邀请独立、专业、客观、公正的第三方机构对政府绩效进行评估，打破内部评估的内卷化限制。但是，目前中国第三方评估机构的发展仍旧存在不健全的问题，部分第三方机构在政府部门的"授意"下进行评估，评估结果早就有了定论。因此，第三方评估中的客观性问题仍旧令人担忧。

二、大数据背景下的政府绩效管理模式

大数据背景下的政府绩效管理模式相较于传统的政府绩效管理模式，在数据来源、数据类型、信息收集等方面存在着较大不同。海量数据概念的出现、信息不对称情况的减少、信息透明度的不断增加使传统的政府绩效管理模式发生了颠覆性的改变。

（一）数据来源差异

数据平台的构建实现了数据共享。传统的政府绩效管理主要是为考核专门收集相关数据，数据具有较强的针对性且数据的使用仅限当期绩效评估实践。政府绩效评估数据持续性差。但是在大数据背景下，数据平台可以对多种类、宽领域的数据进行收集和整理，数据的使用不再局限于某一领域，而是可以应用于多个领域。作为公共管理伴生物和衍生品的数据大大减少了收集数据的成本。通过数据终端、物联网等媒介，政府可以随时随地、无时无刻地收集海量数据，政府数据收集行为为政府绩效管理提供了可以二次利用和深度挖掘的数据资源。[①]民众、企业的意见和看法可以直接通过平台到达政府，政府又在一定程度上减少了数据采集和存储成本。

（二）数据类型差异

在传统的政府绩效评估过程中，数据基本通过一些结构化的方式进行收集。信息的上传下达需要经过严密的层级系统，信息失真的情况时有发生。并且，传统的统计数据往往通过加总的方式汇总到一级辖区或者部门之中，关于公众和企业的数据无法直接在汇总数据中明确显示，因此，整体评估数据较为粗糙，无法反映政府在某一节点处的行为。绩效评估反馈结果也仅是针对某一时间段内政府绩效管理情况的说明，而不能对政府具体绩效

---

① 马亮. 大数据技术何以创新公共治理：新加坡智慧国案例研究[J]. 电子政务，2015（5）：2-9.

实践情况进行深描。但是，在大数据时代，政府相关数据可以将政府行为精细到每一秒，可以持续、高频地反映政府的总体运行状态。

（三）公众参与度不同

在传统的政府绩效评估中，数据收集和绩效评估的对象主要是部门或是辖区，而大数据时代的绩效评估对象精确到了人、事、地点定位等。传统的政府绩效评估封闭性较强，大数据时代，公众可以简单通过手机移动终端、微博、微信等平台参与政府绩效评估，及时、真实、全面地向政府披露偏好、态度和意愿等信息。

（四）数据分析方法不同

传统的政府绩效评估主要采用简单的线性计算方法，运算量较小，可视化程度较低。但是在大数据时代，政府绩效形成机理的非线性、不确定性和复杂性得到了深化。大数据更加依赖复杂建模和深度计算，从而使绩效数据分析模型更加接近真实情况。

（五）实现数据的自我监督

传统的政府绩效管理模式容易产生欺上瞒下、弄虚作假等舞弊行为，如擅自篡改绩效数据等。但是在大数据时代，处处留痕的海量数据使弄虚作假行为出现的概率大大减少。对于同一个指标的多个数据来源或者不同数据的处理环节可以进行三角校验，数据和信息的回溯与校验方式压缩了政府的"自主"空间。

三、大数据背景下的政府绩效管理发展展望

《中华人民共和国国民经济和社会发展第十四个五年规划和2035年远景目标纲要》明确指出，将数字技术广泛应用于政府管理服务，推动政府治理流程再造和模式优化。建立健全国家公共数据资源体系，推进数据跨部门、跨层级、跨地区汇聚融合和深度利用。深化"互联网+政务服务"，全面推进政府运行方式、业务流程和服务模式数字化、智能化。大数据在政府绩效管理中的拓展应用已成为大势所趋。

大数据分析技术蕴含着无限的潜力，并因其实用性被政府管理和公共服务纳入创新实践的技术工具之中。近年来，有关技术治理的研究日益增多，学者们高度关注大数据分析技术等新兴手段在国家治理中的作用，并提出了对大数据参与政府治理的未来展望和现实思索。大数据分析的技术不可否认，但是如何衡量目标与手段、价值和工具之间的关系，明晰大数据这一技术手段在政府治理中的作用和目标至关重要。

大数据在绩效管理中的应用和实践，需要政府绩效管理体制和组织模式的配合。现有的政府绩效组织模式尚不能满足大数据时代的客观要求。大数据对综合治理、整合资源的需要使政府内部绩效管理体制发生了根本性的变革。因此，政府需要在制度化建设、体系的数字化转型、数据分析能力、数据开放和公众参与方面做出更多的努力，并尝试回答大数据分析技术的应用、数据技术外包、数据技术学习等方面的诸多问题。

 本章小结

中国政府绩效管理经历了从起步探索到创新实践，再到纵深发展的发展阶段，中国政

府绩效管理与绩效评估的变化也反映着中国经济的发展与中国社会的变革。随着信息技术的发展，中国政府绩效管理也面临着新的形势与新的核心问题，包括制度化问题、专业性问题、参与度问题、方法本土化问题以及可持续发展问题。结合中国政府绩效管理的经历，本书认为，中国政府绩效管理未来可能会呈现绩效管理过程标准化、绩效管理制度法制化、绩效评估主体多元化、绩效管理手段科学化、绩效管理活动常态化、绩效管理理念动态化、绩效评估指标全面化等特征。进入21世纪，大数据的持续发展在一定程度上重塑了政府绩效管理与评估的形态，为政府进行改革创新提供了崭新的机遇和挑战。因此，政府需要在制度化建设、体系的数字化转型、数据分析能力、数据开放和公众参与等方面做出更多的努力。

  关键词

大数据时代　数据治理　绩效管理制度法制化　绩效评估主体多元化

  复习思考题

1. 总结中国政府绩效管理的核心问题。
2. 思考中国政府绩效管理的历史发展和未来发展趋势。
3. 如何看待大数据对于政府绩效管理的影响？

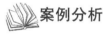 **案例分析**

数据治理政府绩效的实践探索

我国早在20世纪80年代就有市长热线，目前普及的12345政务热线和近几年推行的地方领导留言板正在成为政民零距离互动的主要渠道，逐渐将政务服务纳入绩效管理中。随着2015年大数据上升为国家战略，政府将大数据应用于政府绩效管理的实践正在创新。例如，浙江推行的"互联网+政务"和"最多跑一次"改革，通过大数据平台实现信息共享、跨部门合作和一站式服务，其中网上全流程办理可办率达100%，汇聚便民服务应用392个事项"一证通办"，占比91.4%，实现率达74.9%。其中，省级部门"最多跑一次"的实现率达75%，办理材料和办理时间分别压减29%和35%，极大提升了政府绩效管理质量。2019年浙江"好差评"服务，实现"1日回访、15日整改反馈"，形成了差评处理闭环机制，汇集评价数据2900余万条，差评按期整改率达97.6%，提升了群众满意度。同年，北京市推出的"接诉即办"致力于破解基层治理难题，形成了以12345政务热线数据为抓手，通过问题导向，构建跨部门联动、跨层级协调的治理机制。数据显示，2019年政务热线共接政务来电696.36万件，在2020年疫情期间，"接诉即办"绩效数据急剧增加，日均达2万~3万件，所形成的绩效信息是多元的、实时的、精准的，从而可以利用绩效信息进行精准预测和多维分析。

随着政府越来越多地使用大数据系统，政府内部和外部都出现了担忧。就技术可能性而言，新旧政务系统整合存在复杂性，表现为传统政府绩效管理系统与技术嵌入下的数字化系统缺乏一定的互操作性，政府面临着巨大的技术挑战。然而，主要的挑战不仅是技术上的，还有如何建立数据治理结构，以及让群众参与决策绩效管理的过程。可想而知，从数据政府到数据治理的可持续过渡是从一个技术结构到不同层面上的多个过程的过渡，这些过程有其自身的局限性。另外，影响政府绩效管理采用大数据的主要障碍是组织层面的限制，即围绕协作、资源和技能的限制。当前的大数据分析有明显的局限性，尤其是在处理信息孤岛时。数据给公共部门之间的合作带来了独特的挑战，缺乏指导和促进合作的政策和监管框架。例如，在各个机构中，数据系统是以孤立和临时的方式开发的，以提供对特定项目或计划管理的洞察。这种孤立的数据管理方法产生了许多数据管理后果，如生成重复甚至不兼容的数据系统、流程和模型，以及不一致的数据标准。事实上，跨组织边界的不良数据治理被公共管理者视为采用数据管理的重大障碍。

资料来源：吴振其，郭诚诚. 大数据时代政府绩效管理述评：实践、议题与展望[J]. 中国科技论坛，2022（1）：172-179.

思考题：
1. 分析案例中地方政府应用大数据进行绩效管理的特点。
2. 总结数据治理政府绩效存在的问题，并思考可能的解决措施。

参 考 文 献

[1] 包国宪，道格拉斯·摩根. 政府绩效管理学：以公共价值为基础的政府绩效治理理论与方法[M]. 北京：高等教育出版社，2015.

[2] 奥斯本，盖布勒. 改革政府：企业家精神如何改革着公共部门[M]. 周敦仁，等译. 上海：上海译文出版社，2006.

[3] 沃尔多. 行政国家：美国公共行政的政治理论研究[M]. 颜昌武，译. 北京：中央编译出版社，2017.

[4] 范柏乃. 政府绩效评估理论与实务[M]. 北京：人民出版社，2005.

[5] 登哈特. 新公共服务：服务，而不是掌舵[M]. 3版. 丁煌，译. 北京：中国人民大学出版社，2014.

[6] 周凯. 政府绩效评估导论[M]. 北京：中国人民大学出版社，2006.

[7] 卓越. 公共部门绩效评估[M]. 北京：中国人民大学出版社，2004.

[8] 卢扬帆，原珂. 政府绩效管理秩序评估：以广东省级绩效管理为例[J]. 甘肃行政学院学报，2020（3）：4-18.

[9] 史传林. 农村贫困治理中的绩效领导机制与路径：基于S市扶贫资金支出过程的考察[J]. 行政论坛，2020，27（3）：105-112.

[10] 陈晨. 我国公民参与政府绩效评估的法治化路径探析[J]. 科学社会主义，2020（2）：125-129.

[11] 杨开峰，邢小宇. 央地关系与地方政府绩效管理制度设计：英国实践的分析[J]. 中国行政管理，2020（4）：134-144.

[12] 孙斐，叶烽. 公众参与政府绩效管理的可持续性：一个系统性文献综述[J]. 行政论坛，2020，27（1）：79-87.

[13] 鲁清仿，王全印，赵光辉. 美国联邦政府预算绩效管理及其对中国的启示[J]. 中国软科学，2019（12）：161-169.

[14] 段静，郑鸿铭. 财政补足民生"短板"重在政府部门协同[J]. 中国行政管理，2019（12）：144-145.

[15] 王学军，黄一. 第六届政府绩效管理与绩效领导国际学术会议召开[J]. 中国行政管理，2019（11）：160.

[16] 张红春. 从小数据到大数据：政府绩效信息失真的治理路径转轨[J]. 甘肃行政学院学报，2019（5）：24-34.

[17] 曹堂哲，李方旺. 基于预算绩效的政府战略性绩效管理新形态：问题、逻辑与实施路径[J]. 兰州大学学报（社会科学版），2019，47（5）：61-70.

[18] 郑方辉，刘国歌. 预算绩效管理与财政绩效评价：以教育经费为例[J]. 兰州大学学报（社会科学版），2019，47（5）：42-51.

[19] 孙斐，叶烽. 国际政府绩效管理的研究热点与前沿动态：基于SSCI（2008—2017）

的文献计量分析[J]．公共管理与政策评论，2019，8（5）：82-96．

[20] 兰州大学公共管理学科：扎根西部大地的坚守与奋斗[J]．中国行政管理，2019（9）：2．

[21] 马亮．大数据技术何以创新公共治理：新加坡智慧国案例研究[J]．电子政务，2015（5）：2-9．

[22] 马亮．大数据时代的政府绩效管理[J]．理论探索，2020（6）：14-22．

[23] 卓越，刘洋．基于公共服务标准化的 ISO 9000 政府质量管理[J]．新视野，2013（4）：62-66．

[24] 付景涛．主观型政府绩效评估结果的控制方式研究——以珠海市"万人评议政府"为个案[J]．武汉理工大学学报（社会科学版），2011，24（6）：825-830．

[25] 何阳，高小平．"双线"考评机制：技术赋能下基层政府绩效评估新途径[J]．理论与改革，2020（6）：106-118．

[26] 赵源．地方政府人力资源管理系统对政府绩效的影响研究[J]．行政论坛，2018，25（5）：122-128．

[27] 李乐，杨守涛，周文通．试论公共责任视域下以公民为本的绩效评估指标体系的构建：英国的经验与启示[J]．中国行政管理，2018（6）：141-146．

[28] 孙斐．改革开放 40 年中国政府绩效管理的演化路径与动力分析：基于 PV-GPG 模型的诠释[J]．行政论坛，2018，25（2）：63-72．

[29] 姜秀敏，韩笑．我国政府绩效评估"双 e 螺旋循环"模式的构建[J]．行政论坛，2018，25（2）：73-79．

[30] 马国贤，任晓辉．全面实施绩效管理：理论、制度与顶层设计[J]．中国行政管理，2018（4）：13-18．

[31] 唐健．政府绩效信息使用：一个文献综述[J]．公共行政评论，2018，11（1）：187-209．

[32] 王学军，曹钶婕．公共价值范式下的政府绩效管理学科体系构建与绩效治理：第五届政府绩效管理与绩效领导国际学术会议综述[J]．中国行政管理，2018（1）：157-159．

[33] 孟庆国，刘翔宇．地方政府运用绩效管理工具的路径选择：以对 B 市目标责任制绩效管理的参与式观察为例[J]．行政论坛，2017，24（6）：50-55．

[34] 白皓，易荪欣怡．构建政府绩效管理体系实践路径分析[J]．中国行政管理，2017（11）：157-159．

[35] 王学军．政府绩效损失及其测度：公共价值管理范式下的理论框架[J]．行政论坛，2017，24（4）：88-93．

[36] 颜海娜．政府绩效评估的作用如何：基于公职人员感知的视角[J]．行政论坛，2017，24（4）：108-117．

[37] 刘朋朋，贠杰．中国政府绩效评估领域研究述评[J]．甘肃行政学院学报，2017（3）：18-27．

[38] 季哲．政府绩效管理：理论与实践的双重变奏[J]．中国行政管理，2017（6）：160．

[39] 孟庆国，刘翔宇．地方政府绩效管理工具运用机制对政府绩效的影响：基于我国

地级市层面的实证研究[J]. 中国行政管理, 2017（5）：74-81.

[40] 霍宇同, 张庆侠. 北京市以察访核验为抓手提高政府绩效管理水平[J]. 中国行政管理, 2017（5）：152.

[41] 王学军. 基于 PV-GPG 理论的政府绩效价值链构建及其管理研究[J]. 公共行政评论, 2017, 10（2）. 189-191.

[42] 周志忍. 为政府绩效评估中的"结果导向"原则正名[J]. 学海, 2017（2）：15-25.

[43] 尚虎平. "结果导向"式政府绩效评估的前提性条件：突破我国政府绩效评估简单模仿窘境的路径[J]. 学海, 2017（2）：26-34.

[44] 程晟. 探究政府绩效管理法制化的实践模式：杭州的实证分析[J]. 领导科学, 2017（8）：19-21.

[45] 秦晓蕾. 地方政府绩效评估中的有效公民参与：责任与信任的交换正义：以南京市"万人评议机关"15 年演化历程为例[J]. 中国行政管理, 2017（2）：35-41.

[46] 赵早早. 政府绩效管理理论发展新趋势：制度主义与理论创新：《美国公共行政评论》年度最佳论文述评[J]. 国际税收, 2016（12）：68-70.

[47] 高小平, 杜洪涛. 我国税务系统绩效管理体系：发展、成效和特色[J]. 中国行政管理, 2016（11）：24-29.

[48] 盛明科, 闫胜跃. 加快推进政府绩效管理法治建设的对策建议[J]. 中国行政管理, 2016（9）：156-158.

[49] 孙斐. 地方政府绩效评价的价值冲突管理：基于四川省 Z 县政府的质性研究[J]. 公共行政评论, 2016, 9（4）：201-204.

[50] 周志忍. 西方发达国家是否也存在"层层加码"[J]. 人民论坛, 2016（21）：25-27.

[51] 卓越, 张红春. 政府绩效信息透明度的标准构建与体验式评价[J]. 中国行政管理, 2016（7）：18-23.

[52] 葛蕾蕾, 唐健, 刘畅. 平衡计分卡因果关系视角下的政府绩效管理研究[J]. 领导科学, 2016（14）：23-25.

[53] 卓越, 张红春. 绩效激励对评估对象绩效信息使用的影响[J]. 公共行政评论, 2016, 9（2）：112-133.

[54] 周志忍, 徐艳晴. 政府绩效管理的推进机制：中美比较的启示[J]. 中国行政管理, 2016（4）：139-145.

[55] 王学军, 韩志青, 蔡丰泽. 政府绩效合法性与公共价值创造：第四届政府绩效管理与绩效领导国际学术会议综述[J]. 中国行政管理, 2016（4）：157-159.

[56] 包国宪, 向林科. 中国政府绩效管理知识图谱分析[J]. 兰州大学学报（社会科学版）, 2016, 44（2）：46-53.

[57] 郑方辉, 黄怡茵. 以绩效管理推进县域发展：鹤山十年实践[J]. 中国行政管理, 2015（12）：145-147.

[58] 佚名. 政府绩效管理与绩效领导学术会议在兰州大学召开[J]. 行政论坛, 2015, 22（6）：105.

[59] 王永明. 政府绩效管理科学化：理论分析、现实困境与实现路径[J]. 中国行政管

理，2015（11）：41-44.

[60] 戴维·H. 罗森布鲁姆. 实现行政绩效和公共价值的有机协同：《政府绩效管理学》序[J]. 中国行政管理，2015（11）：159.

[61] 陈昌佳，浣毅，杨志强. 实践者的困惑与期待：基于政府绩效管理与考核推行运用的现实思考[J]. 公共管理学报，2015，12（3）：151-154.

[62] 范春辉. 绩效管理的美国纪事：评《更快更好更省：美国政府的管理绩效》[J]. 公共行政评论，2015，8（3）：193-201.

[63] 高小平.《政府绩效管理学》序[J]. 中国行政管理，2015（4）：155-156.

[64] 姜国兵. 政府绩效管理的演进逻辑：基于公共一致性理论[J]. 行政论坛，2015，22（1）：53-57.

[65] 陈俊星. 基于公众导向理念的地方政府绩效管理[J]. 行政论坛，2015，22（1）：58-62.

[66] 卢海燕. 论政府绩效管理转型[J]. 中国行政管理，2014（12）：25-29.

[67] 颜海娜. 地方政府绩效评估结果使用现状的实证探索：基于公职人员感知的视角[J]. 新视野，2014（6）：65-72.

[68] 颜海娜，鄞益奋. 平衡计分卡在美国公共部门的应用及启示[J]. 中国行政管理，2014（8）：120-124.

[69] 曹小华，张兴. 立足于"解决问题"的佛山绩效管理[J]. 中国行政管理，2014（8）：53-56.

[70] 李一男. 世界体系理论在政府绩效研究领域的应用[J]. 兰州大学学报（社会科学版），2014，42（3）：65-72.

[71] 阎波，高小平. 政府绩效管理创新中的"样本点"[J]. 中国行政管理，2013（10）：21-26.

[72] 姜国兵，张兴. 政府绩效管理试点工作：路径与差异[J]. 中国行政管理，2013（10）：27-30.

[73] 姜国兵. 论政府绩效管理结果形成的逻辑[J]. 行政论坛，2013，20（5）：30-33.

[74] 白现军. 从"一刀切"到"分类别"：乡镇政府绩效考核制度创新：徐州模式解读[J]. 行政论坛，2013，20（5）：38-41.

[75] 马志远. 美英财政绩效管理模式选择的实践与借鉴：从组织效率到绩效成果[J]. 中国行政管理，2013（9）：87-92.

[76] 傅兴国，宋汝冰. 推进政府绩效管理需要注意的几个问题[J]. 中国行政管理，2013（6）：126-128.

[77] 傅军. 政府绩效评估的推进思路：基于六省市政府绩效评估的经验[J]. 理论探索，2013（3）：87-90.

[78] 郑方辉，廖鹏洲. 政府绩效管理：目标、定位与顶层设计[J]. 中国行政管理，2013（5）：15-20.

[79] 宋雅琴，王有强，张楠. 政府绩效视角下的行政管理体制改革战略反思：基于地方政府公务员的感知调查[J]. 公共管理学报，2012，9（4）：1-11.

[80] 薄贵利. 构建服务型政府绩效管理体制[J]. 中国行政管理, 2012（10）: 11-16.

[81] 包国宪, 孙斐. 政府绩效管理价值的平衡研究[J]. 兰州大学学报（社会科学版）, 2012, 40（5）: 91-100.

[82] 王雅君. 政府绩效评估与地方政府管理: 基于杭州政府绩效考评的样本[J]. 行政论坛, 2012, 19（5）: 49-52.

[83] 包国宪, 曹惠民, 王学军. 地方政府绩效研究视角的转变: 从管理到治理[J]. 东北大学学报（社会科学版）, 2012, 14（5）: 432-436.

[84] 姜爱华, 曹颖. 英国政府购买服务全过程绩效管理全景图（上）[N]. 中国政府采购报, 2020-09-22（3）.

[85] 沙勇忠, 王义, 刘海娟, 孔令国. 政府绩效管理研究的知识图谱与热点主题[J]. 公共管理学报, 2009, 6（3）: 102-110.

[86] 吴江, 李志更. 公共行政改革实践与理论发展的新趋势: 国际行政科学学会2009年年会综述[J]. 中国行政管理, 2009（11）: 122-125.

[87] 孟惠南. 第三方评估在我国政府绩效评估中的应用[J]. 领导科学, 2012（23）: 60-61.

[88] 杨宏山. 政府绩效评估的适用领域与目标模式[J]. 中国人民大学学报, 2012, 26（4）: 100-106.

[89] 陈文清, 廖廷辉. 关于建立政府绩效管理制度基本框架的思考[J]. 中国行政管理, 2009（9）: 26-28.

[90] 周美雷, 董武. 关于我国目前政府绩效评估的现状、问题和政策建议[J]. 北京行政学院学报, 2010（3）: 34-37.

[91] 周敬伟, 万斯佳. 论政府绩效管理的三大非理性逻辑[J]. 求索, 2009（11）: 52-54.

[92] 尚虎平. 我国地方政府绩效评估悖论: 高绩效下的政治安全隐患[J]. 管理世界, 2008（4）: 69-79.

[93] 李虹, 蔡吉臣, 刘晓平. 基于战略成本管理的政府绩效评价研究[J]. 中国行政管理, 2009（2）: 25-27.

[94] 盛明科. 西方国家城市政府绩效管理的实践经验与发展趋势: 兼论推进我国城市政府绩效管理的基本对策[J]. 行政论坛, 2011, 18（6）: 43-47.

[95] 陈志斌. 澳大利亚政府绩效预算管理及借鉴[J]. 中国财政, 2012（9）: 71-73.

[96] 包国宪, 文宏, 王学军. 基于公共价值的政府绩效管理学科体系构建[J]. 中国行政管理, 2012（5）: 98-104.

[97] 包国宪, 王学军. 以公共价值为基础的政府绩效治理: 源起、架构与研究问题[J]. 公共管理学报, 2012, 9（2）: 89-97.

[98] 多纳德·莫尼汉, 斯蒂芬·拉沃图, 尚虎平, 等. 绩效管理改革的效果: 来自美国联邦政府的证据[J]. 公共管理学报, 2012, 9（2）: 98-105.

[99] 施青军. 政府绩效评价与绩效审计差异比较[J]. 中国行政管理, 2012（4）: 25-27.

[100] 何文盛, 蔡明君, 王焱, 等. 美国联邦政府绩效立法演变分析: 从GPRA到GPRAMA[J]. 兰州大学学报（社会科学版）, 2012, 40（2）: 94-99.

[101] 杨宇谦,吴建南. 授权缺失：绩效管理"结果导向"中的偏差分析[J]. 理论与改革, 2012（2）：92-95.

[102] 郑方辉,费睿. 财政收入绩效评价：兑现减税降费政策目标的价值工具[J]. 中国社会科学, 2019（6）：85-105.

[103] 何强,付江峰,张晨. 中美税务部门实施绩效管理的比较研究[J]. 中国行政管理, 2019（5）：138-142.

[104] 高小平,陈新明. 政府绩效管理视角下深化"放管服"改革研究[J]. 理论与改革, 2019（2）：51-60.

[105] 李明月,张顺瑶,李艳. 预算绩效管理视野的土地财政收入绩效评价[J]. 中国行政管理, 2019（3）：126-132.

[106] 包国宪,刘宁. 中国公立医院改革（2009—2017）：基于 PV-GPG 理论的定性政策评估[J]. 南京社会科学, 2019（2）：57-64.

[107] 徐东华. 新发展理念下政府绩效报告的作用机理与创新路径[J]. 国家行政学院学报, 2018（6）：32-36.

[108] 李文彬,王佳利. 地方政府绩效评价的扩散：面向广东省的事件史分析[J]. 行政论坛, 2018, 25（6）：100-108.

[109] LIDINGTON D. Publication of Updated Single Departmental Plans: Written Statement-HCWS714[R]. London: Cabinet Office, 2018.

[110] BEHN R D. The PerformanceStat Potential: A Leadership Strategy for Producing Results[M].Washington: Brookings Institution Press, 2014.

[111] Y ANG Y. Integrating Big Data and Thick Data to Transform Public Services Deliver[R].Washington: IBM Center for the Business of Government, 2019.

[112] JAMES O，OLSEN A L, MOYNIHAN D P, et al. Behavioral Public Performance: How People Make Sense of Government Metrics[M].Cambridge: Cambridge University Press, 2020.

[113] MA L. Performance Management and Citizen Satisfaction with the Government: Evidence from Chinese Municipalities[J]. Public Administration, 2017, 95（1）：39-59.